Neue EU-Wettbewerbsregeln für Technologietransfer-Vereinbarungen

Frankfurter wirtschaftsrechtliche Studien

Herausgegeben von
Theodor Baums, Andreas Cahn, Friedrich Kübler,
Hans-Joachim Mertens, Eckard Rehbinder
und Gunther Teubner

Band 80

PETER LANG
Frankfurt am Main · Berlin · Bern · Bruxelles · New York · Oxford · Wien

Jochen Herr

Neue EU-Wettbewerbsregeln für Technologietransfer-Vereinbarungen

PETER LANG
Europäischer Verlag der Wissenschaften

Bibliografische Information Der Deutschen Bibliothek
Die Deutsche Bibliothek verzeichnet diese Publikation in der Deutschen Nationalbibliografie; detaillierte bibliografische Daten sind im Internet über <http://dnb.ddb.de> abrufbar.

Zugl.: Frankfurt (Main), Univ., Diss., 2005

D 30
ISSN 0723-0427
ISBN 3-631-54279-8

www.peterlang.de

Inhaltsverzeichnis

Literaturverzeichnis

Ackermann, Thomas: Die neuen EG-Wettbewerbsregeln für vertikale Beschränkungen, EuZW 1999, S. 741-746

Anderman, Steven .D.: EC Competition Law and Intellectual Property Rights, Oxford 1998

Axster, Oliver: Das „Alles-oder-Nichts-Prinzip" der EG-Gruppenfreistellungsverordnungen, WuW 1994, S. 615-622

Axster, Oliver: Abgrenzung anti-kompetitiver von den zulässigen Wettbewerbsbeschränkungen im deutschen, im US-amerikanischen und im EG-Kartellrecht, in: Niederleithinger, Ernst/Werner, Rosemarie/Wiedemann, Gerhard (Hrsg.): Festschrift für Otfried Lieberknecht, München 1997, S. 225-237

Bartenbach, Kurt/Gennen, Klaus: Patentlizenz- und Know-how-Vertrag, 5. Auflage, Köln 2001 (zit.: Bartenbach/Gennen, Patentlizenz- und Know-how-Vertrag)

Bartenbach, Kurt/Gennen, Klaus: Patentlizenz- und Know-how-Vertrag, Nachtrag zur 5. Auflage 2001, Köln 2003 (zit.: Bartenbach/Gennen, Patentlizenz- und Know-how-Vertrag)

Baumbach, Adolf/Hefermehl, Wolfgang: Wettbewerbsrecht, Gesetz gegen den unlauteren Wettbewerb, Zugabeverordnung, Rabattgesetz und Nebengesetze, 23. Auflage, München 2004

Bahr, Christian: Die Behandlung von Vertikalvereinbarungen nach der 7. GWB-Novelle, WuW 2004, S. 259-266

Bechtold, Rainer: Modernisierung des EG-Wettbewerbsrechts: Der Verordnungs-Entwurf der Kommission zur Umsetzung des Weißbuchs, BB 2000, S. 2425-2431

Bechtold, Rainer: Kartellgesetz, Gesetz gegen Wettbewerbsbeschränkungen, Kommentar, 3. Auflage, München 2002

Bodewig, Theo: Neue Guidelines für Lizenzverträge in den USA, GRUR Int. 1997, S. 958-971

Böge, Ulf: Der „more economic approach“ und die deutsche Wettbewerbspolitik, WuW 2004, S. 726-733

Bundeskartellamt: Wettbewerbsschutz und Verbraucherinteressen im Lichte neuerer ökonomischer Methoden, Diskussionspapier, Bonn 2004

Bundesministerium für Wirtschaft und Arbeit: Entwurf von Eckwerten einer 7. GWB-Novelle, WuW 2003, S. 379-382

Bunte, Hermann-Josef: Kartellrecht, München 2003

Busse, Rudolf: Patentgesetz, 6. Auflage, Berlin 2003

Charles River Associates Ltd. (Hrsg.) : Report on Multiparty Licensing, London 2003, abzurufen unter:
http://www.europa.eu.int/comm/competition/antitrust/legislation/multiparty_licensing.pdf

Christoph, Michael: Wettbewerbsbeschränkungen in Lizenzverträgen über gewerbliche Schutzrechte nach deutschem und europäischem Recht, Regensburg 1998

Chrocziel, Peter: Zur EG-kartellrechtlichen Beurteilung ehemals „schwarzgelisteter“ Klauseln nach der neuen Gruppenfreistellungsverordnung für Technologietransfer-Vereinbarungen, in: Niederleithinger, Ernst/Werner, Rosemarie/Wiedemann, Gerhard (Hrsg.): Festschrift für Otfried Lieberknecht, München 1997, S. 295-313

Cook, Trevor: The technology transfer block exemption: out with the old, in with the new, Global Counsel 9 (2004), S. 40-50

Dauses, Manfred A. (Hrsg.): Handbuch des EU-Wirtschaftsrecht, Band 1, München 2000 (zit.: Bearbeiter in Dauses)

Deringer, Arved: Stellungnahme zum Weißbuch der Europäischen Kommission über die Modernisierung der Vorschriften zur Anwendung der Art. 85 und 86 EG-Vertrag (Art. 81 und 82 EG), EuZW 2000, S. 5-11

Deutscher Industrie- und Handelskammertag (DIHK): Wettbewerbsrecht in der EU, Berlin 2002

Dolmans, Maurits/Piilola, Anu: The proposed new technology transfer block exemption, World Competition 26 (2003), p. 541-565

Drexl, Josef: Die neue Gruppenfreistellungsverordnung über Technologietransfer-Vereinbarungen im Spannungsfeld von Ökonomisierung und Rechtssicherheit, GRUR Int. 2004, S. 716-727

Ebel, Hans Rudolf: EG-Gruppenfreistellungsverordnung für Technologietransfer-Vereinbarungen, WuW 1996, S. 779-788

Emmerich, Volker: Anmerkungen zu der „neuen" Wettbewerbspolitik der Europäischen Kommission, WRP 2000, S. 858-862

Emmerich, Volker: Kartellrecht, 9. Auflage, München 2001

Europäische Kommission: XXV. Bericht über die Wettbewerbspolitik (1995), Brüssel, Luxemburg 1996

Europäische Kommission: XXVI. Bericht über die Wettbewerbspolitik (1996), Brüssel, Luxemburg 1997

Europäische Kommission: XXVII. Bericht über die Wettbewerbspolitik (1997), Brüssel, Luxemburg 1998

Europäische Kommission: XXVIII. Bericht über die Wettbewerbspolitik (1998), Brüssel, Luxemburg 1999

Europäische Kommission: XXIX. Bericht über die Wettbewerbspolitik (1999), Brüssel, Luxemburg 2000

Europäische Kommission: XXX. Bericht über die Wettbewerbspolitik (2000), Brüssel, Luxemburg 2001

Europäische Kommission: XXXI. Bericht über die Wettbewerbspolitik (2001), Brüssel, Luxemburg 2002

Europäische Kommission: Weißbuch über die Modernisierung der Vorschriften zur Anwendung der Artikel 85 und 86 EG-Vertrag, ABl. EG vom 12.5.1999, C 132/1-33 (zit.: Kommission, Weißbuch)

Europäische Kommission: Vorschlag für eine Verordnung des Rates zur Durchführung der in den Artikeln 81 und 82 niedergelegten Wettbewerbsregeln, ABl. EG vom 19.12.2000, C 365 E, S. 284-296 (zit.: Kommission, Entwurf zu VO Nr. 1/2003)

Europäische Kommission: Evaluierungsbericht der Kommission über die Gruppenfreistellungs-Verordnung (EG) Nr. 240/96 für Technologietransfer-Vereinbarungen (GFTT), KOM (2001) 786 endg. vom 20.12.2001 (zit.: Kommission, Evaluierungsbericht)

Europäische Kommission: Summary on Submissions on the TTBE Review Report, abzurufen im Internet unter: http://europa.eu.int/comm/competition/antitrust/technology_transfer/ (zit.: Kommission, Summary on Submissions on the TTBE Review Report)

Europäische Kommission: Entwurf einer Kommissionsverordnung über die Anwendung von Artikel 81 Absatz 3 des EG-Vertrages auf Gruppen von Technologietransfer-Vereinbarungen, ABl. Nr. C 235 vom 01.10.2003, S. 10-16 (zit.: Entwurf GFTT)

Europäische Kommission: Entwurf von Leitlinien zur Anwendung von Artikel 81 EG-Vertrag auf Technologietransfer-Vereinbarungen, ABl. Nr. C 235 vom 01.10.2003, S. 17-54 (zit.: Entwurf Leitlinien GFTT)

Europäischer Wirtschafts- und Sozialausschuss (EWS): Stellungnahme des Europäischen Wirtschafts- und Sozialausschusses zu dem „Entwurf einer Kommissionsverordnung über die Anwendung von Artikel 81 Absatz 3 des EG-Vertrages auf Gruppen von Technologietransfer-Vereinbarungen“, 11.12.2003, abzurufen unter: http://www.esc.eu.int

Faull, Jonathan/Nikpay, Ali (Editors): The EC Law of Competition, Oxford 1999

Feil, M.: Europäische Union - Kommission erlässt neue Gruppenfreistellungsverordnung für Technologietransfer-Vereinbarungen nebst Leitlinien, GRUR Int. 2004, S. 454-455

Feltkamp, Harald: Die Gruppenfreistellungsverordnung Technologietransfer, MittDPatAnw 1998, S. 462-468

Folz, Christian Holger: Technologiegemeinschaften und Gruppenfreistellung, Köln u.a. 2002

Gallini, Nancy T./Trebilcock, Michael: Intellectual property rights and competition policy. A framework for analysis of economic and legal issues, in Organisation for Economic Co-operation and Development (OECD): Competition policy and intellectual property rights, Paris 1998, S. 325-364

Gassner, Ulrich: Grundzüge des Kartellrechts, München 1999

Geiger, Andreas: Das Weißbuch der EG-Kommission zu Art. 81, 82 EG – eine Reform, besser als ihr Ruf, EuZW 2000, S. 165-169

Geiger, Andreas: Die neuen Leitlinien der EG-Kommission zur Anwendbarkeit von Art. 81 EG auf Vereinbarungen über horizontale Zusammenarbeit, EuZW 2000, S. 325-328

Geißler, Bernhard/Wegner, Hans: Die bessere Patentanmeldung, München 2003

Gleiss, Alfred/Hirsch, Martin: Kommentar zum EG-Kartellrecht, Band 1: Art. 85 und Gruppenfreistellungsverordnungen, Martin Hirsch und Thomas O. J. Burkert (Verfasser), 4. Auflage, Heidelberg 1993

Goddar, Heinz/Tönhardt, Marion: Konfliktlösung durch Patentlizenzverträge, MittDPatAnw 2002, S. 337-342

Groeben, Hans von der/Thiesing, Jochen/Ehlermann, Claus-Dieter: Kommentar zum EU-/EG-Vertrag, 5. Auflage, Baden-Baden 1999 (zit.: Bearbeiter in Groeben/Thiesing/Ehlermann)

Grossmann, Barry L./Hoffman, Gary M.: Patent Litigation Strategies. Handbook, 2nd Printing, Washington D. C. 2002

Groß, Michael: Gruppenfreistellung für Technologietransfer-Vereinbarungen (Zusammenfassung der Gruppenfreistellungsverordnungen Patentlizenzen und Know-how-Vereinbarungen), MittDPatAnw 1995, S. 85-91

Hansen, Marc/Shah, Omar: The new technology transfer regime – out of the straightjacket into the safe harbour, ECLR 25 (2004), S. 465-469

Harlfinger, Philipp: Die Gruppenfreistellungsverordnung Nr. 240/96 für Technologietransfervereinbarungen im Lichte der neueren Entwicklungen des europäischen Kartellrechts, Berlin 2003

Henn, Günter: Patent- und Know-how-Lizenzvertrag, 5. Auflage, Heidelberg 2003

Hieber, Thomas: Lizenzverträge über technische Schutzrechte, Marken und Urheberrechte nach der 6. GWB-Novelle, Frankfurt/M. u.a. 2002

Hirsch, Günter: Anwendung der Kartellverfahrensordnung (EG) Nr. 1/2003 durch nationale Gerichte, ZWeR 2003, S. 233-254

Hossenfelder, Silke/Lutz, Martin: Die neue Durchführungsverordnung zu den Artikeln 81 und 82 EG-Vertrag, WuW 2003, S. 118-129

Hovenkamp, Herbert/Janis, Mark D./Lemley Mark A.: IP and Antitrust. An Analysis of Antitrust Principles Applied to Intellectual Property Law, New York 2002-2004

Hubmann, Heinrich/Götting, Horst-Peter: Gewerblicher Rechtsschutz, 7. Auflage, München 2002

Hufnagel, Frank-Erich: Die neue Gruppenfreistellungsverordnung Technologietransfer – Kein Lizenzvertrag ohne Kartellrecht? MittDPatAnw 2004, S. 297-303

Immenga, Frank/Stopper, Martin: Die europäischen und US-amerikanischen Leitlinien zur horizontalen Kooperation, RIW 2001, S. 241-249

Immenga, Ulrich/Mestmäcker, Ernst-Joachim (Hrsg.): Gesetz gegen Wettbewerbsbeschränkungen, Kommentar, 3. Auflage, München 2001 (zit.: Bearbeiter in Immenga/Mestmäcker, GWB)

Immenga, Ulrich/Mestmäcker, Ernst-Joachim (Hrsg.): EG-Wettbewerbsrecht, Kommentar, Band I, München 1997 (zit.: Bearbeiter in Immenga/Mestmäcker, EG-Wettbewerbsrecht, Band I)

Jahn, Susanne: Evaluierungsbericht der Kommission über die Gruppenfreistellungsverordnung für Technologietransfer-Vereinbarungen (VO 240/96), abzurufen unter: http://www.jura.uni-duesseldorf.de/dozenten/pohlmann/

Jaspers, Peter: Lizenzverträge und europäisches Wettbewerbsrecht. Die Gruppenfreistellung von Technologietransfervereinbarungen, abzurufen unter: http://www.bjl-legal.com

Kaiser, Jochen: Schutzrechtsfremde Wettbewerbsverbote in immaterialgüterrechtlichen Lizenzverträgen, Frankfurt/M. u.a. 2002

Kleinmann, Werner: Die neue EG-Gruppenfreistellungsverordnung für Technologietransfer-Vereinbarungen, EWS 1996, S. 149-156

Kling, Michael/Thomas, Stefan: Grundkurs Wettbewerbs- und Kartellrecht, München 2004

Koenigs, Folkmar: Die VO Nr. 1/2003: Wende im EG-Kartellrecht, DB 2003, S. 755-759

Kopp, Ferdinand O./Ramsauer, Ulrich: Verwaltungsverfahrensgesetz, Kommentar, 8. Auflage, München 2003

Lange, Knut Werner (Hrsg.): Handbuch zum deutschen und europäischen Kartellrecht, Heidelberg 2001

Liebscher, Christoph/Flohr, Eckhard/Petsche, Alexander (Hrsg.): Handbuch der EU-Gruppenfreistellungsverordnungen, München und Wien 2003 (zit.: Bearbeiter in Liebscher/Flohr/Petsche)

Langen, Eugen/Bunte, Hermann-Josef (Hrsg.): Kommentar zum deutschen und europäischen Kartellrecht, 2 Bände, 9. Auflage, Neuwied 2001 (zit.: Bearbeiter in Langen/Bunte)

Lejeune, Mathias: Die neue europäische Gruppenfreistellungsverordnung für Technologietransfer-Vereinbarungen, CR 2004, S. 467-475

Lind, Robert C./Muysert, Paul: The European Commission's Draft Technology Transfer Block Exemption Regulation and Guidelines: A significant departure from accepted competition policy and principles, ECLR 25 (2004), S. 181-189

Loewenheim, Ulrich: Gewerbliche Schutzrechte, freier Warenverkehr und Lizenzverträge, GRUR 1982, S. 461

Lowe, Philip: Neue Strukturen der Zusammenarbeit zwischen der Generaldirektion Wettbewerb und den nationalen Wettbewerbsbehörden, WuW 2003, S. 867

Lübbig, Thomas: „...et dona ferentes“: Anmerkungen zur neuen EG-Gruppenfreistellungsverordnung im Bereich des Technologietransfers, GRUR 2004, S. 483-489

Meessen, Karl M.: Die 7. GWB-Novelle – verfassungsrechtlich gesehen, WuW 2004, S. 733-744

Mestmäcker, Ernst-Joachim: Versuch einer kartellpolitischen Wende in der EU, EuZW 1999, S. 523-529

Miller, Nigel: Self-assessment, SJ 148 (2004), S. 620

Monopolkommission: Kartellpolitische Wende in der Europäischen Union? Zum Weißbuch der Kommission vom 28. April 1999, Sondergutachten 28, Baden-Baden 1999 (zit.: Monopolkommission)

Monopolkommission, Das allgemeine Wettbewerbsrecht und die 7. GWB-Novelle, Sondergutachten gemäß § 44 Absatz 1 Satz 4 GWB, März 2004, abzurufen im Internet unter:
http://www.monopolkommission.de/sg_41/text_s41.pdf

Möschel, Wernhard: Systemwechsel im Europäischen Wettbewerbsrecht? JZ 2000, S. 61-67

Möschel, Wernhard: Reform der europäischen Kartellpolitik, WuW 2000, S. 1096-1101

Möschel, Wernhard: Die 7. GWB-Novelle ante portas, WuW 2003, S. 571

Monti, Mario M.: The New EU Policy on Technology Transfer Agreements, Rede vom 16.01.2004, Ecole des Mines, Paris, abrufbar unter:
http://www.europa.eu.int/comm/competition/speeches/index_2004.html

Mummenthey, Hinrich: US Guidelines für die Lizenzierung von geistigem Eigentum, CR 1998, S. 113-122

Nurton, James: New technology transfer rules welcomed, MIP 2004, 139, 12

Organisation for Economic Co-operation and Development (OECD): Competition policy and intellectual property rights, Paris 1998

Pagenberg, Jochen/Geißler, Bernhard: Lizenzverträge: Patente, Gebrauchsmuster, Know-how, Computer-Software. Kommentierte Vertragsmuster nach deutschem und europäischem Recht, 5. Auflage, Köln, Berlin, Bonn, München 2003

Peeperkorn, Luc: IP Licences and Competition Rules: Striking the Right Balance, World Competition 26 (2003), S. 527-539

Pike, Christopher: Virtual Monopoly, Building an intellectual property strategy for creative advantage – from patents to trademarks, from copyrights to designs, London 2001

Pitofsky, Robert: Antitrust and Intellectual Property: Unresolved Issues at the Heart of the New Economy, Antitrust, Technology and Intellectual Property Conference, University of California, Berkeley, March 2001

Pohlmann, Petra: 7. GWB-Novelle: Eine neue Chance für die Europäisierung des GWB, WuW 2003, S. 1008

Polley, Romina/Seeliger, Daniela: Die neue Gruppenfreistellungsverordnung für Vertikalverträge Nr. 2790/1999 – Ihre praktische Anwendung -, WRP 2000, S. 1203-1217

Pfaff, Dieter (Hrsg.): Lizenzverträge, Formularkommentar, Beck 1999 (zit.: Bearbeiter in Pfaff)

Pukall, Kirstin: Neue EU-Gruppenfreistellungsverordnung für Vertriebsbindungen, NJW 2000, S. 1375-1379

Rehbinder, Eckard: Der Vorrang des EG-Kartellrechts vor nationalem Kartellrecht bei Freistellungen: Dogmatische Konstruktion, Sachargumente und politische Interessen, in: Immenga, Ulrich/Möschel, Wernhard/Reuter, Dieter (Hrsg.): Festschrift für Ernst-Joachim Mestmäcker, Baden-Baden 1996, S. 711-724

Rehbinder, Manfred: Urheberrecht, 13. Auflage, München 2004

Rittner, Fritz: Wettbewerbs- und Kartellrecht, 6. Auflage, Heidelberg 1999

Rittner, Fritz: Die Handelsvertreterpraxis nach dem neuen EG-Kartellrecht für Vertikalvereinbarungen, DB 2000, S. 1211-1216

Röhling, Andreas: Die Zukunft des Kartellverbotes in Deutschland nach In-Kraft-Treten der neuen EU-Verfahrensrechtsordnung, GRUR 2003, S. 1019-1025

Sack, Rolf: Der „spezifische Gegenstand" von Immaterialgüterrechten als immanente Schranke des Art. 85 I EG-Vertrag bei Wettbewerbsbeschränkungen in Lizenzverträgen, RIW 1997, S. 449-455

Sack, Rolf: Zur Vereinbarkeit von vertraglichen und gesetzlichen Nichtangriffspflichten im gewerblichen Rechtsschutz mit Art. 85 und Art. 30, 36 EG-Vertrag, in: Großfeld, Bernhard/Sack, Rolf/Möllers, Thomas M. J./Drexl, Josef/Heinemann, Andreas (Hrsg.): Festschrift für Wolfgang Fikentscher, Tübingen 1998, S. 740-773

Sack, Rolf: Zur Vereinbarkeit wettbewerbsbeschränkender Abreden in Lizenz- und Know-how-Verträgen mit europäischem und deutschem Kartellrecht, WRP 1999, S. 592-616

Schaefer, Franz Walter: Die Patentlizenz im englischen Recht im Vergleich zum deutschen Recht, München 1999

Scheidgen, Anja/König, Michael: Kooperation zwischen Wettbewerbern – Ist eine Neubewertung erforderlich? WuW 2000, S. 1205-1209

Schickedanz, Willi: Die Formulierung von Patentansprüchen, München 2000

Schmidt, Karsten: Umdenken im Kartellverfahrensrecht. Gedanken zur Europäischen VO Nr. 1/2003, BB 2003, S. 1237-1245

Schmitz, Stefan: Doch eine Rule of Reason im deutschen Kartellrecht? WuW 2002, S. 6-16

Schneider, Jochen: Handbuch des EDV-Rechts, 2. Auflage, Köln 1997

Schröter, Helmuth/Jakob, Thinam/Mederer, Wolfgang (Hrsg.): Kommentar zum Europäischen Wettbewerbsrecht, Baden-Baden 2003 (zit.: Bearbeiter in Schröter/Jakob/Mederer)

Schulte, Rainer: Patentgesetz mit Europäischem Patentübereinkommen, 6. Auflage, Köln u.a. 2001

Schultze, Jörg-Martin/Pautke, Stephanie/Wagener, Dominique: Die letzte ihrer Art: Die Gruppenfreistellungsverordnung für Technologietransfer-Vereinbarungen – Reformentwürfe der Kommission, WRP 2004, S. 175-187

Singer, Stefan: Ausschließliche Patentlizenz- und Know-how-Verträge nach deutschem, amerikanischem und europäischem Kartellrecht, Frankfurt/M. u. a. 1997

Smith, Joel/Moir, Andrew/Smith, Herbert: Revised technology transfer block exemption rules in force, EIPR 26 (2004), S. 113-115

Stellungnahmen zum Evaluierungsbericht der Kommission über die Gruppenfreistel-lungsverordnung Nr. 240/96 für Technologietransfervereinbarungen. Sämtliche Stellungnahmen finden sich unter:
http://europa.eu.int/comm/competition/antitrust/technology_transfer/:

- American Intellectual Property Law Association (AIPLA)
- AstroZeneca
- Autorita Garante della Concorrenza e del Mercato
- Bristol-Law-Firms
- Bundesverband der Deutschen Industrie e.V. (BDI)
- Business Software Alliance (BSA)
- Cleary Gottlieb Stehen & Hamilton
- CMS Cameron McKenna
- Competition Law Association, UK (CLA)
- Deutsche Vereinigung für gewerblichen Rechtsschutz und Urheber recht e.V. (DV GRUR)
- EU Committee of the American Chamber of Commerce in Belgium
- European Economic & Marketing Consultants (EE&MC)
- HUG Interlizenz AG, Pierre Hug
- International Chamber of Commerce (ICC)
- Joint Working Party of the Bars and Law Societies of the UK on Competition Law (JWP)
- European Committee of Licensing Executives Society International (LESI)
- Office of Fair Trading, UK (OFT)
- Olswang-Law-Firm
- Pfizer AG
- Roschier Holmberg Attorneys Ltd.
- Rosenberger, Hans-Peter
- Trade Marks Patents and Designs Federation (TMPDF)
- Union of Industrial and Employers' Confederations of Europe (UNICE)
- Verband Deutscher Maschinen- und Anlagenbau (VDMA)
- Vereinigung von Fachleuten des Gewerblichen Rechtsschutzes (VPP)
- Zentralverband Elektrotechnik- und Elektronikindustrie e. V. (ZVEI)

Stellungnahmen zum Entwurf einer Kommissionsverordnung über die Anwendung von Art. 81 Abs. 3 des EG-Vertrages auf Gruppen von Technologietransfer-Vereinbarungen, Abl. C 235/11 vom 01.10.2003. Sämtliche Stellungnahmen finden sich unter
http://www.europa.eu.int/comm/competition/antitrust/technology_transfer_2/

- American Bar Association
- American Chamber of Commerce
- American Intellectual Property Law Association
- Ashurst Morris Crisp
- Association of British Pharmaceutical Industry
- Association of Large French Listed Enterprises
- AstraZeneca
- Baker McKenzie
- Bars and Law Society of UK
- Bioindustry Association
- Bonellie Erede Pappalardo
- Bristows
- British Telecommunications plc
- BTG International
- Bundeskartellamt
- Bundesverband der Deutschen Industrie (BDI)
- Business Software Alliance
- Carl Shapiro
- CBI – The voice of business (UK)
- Chales River Associates (CRA)
- Chemical Industries Association
- CIPA (The chartered Institute of Patent Agents)
- Cleary, Gottlieb, Steen & Hamilton
- Clifford Chance
- Competition Law Association
- Corning
- Danish Association of Pharmaceutical Industry (LIF)
- Department of Trade and Industry
- Deutsche Vereinigung für gewerblichen Rechtsschutz und Urheberrecht e. V.
- Deutscher Industrie- und Handelskammertag
- Dutch Association for Competition Law

- Equity Partner, Patent Lawyer
- Ernst & Young Abogados
- Eucomed
- EuropaBio
- Erropean Chemical Industry (CEFIC)
- European Competition Lawyers' Forum
- European E & M Consultants
- European Federation of Pharmaceutical Industries and Associations
- European Grouping of Societies and Composers
- European Information, Communications and Consumer Electronics Technology Industry Association (EICTA)
- Eversheds
- Federation of European Publishers
- France Telecom Group
- Gerd Messner
- GlaxoSmithKline
- Health Protection Agency
- Hewlett-Packard
- Information anc Communications Technology (ICT)
- INTEL Corporation
- Intellectual Property Lawyers Association
- International Bar Association
- International Chamber of Commerce
- Irish Competition Authority
- Jaques Cremer and Patrick Rey
- Jeremy Lack
- Johnson & Johnson
- LECG
- Licensing Executives Society International
- Max-Planck-Institut für Geistiges Eigentum, Wettbewerbs- und Steuerrecht
- Nabarro Nathanson
- Office of Fair Trading
- Olswang
- Orgalime
- Pfizer Inc.
- Pharmaceutical Research and Manufacturers of America
- Simmons & Simmons
- Swedish Association for the Protection of Industrial Property

- Trade Marks Patents and Design Federation
- UNICE
- University of Paisley
- Vinge
- White & Case

Stoffmehl, Thomas: Die Gruppenfreistellungsverordnung der EU-Kommission für Technologietransfer-Vereinbarungen, CR 1996, S. 305-310

Stoffmehl, Thomas: Technologietransfer im europäischen Kartellrecht durch Gruppenfreistellung: Patent- und Know-how-Lizenzverträge, Berlin 1997

Stumpf, Herbert: Der Know-how-Vertrag, 3. Auflage, Heidelberg 1977

Stumpf, Herbert/Groß, Michael: Der Lizenzvertrag, 7. Auflage, Heidelberg 1998 (zit.: Stumpf/Groß)

Taylor Wessing: Neue EU-Regelungen über Technologietransfer-Vereinbarungen, Broschüre verteilt im Rahmen eines Vortrags zum Thema „Internationale Patentstreitigkeiten“ am 21.10.2003 in Frankfurt, nicht veröffentlicht (zit.: Taylor Wessing)

Tom, Willard K.: Background Note, in Organisation for Economic Co-operation and Development (OECD): Competition policy and intellectual property rights, Paris 1998, S. 21-44

Tom, Willard K.: Summary, in Organisation for Economic Co-operation and Development (OECD): Competition policy and intellectual property rights, Paris 1998, S. 455-458

Ullrich, Hanns: Lizenzverträge im europäischen Wettbewerbsrecht: Einordnung und Einzelfragen, MittDPatAnw 1998, S. 50-60

U.S. Department of Justice and Federal Trade Commission: Antitrust Guidelines for the Licensing of Intellectual Property, April 1995, abrufbar unter www.usdoj.gov (zit.: US-Guidelines)

Verouden, Vincent: Vertical Agreements and Article 81 (1) EC: The Evolving Role of Economic Analyses, ATLJ 71 (2003), S. 525

Vieregge, Henrike: Neue Gruppenfreistellungsverordnung Technologietransfer, GRUR 2004, S. 489

Vollebregt, Erik: The new technology transfer block exemption: From straight-jacket to moving targets, CTLR 10 (2004), S. 123-129

Wallenstein, Gabriela von: Kartellrecht unter Berücksichtigung des europäischen Rechts, Neuwied 1997

Weitbrecht, Andreas: Die neue Kartellverfahrensverordnung (EG) Nr. 1/2003, GRUR 2003, Beilage zu Heft 5, S. 1-14

Weitbrecht, Andreas: Das neue EG-Kartellverfahrensrecht, EuZW 2003, S. 69-73

Wiedemann, Gerhard: Kommentar zu den Gruppenfreistellungsverordnungen des EWG-Kartellrechts, Band I, Köln 1989 (zit.: Wiedemann, Band I)

Wiedemann, Gerhard: Kommentar zu den Gruppenfreistellungsverordnungen des EWG-Kartellrechts, Band II, Köln 1990 (zit.: Wiedemann, Band II)

Wiedemann, Gerhard (Hrsg.): Handbuch des Kartellrechts, München 1999 (zit.: Bearbeiter in Wiedemann)

Winkler, Rolf M./Jugel, Hans-Peter: Die neue EG-Gruppenfreistellungs-verordnung für Technologietransfer-Vereinbarungen, EuZW 1996, S. 364-374

Wissel, Holger/Eickhoff, Jörn: Die neue EG-Gruppenfreistellungverordnung für Technologietransfer-Vereinbarungen, WuW 2004, S. 1244-1255

Abkürzungsverzeichnis

BB	Betriebs-Berater (Zeitschrift)
Bd.	Band
BDI	Bund Deutscher Industrie
BGB	Bürgerliches Gesetzbuch
BGH	Bundesgerichtshof
BGHZ	Entscheidungen des Bundesgerichtshofes in Zivilsachen
CR	Computer und Recht
CTLR	Computer and Technology Law Review
DB	Der Betrieb (Zeitschrift)
DoJ	Department of Justice
DIHK	Deutscher Industrie- und Handelskammertag
DV GRUR	Deutsche Vereinigung für gewerblichen Rechtsschutz und Urheberrecht e. V.
ECLR	European Competition Law Review
EFPIA	European Federation of Pharmaceutical Industries and Associations
EIPR	European Intellectual Property Review
EPÜ	Europäisches Patentübereinkommen
EWS	Europäischer Wirtschafts- und Sozialausschuss
FTC	Federal Trade Commission
GFTT	Gruppenfreistellungsverordnung für Technologie-transfer-Vereinbarungen
GRUR	Gewerblicher Rechtsschutz und Urheberrecht (Zeitschrift)
GWB	Gesetz gegen Wettbewerbsbeschränkungen
i.S.d.	im Sinne des
KG	Kammergericht
Komm.	Kommentar
LESI	Licensing Executives Society International
MittDPatAnw	Mitteilungen der Deutschen Patentanwälte
MIP	Managing Intellectual Property
MPI	Max Planck Institut für geistiges Eigentum, Wettbewerbs- und Steuerrecht (München)

m.w.N.	mit weiteren Nachweisen
NJW	Neue Juristische Wochenschrift
NJW-RR	Neue Juristische Wochenschrift-Rechtsprechungs-Report Zivilrecht
OLG	Oberlandesgericht
PatG	Patentgesetz
Rn.	Randnummer
SJ	Solicitor's Journal
TTBE	Technology Transfer Block Exemption
UWG	Gesetz gegen den unlauteren Wettbewerb
VPP	Vereinigung von Fachleuten des Gewerblichen Rechtsschut zes
WRP	Wettbewerb in Recht und Praxis
WuW	Wirtschaft und Wettbewerb (Zeitschrift)
WuW/E	Wirtschaft und Wettbewerb. Entscheidungssammlung zum Kartellrecht
ZVEI	Zentralverband Elektrotechnik- und Elektroindustrie e. V.

1 Einleitung

Am 27.04.2004 verabschiedete die Europäische Kommission die zum 01.05.2004 in Kraft getretene Gruppenfreistellungsverordnung zum Technologietransfer (GFTT n.F.)[1]. Gleichzeitig wurden zum ersten Mal detaillierte Leitlinien zur Anwendung von Artikel 81 EGV auf Technologietransfer-Vereinbarungen erlassen[2].

Die neue Gruppenfreistellungsverordnung für Technologietransfer-Verträge ersetzt die bisherige Gruppenfreistellungsverordnung für Technologietransfer[3]. Die Anwendung dieser Verordnung mit ihren weißen, grauen und schwarzen Listen erlaubter bzw. verbotener Klauseln führte in der Vertragspraxis zu starken Restriktionen und rief in der Praxis einen „Zwangsjackeneffekt"[4] hervor. Die Folge hiervon waren Vertragsgestaltungen, die nicht an der wirtschaftlichen Realität, sondern ausschließlich an den Vorgaben dieses Kataloges ausgerichtet waren. Insbesondere zur Verbesserung dieser Situation wurde von verschiedenen Seiten eine Überarbeitung der Freistellungsverordnung seit langem gefordert.[5]

Außerdem sah es die Kommission als erforderlich an, die bisher geltende GFTT im Hinblick auf die zum 01.05.2004 in Kraft getretene reformierte Kartellverfahrensverordnung[6] zu modernisieren und an das neue rechtliche Umfeld

---

[1] Verordnung (EG) Nr. 772/2004, ABl. EG vom 27.04.2004, L 123/11-17; im Folgenden GFTT n.F.

[2] Leitlinien zur Anwendung von Artikel 81 EG-Vertrag auf Technologietransfer-Vereinbarungen, ABl. EG vom 27.04.2004, C 101/2-42; im Folgenden Leitlinien GFTT

[3] Verordnung (EG) Nr. 240/96, ABl. EG vom 09.02.1996, L 31/2-13; im Folgenden GFTT a.F.

[4] Kommission, Evaluierungsbericht, Tz. 3, 79, 175; Schultze/Pautke/Wagener, WRP 2004, S. 175

[5] Statt vieler BDI, Stellungnahme zum Evaluierungsbericht der Kommission, S.2; VDMA, Comments on the Commission Evaluation Report, S. 2; Kommission, Summary of Submissions on TTBE Report, S. 1

[6] Verordnung (EG) Nr. 1/2003, ABl. EG vom 4.1.2003, L 1/1-25

anzupassen[7]. Die Notwendigkeit der Modernisierung der GFTT zeigt sich insbesondere darin, dass mit dem Inkrafttreten der neuen Kartellverfahrensverordnung die bisherige Möglichkeit einer individuellen Freistellung entfallen ist. Nach dem neuen Konzept ist Artikel 81 Absatz 3 EGV als „Legalausnahme"[8] zu verstehen mit der Folge, dass die Vorschrift unmittelbar anwendbar ist. Es bedarf keines besonderen Freistellungsaktes mehr[9]. Vielmehr sind Unternehmen sowie nationale Kartellbehörden und Gerichte ermächtigt und verpflichtet, selbst zu prüfen, ob die fragliche Vereinbarung die vier Voraussetzungen des Artikels 81 Absatz 3 EGV erfüllt. Dies führt auch für Technologietransfer-Verträge zu einer veränderten Situation. Insbesondere im Interesse der Rechtssicherheit bedürfen die Unternehmen nun anderer Hilfestellungen, als sie die bisherige GFTT bot[10].

Dem Erlass der neuen GFTT ging eine über zweijährige Phase der kontroversen Diskussion und Beratung voraus. Die verabschiedete Fassung stellt wie so oft einen Kompromiss dar. Ob dieser gelungen ist und wie bestimmte Instrumentarien des europäischen Kartellrechts in der reformierten Gruppenausnahme zum Technologietransfer zu beurteilen sind, ist Gegenstand der nachfolgenden Betrachtung.

---

[7] Kommission, Evaluierungsbericht, Tz. 191; Schultze/Pautke/Wagener, WRP 2004, S. 175

[8] Weitbrecht, GRUR 2003, Beilage zu Heft 5, S. 1; Hossenfelder/Lutz, WuW 2003, S. 118 f.

[9] Vgl. Artikel 1 Absatz 2 Verordnung (EG) Nr. 1/2003

[10] Vgl. Europäischer Wirtschafts- und Sozialausschuss (EWS), S. 1

2 Lizenzverträge zum Zwecke des Technologietransfers

2.1 Definition und Rechtsnatur des Lizenzvertrages

„Lizenzen sind Erlaubniserteilungen von dem grundsätzlichen Verbot,

- das einem anderen durch staatlichen Akt in Bezug auf eine Erfindung verliehene Schutzmonopol (Schutzrecht) oder die Anmeldung hierauf (Schutzrechtsanmeldung)[11],
- das nicht allgemein zugängliche (geheime), nicht durch ein Patent oder eine Patentanmeldung geschützte[12] technische oder betriebswirtschaftliche Wissen eines anderen (Know-how)[13]

zu benutzen“[14]. Zu den wichtigsten hierher gehörenden Schutzrechten zählen neben dem Patentrecht das Gebrauchsmuster- und das Sortenschutzrecht, das Urheber- und das Geschmacksmusterrecht sowie das Markenrecht (Warenzeichenrecht)[15].

Ein Lizenzvertrag ist ein Vertrag zwischen Rechtsinhaber (Lizenzgeber) und einem Dritten (Lizenznehmer). Gegenstand des Lizenzvertrages sind die Rechte des Lizenzgebers. Bei einem Austauschverhältnis können aber auch die Rechte des Lizenznehmers umfasst sein[16].

Die Reichweite der dem Lizenznehmer eingeräumten Befugnis kann sehr stark variieren. Er kann von der einfachen schuldrechtlichen Erlaubnis (etwa der Benutzung der Erfindung) bis zur Einräumung eines dinglichen Ausschließlich-

---

[11] Bartenbach/Gennen, Rn. 128 f.; Benkard, Anm. 50 zu § 15; BGH GRUR 1967, 245 (246)

[12] Vgl. zur Definition und Abgrenzung Pagenberg/Geißler, Kap. 1, Rn. 137 sowie Kap. 4, Rn. 12. In der amerikanischen Terminologie wird deshalb auch von „unprotected“ Know-how gesprochen.

[13] Entscheidend für den Begriff des Know-how ist damit die fehlende allgemeine Zugänglichkeit des Wissens. Vgl. hierzu Henn, Rn. 9; Pagenberg/Geißler, Kap. 4, Rn. 12; Busse, § 15 Rn. 62 f.; Sucker/Guttuso/Gaster in Schröter/Jakob/Mederer, Artikel 81 – Fallgruppen Immaterialgüterrechte, Rn. 77

[14] So die Definition bei Henn, Rn. 9

[15] Emmerich, Kartellrecht, § 37/10 a)

[16] Henn, Rn. 10; Emmerich, Kartellrecht, § 37/10 a); Busse, § 15 Rn. 49-51

keitsrechts gehen. Dabei können einfache und ausschließliche Lizenz in vielfacher Hinsicht begrenzt sein, zum Beispiel räumlich, zeitlich, durch Beschränkung auf ein bestimmtes Unternehmen, durch die Beschränkung auf einzelne Benutzungsarten (etwa Herstellungs-, Gebrauchs-, Vertriebslizenz), auf einen bestimmten Zweck oder einen bestimmten Sachbereich.[17]

Der Lizenzvertrag beinhaltet für beide Parteien ein gewisses Risiko, weil der wirtschaftliche Erfolg und die Rechtsbeständigkeit des Schutzrechtes unsicher sind. Im Vergleich zu sonstigen Verträgen ist darüber hinaus die Vergabe von Patent-, Know-how- und Softwarelizenzen mit einem besonderen Risiko behaftet, da beim Scheitern eines Vertrags das einmal übertragene technische Wissen nicht mehr zurückgeholt werden kann.

Der Lizenzvertrag ist von seiner Rechtsnatur her ein Vertrag sui generis[18]. Die zivilrechtlichen Vorschriften über Kauf, Miete oder Pacht finden nur begrenzt auf den Lizenzvertrag Anwendung[19]. Da der Lizenzvertrag meistens dauerhaft angelegt ist, werden weitere Sachverhalte geregelt, wie zum Beispiel die Verteidigung des Schutzrechts bei Angriffen Dritter. Dadurch erlangt der Lizenzvertrag gesellschaftsrechtliche Züge, ohne dass er als Gesellschaftsvertrag einzuordnen wäre[20]. Welche zivilrechtlichen Vorschriften analoge Anwendung auf den Lizenzvertrag finden, ergibt sich aus dem jeweiligen Vertragsinhalt[21].

Im Lizenzvertragsgeschäft sind vor allem Patente und Know-how als relevant zu betrachten. Auch die Lizenzierung von Urheberrechten hat einen hohen Stellenwert. Dies gilt insbesondere für Software-Programme und computergestützte Erfindungen[22]. Die Bedeutung von Muster-Lizenzen ist von dem jeweiligen Industriezweig abhängig. Warenzeichen sind meist nur ein zusätzliches

---

[17] Schulte, § 15 Rn. 27

[18] Schulte, § 15 Rn. 28; Singer, S. 33; Busse, § 15 Rn. 53

[19] Das Reichsgericht ordnete den Lizenzvertrag zuweilen dem Kauf-, Miet- und Pachtrecht zu; vgl. Busse, § 15 Rn. 53

[20] Vgl. Busse § 15 Rn. 58

[21] Schulte, § 15 Rn. 28

[22] Pagenberg/Geißler, Kap. 13 und 14

Element bei der Lizenzierung von Know-how oder im Rahmen von Vertriebs- oder Produktionsvereinbarungen[23].

2.2 Vertragsgegenstand beim Patent-, Know-how-, Softwarelizenzvertrag

Der Anwendungsbereich der neuen GFTT erfasst wie bisher Patentlizenz- und Know-how-Vereinbarungen. Als wichtige Neuerung gegenüber der alten GFTT ist der Begriff der Technologietransfer-Vereinbarung auf Urheberrechtslizenzen für Software ausgedehnt worden[24]. Jedoch wird mit der neuen GFTT kein allumfassendes Lizenzkartellrecht geschaffen, da insbesondere Markenlizenzen und sonstige Urheberrechtslizenzen nach wie vor von der Gruppenfreistellung ausgeschlossen bleiben, es sei denn, sie bilden nicht den eigentlichen Gegenstand der Vereinbarung[25]. Insofern beschränken sich die nachfolgenden Ausführungen auf die Darstellung von Patentlizenz-, Know-how- und Softwarelizenzvereinbarungen.

2.2.1 Patentlizenzvertrag

Der Vertragsgegenstand ist Objekt der Lizenzierung. Der äußere Rahmen beinhaltet das Recht auf das Patent, den Anspruch auf Erteilung des Patents und das Recht aus dem Patent[26]. Diese Rechte können ganz oder teilweise Gegenstand einer Lizenz sein[27]. Die Parteien können eine ausschließliche oder eine nicht ausschließliche (einfache) Lizenz vereinbaren[28].

---

[23] Kommission, Evaluierungsbericht, Tz. 69

[24] Artikel 1 Absatz 1 Buchstabe b) GFTT n.F.

[25] Leitlinien GFTT, Tz. 50

[26] § 15 Absatz 1 Satz 1 i.V.m. Absatz 2 PatG; Lizenzbestimmungen für Patente sind Gegenstand der meisten Patentgesetze. Nachfolgend wird der Einfachheit halber nur auf die Regelung im deutschen Patentgesetz näher eingegangen.

[27] § 15 Absatz 2 Satz 1 PatG

[28] Zur begrifflichen Unterscheidung zwischen ausschließlicher und nicht ausschließlicher (einfacher) Lizenz: siehe Benkard, Anm. 34 zu § 15

Das Recht auf das Patent[29] entsteht mit der Erfindung. § 6 PatG regelt die materielle Berechtigung an der Erfindung zugunsten des wahren Erfinders. Davon ist der prozessuale Anspruch auf Erteilung des Patents zu unterscheiden, der nach § 7 Absatz 1 PatG dem Anmelder zusteht, dessen Berechtigung unwiderlegbar vermutet wird. Das Recht aus dem Patent ist die aus dem erteilten Patent resultierende Rechtsstellung, §§ 9, 10 PatG.

§ 9 PatG findet Anwendung sowohl auf die vom Deutschen Patent- und Markenamt als auch auf die vom Europäischen Patentamt für die BRD erteilten Patente. Die vom Deutschen Patent- und Markenamt erteilten Patente sind in ihrer Wirkung auf die Bundesrepublik Deutschland beschränkt (Territorialitätsgrundsatz)[30], das heißt sie können nur im Inland verletzt werden. Nach Artikel 64 EPÜ gewährt ein europäisches Patent, das für die BRD erteilt wurde, dieselben Rechte wie ein deutsches Patent.

Ist Vertragsgegenstand ein ausländisches Patent, richten sich die Voraussetzungen für den Schutz der Erfindung nach den Regelungen der entsprechenden ausländischen Normen[31]. Die Patentdauer ist in den nationalen Patentgesetzen nicht einheitlich geregelt. Der Beginn der Patentdauer richtet sich entweder nach dem Zeitpunkt der Anmeldung, der Offenlegung oder der Erteilung des Patents[32]. Gemäß § 16 PatG beträgt die Patentdauer in der BRD 20 Jahre. Diese beginnt mit dem Tag, der auf die Anmeldung der Erfindung folgt[33].

Bei der Abgrenzung des Vertragsgegenstandes ist der Schutzbereich des Patents zu beachten[34]. Der Schutzbereich des Patents und der Patentanmeldung wird durch den Inhalt der Patentansprüche bestimmt[35]. Die Beschreibung und die Zeichnungen sind zur Auslegung der Patentansprüche heranzuziehen[36].

---

[29] § 6 Satz 1 PatG

[30] Hubmann/Götting, § 7 II 2 und § 19 III; Busse, Einl. PatentG, Rn.73 und § 9, Rn. 116 ff.

[31] Benkard, Anm. 8 und 9 zu § 9

[32] Henn, Rn. 20

[33] § 16 Absatz 1 Satz 1 PatG

[34] § 14 PatG; Henn, Rn. 21

[35] § 14 Satz 1 PatG; ausführlich zum Schutzbereich: Schickedanz, S. 11-20

Besondere Relevanz bei der Lizenzierung von Patenten und Patentanmeldungen hat der Grundsatz von der Erschöpfung des Patentrechtes[37]. Dieser besagt, dass der Rechtsinhaber durch eigene Benutzungshandlungen das ihm vom Gesetz eingeräumte ausschließliche Verwertungsrecht ausgenutzt und damit verbraucht hat, so dass bestimmte weitere Verwertungshandlungen nicht mehr vom Schutzrecht erfasst werden. Ist ein geschütztes Erzeugnis durch den Schutzrechtsinhaber oder mit seiner Zustimmung in den Verkehr gebracht worden, unterliegen weiteres Inverkehrbringen, Anbieten und Gebrauch dieses Erzeugnisses nicht mehr seinem Verbietungsrecht. Seine Rechte sind damit erschöpft. Die geschützten Erzeugnisse werden mit Inverkehrbringen gemeinfrei. Der Patentinhaber hat nicht die Befugnis, bei von ihm selbst oder mit seiner Zustimmung in Verkehr gebrachten Erzeugnissen die Art und Weise des weiteren Verkehrs zu beeinflussen[38].

2.2.2 Know-how-Lizenzvertrag

Im Gegensatz zum Patentlizenzvertrag besitzt ein Lizenzvertrag über nicht allgemein zugängliches (geheimes), nicht durch ein Patent oder eine Patentanmeldung geschütztes technisches oder betriebswirtschaftliches Wissen eines anderen (Know-how)[39] keine besondere gesetzliche Grundlage. Der Vertragsgegenstand ist nicht gesetzlich definiert. Mangels rechtlichen Schutzes gewährt Know-how zudem seinem Inhaber kein Ausschlussrecht gegenüber Dritten. Wenngleich es sich hierbei um kein rechtlich gesichertes „Monopol" handelt, vermittelt das Know-how oft für eine bestimmte Zeit aufgrund des Wissensvorsprungs des Inhabers eine faktische Monopolstellung[40].

Dabei wird an der Notwendigkeit und Zulässigkeit des Know-how-Vertrages nicht gezweifelt. Das Know-how ist von zentraler Bedeutung bei der Entwick-

---

[36] § 14 Satz 2 PatG, Busse, § 14 Rn. 45

[37] Busse, § 9 Rn. 142 ff.; Henn, Rn. 28

[38] zur Erschöpfung des Patentrechts: siehe auch Benkard, Anm. 15 ff. zu § 9

[39] Henn, Rn. 9; Pagenberg/Geißler, Kap. 4, Rn. 12; Busse, § 15 Rn. 62 f.; Sukker/Guttuso/Gaster in Schröter/Jakob/Mederer, Artikel 81 – Fallgruppen Immaterialgüterrechte, Rn. 77

[40] Singer, S. 35

lung und Produktion von Erzeugnissen[41]. Deshalb wird das Know-how auch oft im Rahmen eines kombinierten Patent- und Know-how-Lizenzvertrag neben den Patenten lizenziert.

Während sich in einem Patentlizenzvertrag die Beschreibung des Vertragsgegenstandes nach dem Patent bzw. der Patentanmeldung richtet, bedarf die Darstellung des Vertragsgegenstandes beim Know-how-Lizenzvertrag der detaillierten Erörterung. Nur mittels präziser vertraglicher Bestimmungen kann der Gefahr unbefugter Nutzungen durch Dritte begegnet werden. Es ist daher in diesen Verträgen besonders darauf zu achten, Art und Umfang des Einsatzes des Know-hows, Beschränkungen zur Verhinderung der weiteren Verbreitung und die vertraglichen Folgen im Fall des Verstoßes zu regeln, weil gerade der geheime Charakter den wirtschaftlichen Wert des Know-how ausmacht. Nur solange dieser fortbesteht, bleibt eine angemessene Verwertung dieser Kenntnis für den Know-how-Geber möglich.[42]

2.2.3 Patent- und Know-how als gemeinsamer Vertragsinhalt

In der Praxis kommen sowohl der reine Patentlizenzvertrag als auch der reine Know-how-Vertrag eher selten vor[43]. In den meisten Fällen werden kombinierte Patent- und Lizenzverträge abgeschlossen, weil in der Regel das zur Patentverwertung zugehörige Know-how mitverwertet werden soll[44]. Während der Lizenznehmer hierauf oft angewiesen ist, ist der Lizenzgeber an einem angemessenen Schutz und einer finanziellen Verwertung des zum Schutzrecht gehörenden Know-hows interessiert[45]. Zu den einzelnen Vertragsbestandteilen eines kombinierten Patent- und Know-how-Lizenzvertrages gilt das jeweils oben Ausgeführte.

---

[41] Stumpf, Anm. 1-3; Henn, Rn. 30; Sucker/Guttuso/Gaster in Schröter/Jakob/Mederer, Artikel 81 – Fallgruppen Immaterialgüterrechte, Rn. 31

[42] Pagenberg/Geißler, Kap. 3, Rn. 5 f.; Henn, Rn. 30 f.

[43] Groß, MittDPatAnw 1985, S. 86, 87; Schulte, § 15 Rn. 14; Singer, S. 35

[44] Groß, MittDPatAnw 1985, S. 86, 87; Henn, Rn. 34; Singer, S. 35

[45] Henn, Rn. 34 m.w.N.; Singer, S. 35

2.2.4 Softwarelizenzvertrag

Neben Patentlizenz- und Know-how-Lizenzverträgen spielen heute Softwarelizenzen beim Technologietransfer eine erhebliche Rolle[46]. Dabei bestimmt die Vielzahl der Arten und Verwendungsmöglichkeiten von Software deren Lizenzierung. So handelt es sich bei der Systemsoftware, Massensoftware und Individualsoftware um völlig unterschiedliche Kategorien, die in verschiedener Weise technisch eingesetzt werden und deren Nutzung in rechtlich unterschiedlicher Weise erfolgt[47].

Systemsoftware wird normalerweise vom Käufer der Hardware bereits miterworben. Deshalb sind hier separate Lizenzverträge für den Benutzer selten. Dagegen wird die Massensoftware in der Form standardisierter Benutzerprogramme meistens vom Benutzer eines Computers getrennt erworben, üblicherweise in der Form eines Kaufvertrages[48]. Dabei wird häufig außer Acht gelassen, dass der Käufer keine uneingeschränkte Nutzungsbefugnis erhält[49]. Beschränkungen ergeben sich einerseits aus den vom Softwarehersteller beigefügten Lizenzbedingungen, andererseits aber auch aus dem Gesetz[50].

Ist die Software urheberrechtlich geschützt, wovon heute grundsätzlich ausgegangen werden kann[51], folgen daraus weitreichende Nutzungsbeschränkungen. Dazu zählen insbesondere das Verbot der Vervielfältigung und Verbreitung, §§ 16, 17 UrhG. Aus § 32 UrhG folgt die Befugnis der räumlichen, zeitlichen oder inhaltlichen Nutzungsbeschränkung. Davon wird oft in der Weise Gebrauch gemacht, dass bei der Massensoftware nur die Anfertigung einer Sicherungskopie erlaubt ist. Folglich ist auch die Mehrfachnutzung innerhalb eines Unter-

---

[46] Kommission, Evaluierungsbericht, Tz. 69; Pagenberg/Geißler, Kap. 13 und 14; VPP, Stellungnahme zum Evaluierungsbericht der Kommission, S. 2; ZVEI, Stellungnahme zum Evaluierungsbericht der Kommission, S. 2

[47] M. Rehbinder, Rn. 391

[48] BGH, BB 2000, 638; M. Rehbinder, Rn. 391

[49] M. Rehbinder, Rn. 391 f.

[50] M. Rehbinder, Rn. 392

[51] Schneider, S. 538; Pagenberg/Geißler, Kap. 13 Rn. 10

nehmens nicht gestattet[52]. Sonderregelungen gelten bei der Vernetzung, für den die Softwarehersteller meistens weitere Lizenzgebühren verlangen[53].

Für Software, die keinen Urheberrechtsschutz besitzt, kann ein Kopierverbot aus § 1 UWG unter dem Gesichtspunkt des Verbotes der unmittelbaren Leistungsübernahme abgeleitet werden[54].

Bei der Massensoftware kommen insbesondere die Bestimmungen des Kaufrechts zur Anwendung. Hinsichtlich der so genannten shrink-wrapper-agreements (Schutzhüllenverträge) sind zusätzlich die Regeln über die allgemeinen Geschäftsbedingungen zu beachten[55]. Bei der Individualsoftware wird üblicherweise ein Auftragswerk vorliegen, auf das Werkvertragsrecht Anwendung findet[56]. Weitere Anwendungsfälle sind insoweit spezielle Regelungen dieser vertraglichen Grundtypen.

2.3 Inhaltsformen des Lizenzvertrages

2.3.1 Herstellungs- und Vertriebslizenz

Eine Lizenz kann auf einzelne Nutzungsarten beschränkt sein. In Betracht kommen etwa eine Herstellungslizenz, eine Vertriebslizenz oder – was regelmäßig der Fall ist – eine Verbindung beider Benutzungsformen[57]. Enthält der Vertrag keine Bestimmungen über den Umfang der lizenzierten Befugnis, so ist davon auszugehen, dass Herstellung und Vertrieb erlaubt sind[58].

---

[52] Pagenberg/Geißler, Kap. 13 Rn. 10

[53] Pagenberg/Geißler, Kap. 13 Rn. 10

[54] Baumbach/Hefermehl, § 1 Rn. 518a, 576; Pagenberg/Geißler, Kap. 13 Rn. 11 m.w.N.

[55] M. Rehbinder, Rn. 270, 389, 392

[56] BGH, NJW 1990, S. 3008; M. Rehbinder, Rn. 391; bei dem Vertrag über die Erstellung von Individual-Software sind die Vorschriften des neuen Schuldrechts, §§ 633 bis 639 BGB, insbesondere hinsichtlich des neu geregelten Leistungsstörungsrechts, zu beachten.

[57] Stumpf/Groß, Rn. 26; Henn, Rn. 132

[58] BGH GRUR 1959, 528

Bei einer Herstellungslizenz ist dem Lizenznehmer das Recht eingeräumt, den Gegenstand selbst zu produzieren[59]. Diese Art der Lizenz wird in ihrer reinen Form nur in Ausnahmefällen vorliegen. Denkbar ist sie bei ausschließlich eigenem Verbrauch des Lizenznehmers. Regelmäßig wird jedoch eine Vereinbarung zwischen Lizenzgeber und Lizenznehmer hinzukommen, die den Vertrieb der hergestellten Produkte gestattet. Fehlt eine solche, ist im Zweifel davon auszugehen, dass die Einräumung der Herstellungslizenz das Recht des Lizenznehmers einschließt, das Erzeugnis auch in den Verkehr zu bringen und zu gebrauchen[60].

Bei einer reinen Vertriebslizenz erfolgt die Herstellung allein durch den Lizenzgeber oder ein von ihm beauftragtes Unternehmen, die Auslieferung erfolgt dann im allgemeinen durch den Lizenznehmer ab Lager des Lizenzgebers[61].

2.3.2 Einfache und ausschließliche Lizenz

Weiterhin können die Parteien eine so genannte einfache Lizenz oder eine ausschließliche Lizenz vereinbaren[62]. Von einer einfachen Lizenz spricht man, wenn der Patentinhaber sich das Recht zur Vergabe weiterer Lizenzen in einem bestimmten Gebiet vorbehält[63].

Bei einer ausschließlichen Lizenz sind zwei Erscheinungsformen zu unterscheiden: Von einer ausschließlichen Lizenz, die im Regelfall als Alleinlizenz erteilt wird, spricht man, wenn der Lizenzgeber keine weitere Lizenz in einem Gebiet mehr vergeben darf. Vom eher selten vereinbarten Fall einer ausschließ-

---

[59] Stumpf/Groß, Rn. 33; Benkard, Anm. 31 zu § 9; Henn, Rn. 133, 137

[60] Stumpf/Groß, Rn. 33; Henn, Rn. 132, 134

[61] Stumpf/Groß, Rn. 27; vgl. zur in diesem Zusammenhang oft schwierigen, aber durchaus bedeutsamen Frage der Abgrenzung des Vertriebslizenzvertrages vom reinen Händlervertrag, Stumpf/Groß, Rn. 28 ff.

[62] Busse, § 15 Rn. 55; Henn, Rn. 143 ff.

[63] Henn, Rn. 147

lichen Lizenz mit Alleinbenutzungsklausel spricht man, wenn auch der Lizenzgeber selbst die Erfindung im Vertragsgebiet nicht mehr benutzen darf.[64]
Ein ausschließlicher Lizenzvertrag – gerade im Fall der vereinbarten Alleinbenutzungsklausel – kann so weit gehen, dass der Lizenznehmer die Gesamtheit der aus dem Patent folgenden Nutzungsrechte zur alleinigen Ausbeutung unter Ausschluss Dritter innehat, so dass dem Lizenzgeber nur noch das seines Nutzungsrechts entkleidete formale Patentrecht verbleibt[65]. Rechtlich abzugrenzen ist daher in diesem Fall die ausschließliche Lizenz mit Alleinbenutzungsklausel vor allem vom Patentkauf: Dabei stellt der ausschließliche Lizenzvertrag ein auf eine bestimmte Zeit angelegtes Dauerschuldverhältnis dar[66], wogegen beim Verkauf keine, auch keine formale Rechtsposition beim Verkäufer bleibt. Soweit es sich um eine ausschließliche Patentlizenz handelt, bindet die Einräumung der Ausschließlichkeit nicht nur obligatorisch den Vertragspartner, sondern gibt dem Lizenznehmer im Rahmen der vertraglichen Vereinbarung ein gegenüber jedermann wirkendes absolutes Ausschlussrecht[67]. Diese quasi dingliche Wirkung der ausschließlichen Lizenz[68] hängt dabei auch nicht von der Eintragung in der Patentrolle gemäß § 30 Absatz 1 PatG ab. Diese ist nicht rechtsbegründend (konstitutiv), sondern hat nur deklaratorische Wirkung[69].

2.3.3 Beschränkt ausschließliche Lizenz

Die ausschließliche Lizenz muss nicht notwendig die einzige vergebene Lizenz sein. Insbesondere kann sie vertraglich auch hinsichtlich eines örtlichen Teilgebietes vereinbart werden[70]. Man spricht dann von einer beschränkt ausschließlichen Lizenz. Sie muss allenfalls hinsichtlich des vereinbarten Bereichs

---

[64] Henn, Rn. 144; Busse, § 15 Rn. 55; Pagenberg/Geißler, Kap. 1 Rn. 73

[65] Henn, Rn. 144; Pagenberg/Geißler, Kap. 1 Rn. 73; Stumpf/Groß, Rn. 36

[66] Busse, § 15 Rn. 57

[67] Stumpf/Groß, Rn. 36; Henn, Rn. 65 ff.

[68] Henn, Rn. 152 m.w.N. zu dem dinglichen, quasidinglichen oder absoluten Charakter, der im deutschen Schrifttum und in der deutschen Rechtsprechung der ausschließlichen Lizenz beigemessen wird.

[69] Schulte, § 15 Rn. 14; Stumpf/Groß, Rn. 36 m.w.N.

[70] Benkard, Anm. 54 zu § 15; Schulte, § 15 Rn. 33; Pagenberg/Geißler, Kap. 1, Rn. 72, 74

ein Alleinrecht des Lizenznehmers unter Ausschluss des Lizenzgebers begründen[71].

2.4 Gründe für den Abschluss von Lizenzverträgen

Beim Abschluss von Lizenzverträgen kann eine Vielzahl unterschiedlicher Gründe eine Rolle spielen. Dabei weichen die Gründe aus Sicht des Lizenzgebers von denen aus Sicht des Lizenznehmers teilweise voneinander ab, teilweise sind sie aber auch identisch.

2.4.1 Sicht des Lizenzgebers

Aus Sicht des Lizenzgebers kann die Entscheidung für die Vergabe von Lizenzen darauf zurückzuführen sein, dass er die Erschließung neuer Produktmärkte anstrebt. Ferner kann bei dem Lizenzgeber das Interesse bestehen, durch einen Lizenzvertrag einen Teil der eigenen Forschungs- und Entwicklungskosten wieder zurückzuführen.[72]

Die Einnahmen aus Lizenzgebühren machen in der Regel zwar nur einen geringen Teil des Gesamtumsatzes der Unternehmen aus (1 % oder weniger). Gleichwohl leisten sie einen nicht unerheblichen Beitrag zum Rückfluss der Forschungs- und Entwicklungs-Investitionen. Die Aufwendungen für Forschung und Entwicklung sind in den einzelnen Industriezweigen sehr unterschiedlich. Bei den meisten Unternehmen belaufen sie sich auf 5 bis 10 % des gesamten Jahresumsatzes. In bestimmten Bereichen (z.B. im Pharmasektor) liegen sie jedoch oft deutlich höher.[73]

Der Wert von Erkenntnissen und Erfahrungen, welche der oder die Lizenznehmer bei der Herstellung der Lizenzprodukte gewinnen, ist unter Umständen hoch und deren zentrale Auswertung von Seiten des Lizenzgebers erwünscht.[74]

---

[71] Singer, S. 37

[72] Kommission, Evaluierungsbericht, Tz. 70; Singer, S. 39; Henn, Rn. 2

[73] Kommission, Evaluierungsbericht, Tz. 63

[74] Stoffmehl, S. 31; Singer, S. 40

Vor allem Großunternehmen sehen in einem technologischen Erfahrungsaustausch mit den Lizenznehmern ein wesentliches Motiv für die Lizenzierung[75].

Dagegen scheint der Umstand fehlender eigener Produktionskapazitäten eher in kleineren Unternehmen eine tragende Rolle bei der Lizenzvergabe zu spielen[76]. Diese sind häufig aus finanziellen oder produktionstechnischen Gründen nicht in der Lage, ihre Patente selbst zu verwerten. Sofern sie ihre Erfindungen nicht durch Verkauf endgültig aus der Hand geben wollen, bietet sich in diesen Fällen die Lizenzierung an[77].

Eine Lizenzproduktion kann auch eingerichtet werden, um auf einer in das Ausland „verlängerten Werkbank" einen Teil der eigenen Produkte durch ausländische Firmen herstellen zu lassen[78]. Dies kann darin begründet sein, dass im Ausland die Produktionskosten niedriger ausfallen, weil sowohl die Lohnkosten als auch die Materialkosten geringer sind als im Inland.

Weiterhin können für die Lizenzvergabe Importbestimmungen bestimmter Länder ausschlaggebend sein. So wird in einigen Ländern die Einfuhr bestimmter industrieller Produkte erschwert oder gar untersagt. Dagegen wird die Lizenzvergabe an Unternehmen im Inland zugelassen, um Arbeitsplätze und Produktion im eigenen Land zu sichern.

Da in solchen Ländern oft Devisenknappheit herrscht, bemühen sie sich, die Güter selbst herzustellen, wozu sie jedoch aus eigener Kraft oft nicht in der Lage sind. Auch der Nachbau von Produkten, soweit ein Patentschutz nicht besteht, ist insbesondere in Entwicklungsländern aus technischen Gründen häufig nicht möglich[79]. Man hilft sich durch den Abschluss von Verträgen, durch die der Lizenzgeber verpflichtet wird, technische Hilfe zu leisten und dem Lizenznehmer bei der Herstellung zu beraten. Unter Umständen wird der Lizenzgeber

---

[75] Singer, S. 40

[76] Singer, S. 40

[77] Stoffmehl, S. 31; Kommission, Evaluierungsbericht, Tz. 70; Singer, S. 39

[78] Henn, Rn. 133; Stoffmehl, S. 31; Kommission, Evaluierungsbericht, Tz. 70

[79] Stoffmehl, S. 32

auch verpflichtet, Fachkräfte, die den Aufbau der Produktion überwachen, zu entsenden und Arbeiter des Lizenznehmers in seinem Betrieb auszubilden. Auch die Lieferung von Werkzeugen, Maschinen und Produkten, die im Land selbst nicht hergestellt werden können, und Vorrichtungen sowie die Überlassung von Warenzeichen werden häufig vereinbart.[80]

Ungenügende Kenntnis örtlicher Marktverhältnisse oder fehlende Vertriebs- oder Vermarktungsfähigkeiten sind für die Vergabe von Lizenzen weniger bedeutend. Gleichwohl kann eine Lizenzerteilung an ein ausländisches Unternehmen ein geeignetes Mittel sein, um einen Markt intensiv zu testen, sich in ihm stärker zu etablieren oder eine Direktinvestition vorzubereiten[81]. Teilweise spielen bei der Vergabe von Lizenzen auch strategische Ziele wie die Erlangung von Größen- oder Verbundvorteilen, die Wahrung der Marktstellung der eigenen Technologie oder die Aufteilung der mit ihrer Nutzung verbundenen Risiken eine Rolle[82].

In der Regel wird weniger ein einzelner Grund für die Vergabe einer Lizenz ausschlaggebend sein, als vielmehr eine Kombination von Gründen[83]. Um eine Stärkung der Konkurrenz zu vermeiden, neigen die Inhaber von Schutzrechten im Allgemeinen eher dazu, Lizenzen an Nicht-Wettbewerber zu vergeben - außer in Fällen, in denen die Lizenzvergabe dazu dienen soll, tatsächliche oder potenzielle Streitigkeiten über gegensätzliche Patentansprüche beizulegen[84].

2.4.2 Sicht des Lizenznehmers

Auf der Seite der Lizenznehmer liegt in der Regel der stärkste Anreiz zum Erwerb einer Lizenz in dem Bestreben, die eigenen Kräfte mit ergänzenden Fähigkeiten eines Inhabers gewerblicher Schutzrechte zu kombinieren. Insbesondere gilt dies für Fälle, in denen der Lizenznehmer erkennt, dass seine Entwicklungen durch Schutzrechte Dritter blockiert sind oder eine eigene Entwicklung

---

[80] Stoffmehl, S. 32

[81] Stoffmehl, S. 33

[82] Henn, Rn. 15; Kommission, Evaluierungsbericht, Tz. 70

[83] Singer, S. 40

[84] Kommission, Evaluierungsbericht, Tz. 72

teurer ist als die Übernahme einer fremden Technologie[85]. Durch die Nutzung von fremden Neu- und Weiterentwicklungen kann der Lizenznehmer einen technologischen Rückstand aufholen, in einen neuen Produktmarkt vordringen oder eine Wettbewerbsposition halten, ohne in eigene kostspielige und langwierige Forschung mit ungewissen Erfolgsaussichten investieren zu müssen[86].

Lizenznehmer können ferner durch den Abschluss von Lizenzverträgen kurzfristig Kapazitätsüberhänge auslasten, ihre Produktpalette ergänzen und sie neuen Erfordernissen des Marktes anpassen. Auf die Ausschließlichkeit der Lizenz wird der Lizenznehmer regelmäßig besonderen Wert legen: Dieser hat oft ein Interesse daran, zur Absicherung der mit der Markteinführung eines neuen Produktes verbundenen finanziellen Risiken zumindest eine Zeitlang einen geschützten Marktvorsprung zu erhalten. Unternehmen sind dabei umso mehr auf die Ausschließlichkeit angewiesen, je neuer die verwendete Technologie, je bedeutender das Produkt, je schwieriger die Markteinführung und je höher das damit verbundene finanzielle Risiko ist. Dies trifft in besonderem Maße auf kleine und mittlere Unternehmen zu.[87]

Dabei sprechen auch für den Lizenzgeber oft Gründe für die Vergabe einer ausschließlichen Lizenz: So kann es für ihn sinnvoll sein, eine einzige Lizenz für ein Gebiet zu vergeben, wenn ein einzelner, qualifizierter und potenter Lizenznehmer eine bessere Ausnutzung der Lizenz gewährleistet als mehrere in Konkurrenz stehende Lizenznehmer. Darüber hinaus mindert sich sein Aufwand, der mit dem Technologietransfer verbunden ist[88].

In vielen Fällen decken sich beim Abschluss von Lizenzverträgen die Interessen des Lizenzgebers und des Lizenznehmers: So kann der Abschluss eines Lizenzvertrages durch tatsächliche oder potenzielle Rechtsstreitigkeiten zwischen den Parteien bedingt sein, die ihre Ursache in sich überschneidenden Patentansprüchen haben können[89]. Anlass für den Erwerb einer Lizenz kann ferner das

---

[85] Kommission, Evaluierungsbericht, Tz. 71

[86] Stumpf/Groß, Rn. 4; Singer, S. 40 f.

[87] Singer, S. 41

[88] Singer, S. 40 m.w.N.

[89] Goddar/Tönhardt, MittDPatAnw 2002, S. 337 (338)

Bestreben sein, Sperrpositionen aufzulösen[90]. Die Lizenzierung kann ferner mit Bemühungen zur Schaffung einer neuen Industrienorm, zur Bildung eines Patent-Pools oder zur Erlangung von Größen- oder Verbundvorteilen zusammenhängen[91].

Zudem bietet die Lizenzierung den Parteien den Vorteil, dass Firmen der gleichen Branche jeweils ihre Forschung auf ein bestimmtes Gebiet konzentrieren können und sich dann gegenseitig die Ergebnisse ihrer Arbeit im Wege der Lizenz zur Verfügung stellen[92]. Insofern stellt die Lizenzierung ein wirtschaftliches Mittel dar, um den Anschluss an den technischen Fortschritt zu finden bzw. zu halten. Ferner kann bei fortschreitender Spezialisierung im Wirtschaftsleben niemand mehr das gesamte, für seine Produktentwicklung erforderliche Know-how selbst bilden. Dies wäre weder technisch möglich noch wirtschaftlich sinnvoll.

2.5 Entwicklung des Lizenzwesens

Das industrielle Lizenzwesen hat sich im Laufe der letzen Jahre sowohl qualitativ als auch quantitativ erheblich verändert. In bestimmten Industriezweigen (zum Beispiel Elektrotechnik, Medizintechnik, Werkstofftechnik, Bio- und Nanotechnik) sind solche Entwicklungen besonders spürbar[93].

In quantitativer Hinsicht ist festzustellen, dass die Unternehmen ihre Technologien heute häufiger in Lizenz vergeben[94]. Offenbar wächst nicht nur die Vielfalt der lizenzierten Technologien, auch die Zahl der für ein und dieselbe Technologie erteilten Lizenzen nimmt zu. Als einer der Hauptgründe für diesen Trend wird die Notwendigkeit angegeben, die hohen Kosten eines Patent-Portefeuilles durch Lizenzeinnahmen auszugleichen[95].

---

[90] Vgl. zur Sperrwirkung von Schutzrechten: Hubmann/Götting, § 12 III und § 19 I 3

[91] Kommission, Evaluierungsbericht, Tz. 71

[92] Henn, Rn. 2; Stumpf/Groß, Rn. 1, 4

[93] Kommission, Evaluierungsbericht, Tz. 61

[94] Kommission, Evaluierungsbericht, Tz. 62

[95] Kommission, Evaluierungsbericht, Tz. 62; im Evaluierungsbereicht der Kommission (Tz. 65) wird eine befragte Organisation zitiert, die glaubt, die gewerbliche Lizenztätigkeit in

Ein weiterer Grund für die häufigere Lizenzvergabe in den letzten Jahren ist der verstärkte Bedarf der Unternehmen an neuen Technologien. In vielen Fällen sind die Unternehmen nicht in der Lage, diesen Bedarf durch unternehmensinterne Entwicklungen zu befriedigen. Daher gewinnt für diese Unternehmen das Bemühen um den Erwerb von Lizenzen zunehmende Bedeutung[96].

Zugleich scheinen staatliche Forschungseinrichtungen und Hochschulinstitute mehr und mehr zu erkennen, dass die Informationen, die sie bisher meist kostenlos der Öffentlichkeit zugänglich gemacht haben, einen Wert darstellen können. Deshalb sind sie nun zunehmend bemüht, diese soweit möglich zu schützen und die sich daraus ergebenden Schutzrechte zu verwerten[97].

Sodann ist anzumerken, dass manche Unternehmen in letzter Zeit dazu übergehen, als Reaktion auf die wachsende Bedeutung geistigen Eigentums für die Erhaltung ihrer Marktstellung schärfer strukturierte Patentstrategien zu entwickeln[98]. Dienten Schutzrechte traditionell allein dazu, Wettbewerbern die Nutzung eigener Innovationen zu verwehren, so werden sie heute im Rahmen wesentlich vielfältigerer Geschäftsstrategien eingesetzt. Beispiele hierfür sind das Sperren ganzer Bereiche für den Wettbewerb oder die Schaffung von Industrienormen aufgrund eigener Patente. Da viele Unternehmen ihre Rechte an geistigem Eigentum zunehmend als handelbare Vermögenswerte betrachten, wird die Verwaltung des Bestandes an Patenten und sonstigen Schutzrechten zu einem immer wichtigeren Teil der Unternehmensstrategie[99]. In diesem Zusammenhang sehen einige Kommentatoren die Entwicklung dahin führen, dass

---

der Gemeinschaft sei generell eher rückläufig, Der Rückgang im gewerblichen Bereich sei Ausdruck von Veränderungen wie der Verlagerung von Fertigung und Forschung auf überseeische Märkte.

96 Kommission, Evaluierungsbericht, Tz. 62

97 Kommission, Evaluierungsbericht, Tz. 65

98 Grossmann und Hofmann, xiii-xv; Pike, xiii-xvii; Kommission, Evaluierungsbericht, Tz. 64

99 Charles River Associates, S. 53 f.

tendenziell immer weniger Wissen öffentlich zugänglich und immer mehr durch Eigentumsrechte geschützt sein wird[100].

Nach wie vor hat der Lizenzvertrag wirtschaftlich eine ungleich höhere Bedeutung als die Rechtsübertragung[101]. Dies liegt an der oben beschriebenen systematischen geschäftspolitischen Aktivität, die auch und insbesondere in der Vielfalt der praktizierten Inhaltsformen der Lizenz zum Ausdruck kommt. Die Rechtsübertragung bietet diese Möglichkeiten nicht. Es wird angenommen, dass Übertragungen etwa 20% aller im Zusammenhang mit solchen Schutzrechten getätigten Geschäfte darstellen, während die restlichen 80% auf die Lizenzvergabe entfallen[102]. Zu den Hauptgründen, weshalb Unternehmen sich für die Veräußerung statt für die Lizenzierung ihrer Eigentumsrechte entscheiden, zählen ungenügende Lizenzeinnahmen (die nicht ausreichen, um die Kosten für die Erhaltung und Verteidigung des Schutzrechts zu decken), die geringe Wahrscheinlichkeit eines Markterfolgs und ggf. der Marktaustritt des Rechteinhabers[103].

Qualitativ gesehen zeigt sich, dass sich in den letzten Jahren sowohl der Charakter als auch die Typen der Lizenzvereinbarungen erheblich fortentwickelt haben. Insbesondere sind heute mehr gemeinsame, kooperative Anstrengungen und umfangreichere Lizenzvereinbarungen erforderlich, um mit der zunehmenden Komplexität neuer Technologien Schritt zu halten[104]. Diese Technologien verlangen oft multidisziplinäres Wissen, was die beteiligten Unternehmen zur Zusammenarbeit zwingt. So gibt es zum Beispiel häufiger Paketlizenzen, Technologie-Pools und auf Gegenseitigkeit beruhende Lizenzen - dies auch in Anbetracht der international zunehmenden Verbreitung von auf viele Inhaber verstreuten Sperrpatenten[105].

---

[100] Kommission, Evaluierungsbericht, Tz. 64

[101] Vgl. Benkard, § 15, Rn. 33

[102] Kommission, Evaluierungsbericht, Tz. 66

[103] Vgl. Stoffmehl, S. 144 f.

[104] Charles River Associates, S. 1-3, 24-30; BDI, Stellungnahme zum Evaluierungsbericht der Kommission, S. 4; VPP, Stellungnahme zum Evaluierungsbericht der Kommission, S. 3

[105] Charles River Associates, S. 5 ff.; Kommission, Evaluierungsbericht, Tz. 67

Außerdem hat das Lizenzierungsgeschäft offenbar in den letzten Jahren einen stärker globalen Charakter angenommen[106]. Der Trend zur Globalisierung und die sich daraus ergebenden Veränderungen in den Unternehmensstrategien haben sich insbesondere auch auf den Forschungs- und Entwicklungsbereich ausgewirkt. Große Unternehmen, deren Fertigungskapazitäten schon seit Jahren über mehrere Länder verteilt sind, beginnen nun, auch ihre Forschungstätigkeit zu internationalisieren. Hinzu kommt der Einfluss einiger großer „Welt-Projekte“ (zum Beispiel die internationale Raumstation, die Erforschung des menschlichen Genoms, die medizinische Forschung, die Meeres- und Klimaforschung, Energieversorgung und Telekommunikation), die alle ein erhebliches Maß an internationaler Zusammenarbeit verlangen.[107]

---

[106] Charles River Associates, S. 10-30, 53-55

[107] Kommission, Evaluierungsbericht, Tz. 68

3 Der gesetzliche Rahmen im Lizenzvertragsrecht

3.1 EG-Recht

3.1.1 Allgemeines

Der EG-Vertrag enthält im Gegensatz zum deutschen Recht[108] keine speziellen Regelungen für die wettbewerbsrechtliche Beurteilung von Lizenzverträgen. Einschlägig sind daher die allgemeinen Wettbewerbsregeln der Artikel 81 und 82 EGV.

Artikel 81 EGV beinhaltet das allgemeine Kartellverbot, das im europäischen Lizenzvertragsrecht regelmäßig eine Rolle spielt, weil Lizenzverträge typischerweise wettbewerbsbeschränkende Abreden enthalten[109]. Demgegenüber kommt Artikel 82 EGV im Lizenzvertragsrecht nur eine untergeordnete Bedeutung zu[110]. In der Regel verfügen weder Lizenzgeber noch Lizenznehmer über eine beherrschende Stellung. Das Eigentum an einem gewerblichen Schutzrecht begründet allein noch keine Marktbeherrschung[111]. Die durch das Immaterial-

---

[108] Wettbewerbsbeschränkungen in Lizenzverträgen unterliegen nach deutschem Recht sowohl den allgemeinen Vorschriften der §§ 1-13 und 14-16 GWB als auch den Sonderbestimmungen der §§ 17, 18 GWB. Die allgemeinen Vorschriften greifen dann ein, wenn die wettbewerbsbeschränkende Abrede der Vertragspartner nicht mehr über die Regeln für Austauschverträge erfasst wird, sondern als eine auf einen gemeinsamen Zweck gerichtete Kartellabsprache (z. B. bei Gemeinschaftsunternehmen, Patentpools/Joint Ventures) zu werten ist. Ist dies der Fall, können die Sonderbestimmungen keine Anwendung finden, ungeachtet ihres Charakters als leges speciales. Dies ist in jedem Einzelfall nach den konkreten Verhältnissen zu entscheiden. Die Sonderbestimmungen der §§ 17, 18 GWB finden nur für Beschränkungen des Lizenznehmers Anwendung. Für Beschränkungen des Lizenzgebers gelten die allgemeinen Vorschriften, insbesondere die §§ 14-16 GWB. Vgl. Henn, Rn. 363 f.; Bechtold, Kartellgesetz, § 17 Rn. 1-5; Emmerich in Immenga/Mestmäcker, GWB, § 17 Rn. 18 ff.

[109] Sack, RIW 1997, S. 449

[110] Christoph, S. 47; ausnahmsweise zur Anwendung gelangte Art. 82 z. B. im Fall *Tetra Pak*, EuGH Slg. 1990, II-309; im EuGH-Urteil *Magill* vom 06.04.1995 begründete der Gerichtshof über Art. 82 EGV die Pflicht zur Erteilung von Zwangslizenzen, EuGH Slg. 1995, I-74.

[111] EuGH Slg. 1968, 85, 112 – *Parke Davis*; Slg. 1971, 69, 84 – *Sirena*

güterrecht vermittelte Ausschließlichkeitsstellung verhindert lediglich imitierenden, nicht jedoch substituierenden Wettbewerb. Wegen der geringen Bedeutung von Artikel 82 EGV im Lizenzvertragsrecht beschränken sich die nachfolgenden Ausführungen auf die Darstellung des Artikels 81 EGV.

3.1.2 Artikel 81 EGV

Artikel 81 Absatz 1 EGV verbietet alle Vereinbarungen zwischen Unternehmen, Beschlüsse von Unternehmensvereinigungen und aufeinander abgestimmte Verhaltensweisen, welche geeignet sind, den Handel zwischen Mitgliedstaaten zu beeinträchtigen und die eine Verhinderung, Einschränkung oder Verfälschung des Wettbewerbs innerhalb des Gemeinsamen Marktes bezwecken oder bewirken. Verschiedene Beispiele werden in Artikel 81 Absatz 1 Halbsatz 2 Buchstaben a) bis e) EGV genannt. Gegen dieses Verbot verstoßende Verträge oder Beschlüsse sind nichtig, Artikel 81 Absatz 2 EGV. Nach Artikel 81 Absatz 3 EGV kann das Verbot jedoch unter bestimmten Voraussetzungen auf wettbewerbsbeschränkende Verträge oder Beschlüsse für nicht anwendbar erklärt werden.

Literatur und Rechtsprechung zu Artikel 81 EGV sind unübersehbar. Wegen aller Einzelheiten ist auf Darstellungen an anderer Stelle zu verweisen[112]. Die folgenden Ausführungen beschränken sich daher auf die zum Verständnis der Materie nötigen Grundzüge.

3.1.2.1 Tatbestand des Artikels 81 Absatz 1 EGV

3.1.2.1.1 Unternehmen, Unternehmensvereinigungen

Normadressaten des Artikels 81 Absatz 1 EGV sind Unternehmen und Unternehmensvereinigungen[113]. Der Unternehmensbegriff wird von den Gemeinschaftsorganen gewöhnlich ganz weit ausgelegt[114]. Als Unternehmen wird jede

---

[112] Emmerich in Dauses, H I, § 1 Rn. 57-311; ders in Immenga/Mestmäcker, EG-Wettbewerbsrecht, Bd. I, Art. 85 I, S. 123-289; Saria in Liebscher/Flohr/Petsche, § 1 Rn. 45-110

[113] Bunte, S. 364; Saria in Liebscher/Flohr/Petsche, § 1 Rn. 51-54

[114] Emmerich, Kartellrecht, § 37/1 m.w.N.

eine wirtschaftliche Tätigkeit ausübende Einheit bezeichnet, unabhängig von ihrer Rechtsform, von dem Vorliegen oder Fehlen der Gewinnerzielungsabsicht sowie von der Art ihrer Finanzierung[115].

Im Rahmen des Artikels 81 EGV stehen den Unternehmen die Vereinigungen von Unternehmen gleich. Der Begriff der Unternehmensvereinigungen wird gleichfalls weit ausgelegt. Zweck und Organisation der Vereinigung spielen ebenso wenig eine Rolle wie ihre Rechtsform oder ihr Sitz. Allein entscheidend ist, ob es sich um einen (beliebig strukturierten) Zusammenschluss mehrerer Unternehmen handelt, dessen Zweck (unter anderem) darin besteht, die Interessen seiner Mitglieder wahrzunehmen[116]. Auch zwischen privatrechtlichen und öffentlich-rechtlichen Verbänden wird nicht unterschieden[117]. Gleich stehen außerdem die Zusammenschlüsse von Unternehmensvereinigungen[118].

3.1.2.1.2 Vereinbarung, Beschluss, abgestimmte Verhaltensweise

Als verbotene Formen wettbewerbsbeschränkenden Zusammenwirkens sieht Artikel 81 Absatz 1 EGV Vereinbarungen zwischen Unternehmen, Beschlüsse von Unternehmensvereinigungen und aufeinander abgestimmte Verhaltensweisen an.

Die Gemeinschaftsorgane verstehen unter einer Vereinbarung durchweg jede Verständigung von Unternehmen (und Unternehmensvereinigungen) über eine wettbewerbsbeschränkende Praxis, das heißt jede Willensübereinstimmung zwischen Unternehmen und ihren Vereinigungen über ihr gemeinsames Auftreten am Markt[119]. Der Begriff deckt sich daher im Wesentlichen mit dem des Vertrages im Sinne der Rechtsordnungen der Mitgliedstaaten. Umstritten ist lediglich, ob die Vereinbarung rechtlich verbindlich sein muss. Teilweise wird dies mit Rücksicht auf die durch Artikel 81 Absatz 2 EGV angeordnete Nich-

---

[115] Saria in Liebscher/Flohr/Petsche, § 1 Rn. 52

[116] Saria in Liebscher/Flohr/Petsche, § 1 Rn. 53

[117] Emmerich in Immenga/Mestmäcker, EG-Wettbewerbsrecht, Bd. I, Art. 85 I, A. Rn. 36 f.

[118] EuGH Slg. 1975, 563 (583 f.) - *Frubo*

[119] Saria in Liebscher/Flohr/Petsche, § 1 Rn. 59

tigkeit wettbewerbsbeschränkender Vereinbarungen angenommen[120]. Zu Recht tendieren die Gemeinschaftsorgane jedoch in die entgegengesetzte Richtung, so dass auch gentlemen's agreements als Vereinbarungen im Sinne von Artikel 81 Absatz 1 EGV gelten können[121].

Artikel 81 Absatz 1 EGV erfasst auch Beschlüsse von Unternehmensvereinigungen. Grund der Regelung ist, dass Beschlüsse von Unternehmensvereinigungen, sofern sie von den Mitgliedern befolgt werden, zu derselben Verhaltensabstimmung zwischen diesen führen wie Vereinbarungen[122]. Unter Beschlüssen sind daher hier sämtliche Rechtsakte zu verstehen, durch die eine Unternehmensvereinigung ihren Willen bildet. Auf das Verfahren der Willensbildung und das Organ, das dabei tätig geworden ist, kommt es nicht an[123]. Ebenso wenig ist erforderlich, dass der Beschluss für die Mitglieder rechtlich bindend ist. Vielmehr genügt bereits eine bloße wirtschaftliche Bindung der Mitglieder. Bei freiwilliger Befolgung greift zudem immer noch das Verbot abgestimmter Verhaltensweisen ein[124].

Das Verbot abgestimmter Verhaltensweisen dient in der Praxis primär als Auffangtatbestand in Fällen, in denen den Kartellbehörden der Nachweis einer Vereinbarung oder eines Beschlusses nicht mehr möglich ist[125]. Erfasst wird deshalb mit dem Verbot abgestimmter Verhaltensweisen jede sonstige willentliche Koordinierung des Verhaltens von wenigstens zwei selbständigen Unternehmen am Markt, ohne Rücksicht auf die Verbindlichkeit der Verhaltensab-

---

[120] Schroeter in v.d. Groeben/Thiesing/Ehlermann, Art. 85 Rn. 41, 43

[121] Saria in Liebscher/Flohr/Petsche, § 1 Rn. 59; Emmerich, Kartellrecht, § 37/4a)

[122] Emmerich, Kartellrecht, § 3/7

[123] Emmerich in Immenga/Mestmäcker, EG-Wettbewerbsrecht, Bd. I, Art. 85 I, A. Rn. 91; Bunte in Langen/Bunte, Art. 81, Generelle Prinzipien, Rn. 26

[124] Emmerich, Kartellrecht, § 3/7

[125] Emmerich, Kartellrecht, § 3/6

stimmung[126]. Den Gegensatz bildet das autonome unternehmerische Verhalten einschließlich des so genannten bewussten Parallelverhaltens[127].

3.1.2.1.3 Wettbewerbsbeschränkung

Nach Artikel 81 Absatz 1 EGV muss die verbotene Verhaltensweise geeignet sein, eine Verhinderung, Einschränkung oder Verfälschung des Wettbewerbs innerhalb des Gemeinsamen Marktes zu bezwecken oder zu bewirken. Als Oberbegriff für diese drei Begriffe hat sich der der Wettbewerbsbeschränkung eingebürgert, da die Verhinderung des Wettbewerbs nur eine besondere Form der Wettbewerbseinschränkung ist, gekennzeichnet durch den vollständigen Ausschluss des Wettbewerbs auf einem bestimmten Markt[128]. Noch nicht endgültig geklärt ist, ob dasselbe auch für den Begriff der Wettbewerbsverfälschung zu gelten hat oder ob ihm eigenständige Bedeutung neben dem der Wettbewerbsbeschränkung zukommt[129].

Die Wettbewerbsbeschränkung ist der Zentralbegriff des Artikels 81 Absatz 1 EGV und zugleich das schwierigste Tatbestandsmerkmal. Theoretische Ansätze helfen hier wenig. Anzuknüpfen ist vielmehr primär an die zahlreichen Beispiele für Wettbewerbsbeschränkungen, die sich im Gemeinschaftsrecht finden[130]. Hervorzuheben sind in diesem Zusammenhang namentlich die Regelbeispiele des Artikels 81 Absatz 1 Buchstabe a) bis e) EGV sowie die verschiedenen Gruppenfreistellungsverordnungen. Danach gehören hierher namentlich Absprachen über Preise und Konditionen (Artikel 81 Absatz 1 Buchstabe a) EGV), weiter die Einschränkung oder Kontrolle der Erzeugung, des Absatzes, der technischen Entwicklung oder der Investitionen (Artikel 81 Absatz 1 Buchstabe b) EGV), ferner Marktaufteilungen (Artikel 81 Absatz 1 Buchstabe c) EGV) sowie Kopplungsverträge (Artikel 81 Absatz 1 Buchstabe e) EGV).

---

[126] Bunte in Langen/Bunte, Art. 81, Generelle Prinzipien, Rn. 28; Saria in Liescher/ Flohr/Petsche, § 1 Rn. 61

[127] Emmerich, Kartellrecht, § 3/6

[128] Saria in Liebscher/Flohr/Petsche, § 1 Rn. 62

[129] Emmerich, § 37/5b)

[130] Emmerich, § 37/5a)

Diese Regelbeispiele zeigen in ihrer Gesamtheit, dass der Kern der Wettbewerbsbeschränkung in der Einschränkung der wirtschaftlichen Handlungsfreiheit der an einer Vereinbarung oder Verhaltensabstimmung beteiligten Unternehmen zu sehen ist[131]. Über diese Ausgangspunkte besteht denn auch weitgehende Einigkeit, so dass im Grunde heute nur noch eine Reihe eigenartiger Grenzfälle umstritten ist[132]. Es geht dabei vor allem um die Frage, welche Wettbewerbsformen tatsächlich Schutz nach Artikel 81 Absatz 1 EGV genießen, sowie um die weitere Frage, in welchem Ausmaß möglicherweise wettbewerbsbeschränkende Auswirkungen von Vereinbarungen auf Dritte den Vertragsparteien als Wettbewerbsbeschränkung zugerechnet werden können[133].

Nach ständiger Rechtsprechung enthält Artikel 81 Absatz 1 EGV als weiteres ungeschriebenes Tatbestandsmerkmal das Erfordernis der Spürbarkeit der Wettbewerbsbeschränkung[134]. Gemeint ist damit, dass von der Wettbewerbsbeschränkung spürbare Auswirkungen auf Dritte im Sinne der Beeinträchtigung der ihnen bei Wettbewerb offen stehenden Handlungsalternativen ausgehen müssen[135]. Dadurch soll vor allem dessen Anwendung auf Bagatellkartelle verhindert werden, die für das Funktionieren des Binnenmarktes unerheblich sind.

Zu diesem Zweck sind von der Kommission mehrfach Bagatellbekanntmachungen erlassen worden[136], in denen sie Kriterien festgelegt hat, wann eine Vereinbarung als kartellrechtlich unerheblich anzusehen ist. Diesen Bekanntmachungen kommt keine Außenrechtswirkung zu. Maßgeblich bleibt insoweit

---

[131] Saria in Liebscher/Flohr/Petsche, § 1 Rn. 63

[132] Schröter in v.d. Groeben/Thiesing/Ehlermann, Art. 85, Rn. 68 ff.

[133] Zu dem hier nicht weiter zu diskutierenden Wettbewerbskonzept des Gerichtshofes und den damit zusammenhängenden Fragen, siehe ausführlich Emmerich in Dauses, H I Rn. 78d ff.; Emmerich in Immenga/Mestmäcker, EG-Wettbewerbsrecht, Bd. I, Artikel 85 I A Rn. 145-154

[134] Saria in Liebscher/Flohr/Petsche, § 1 Rn. 64; Kling/Thomas, Rn. 59 f.

[135] Emmerich in Dauses, H I Rn. 118; Kling/Thomas, Rn. 59

[136] Zuletzt am 22.12.2001, ABl. EG vom 22.12.2001, C 368/13; mit dieser Neufassung wurde die frühere Bagatell-Bekanntmachung vom 9.12.1997 (ABl. EG vom 9.12.1997, C 372/13) ersetzt.

allein die Rechtsprechung des EuGH. Dennoch können sie den Unternehmen Anhaltspunkte geben, ob mit der Einleitung eines Kartellverfahrens durch die Kommission zu rechnen ist. Im einzelnen setzt die Spürbarkeitsschwelle bei Vereinbarungen zwischen Wettbewerbern bei einem Marktanteil von 10%, bei Vertikalvereinbarungen bei 15% an. Darüber hinaus werden auch qualitative Kriterien berücksichtigt, die in einer „schwarzen Liste" aufgezählt sind. Die Kommission behält sich vor, auch dann ein Verfahren einzuleiten, wenn die Spürbarkeitsgrenzen nicht überschritten sind, dafür aber qualitative Kriterien ein solches erforderlich machen. Je qualitativ schwerwiegender eine Wettbewerbsbeschränkung ist, desto weniger spielen die quantitativen Kriterien eine Rolle.[137]

3.1.2.1.4 Zweck oder Wirkung

Die Wettbewerbsbeschränkung muss nach Artikel 81 Absatz 1 EGV entweder der Zweck oder die Wirkung der Maßnahme sein. Der Vertrag stellt mithin hier Zweck und Wirkung der Wettbewerbsbeschränkung gleichberechtigt nebeneinander, so dass für die Anwendung des Artikels 81 Absatz 1 EGV gegebenenfalls bereits die bloße Feststellung des wettbewerbsbeschränkenden Zweckes der fraglichen Maßnahme genügt, ohne dass es noch zusätzlich auf die Prüfung ihrer tatsächlichen Wirkungen auf den Markt ankäme[138]. Die Anwendung des Artikels 81 Absatz 1 EGV ist folglich grundsätzlich unabhängig davon, ob die bezweckte Wettbewerbsbeschränkung jemals versucht wurde. Auch wenn eine wettbewerbsbeschränkende Klausel niemals Anwendung gefunden hat, kann ihre Vereinbarung daher doch gegen Artikel 81 Absatz 1 EGV verstoßen[139].

Maßgebend ist nach Artikel 81 Absatz 1 EGV der Zweck der Maßnahme[140]. Lässt sich ein wettbewerbsbeschränkender Zweck nicht ermitteln, kommt es auf die wettbewerbsbeschränkende oder –verfälschende Wirkung der Maßnahme an[141]. Die genaue Reichweite dieses Tatbestandsmerkmals ist noch nicht

---

[137] Vgl. Bunte, S. 368; DIHK, S. 13 f.

[138] Saria in Liebscher/Flohr/Petsche, § 1 Rn. 66; Bunte, S. 369

[139] Emmerich, Kartellrecht, § 37/6

[140] Bunte, S. 369; Saria in Liebscher/Flohr/Petsche, § 1 Rn. 66

[141] Bunte, S. 369

abschließend geklärt. Nach dem hier zugrunde gelegten Verständnis der Wettbewerbsbeschränkung (siehe oben) ist primär auf die wettbewerbsbeschränkenden Wirkungen der Maßnahme auf die an ihr beteiligten Unternehmen abzustellen. Eine andere Auslegung kommt nur in Frage, wenn (ausnahmsweise) eine Anwendung des Artikels 81 Absatz 1 EGV unter dem Gesichtspunkt der Wettbewerbsverfälschung in Betracht kommt.[142]

Nach der Prüfung der wettbewerbsbeschränkenden Wirkungen einer Maßnahme darf diese nicht künstlich von ihrem Kontext isoliert werden. Nach der Bündeltheorie[143] muss sie vielmehr immer in dem Zusammenhang gesehen werden, in dem sie tatsächlich steht. Dies bedeutet, dass zusätzlich das etwaige Bestehen gleichartiger Verträge zwischen den Beteiligten sowie zwischen diesen und Dritten zu berücksichtigen ist[144].

3.1.2.1.5 Zwischenstaatlichkeitsklausel

Artikel 81 Absatz 1 EGV verlangt ferner, dass die fragliche wettbewerbsbeschränkende Maßnahme geeignet ist, den Handel zwischen den Mitgliedstaaten zu beeinträchtigen. Dadurch soll der Anwendungsbereich der Wettbewerbsregeln der Gemeinschaft von dem des nationalen Wettbewerbsrechts abgegrenzt werden[145].

Die praktische Bedeutung der Zwischenstaatlichkeitsklausel ist heute gering. Die Voraussetzungen der Zwischenstaatlichkeitsklausel liegen bereits vor, wenn die betreffende Maßnahme aufgrund der gesamten Umstände geeignet ist, unmittelbar oder mittelbar den Handel zwischen Mitgliedstaaten in einer Weise zu beeinträchtigen, die der Verwirklichung der Ziele eines einheitlichen zwischenstaatlichen Marktes nachteilig sein kann, indem sie zur Errichtung von Handelsschranken im Gemeinsamen Markt beiträgt und die vom Vertrag

---

[142] Emmerich, Kartellrecht, § 37/6

[143] Saria in Liebscher/Flohr/Petsche, § 1 Rn. 64; Bunte in Langen/Bunte, Art. 81, Generelle Prinzipien, Rn. 104

[144] EuGH Slg. 1975, 1663 (2025 ff.) - *Süiker Unie*; 1977, 65 (91 f.) - *Concordia*; str. Rspr.; bgl. Bunte, S. 369

[145] Bunte, S. 370; Emmerich, Kartellrecht, § 36/4

gewollte gegenseitige Durchdringung der Märkte erschwert. Dabei sind auch mittelbare und Drittwirkungen der fraglichen Maßnahme zu beachten[146].

Die Beeinträchtigung des Binnenhandels braucht außerdem noch nicht tatsächlich eingetreten zu sein. Vielmehr genügt bereits die bloße Eignung der Maßnahme hierzu. Gleich steht der Zweck der Vereinbarung, den Wettbewerb innerhalb der Gemeinschaft zu beschränken. Die Beeinflussung des zwischenstaatlichen Handels muss jedoch spürbar sein[147].

3.1.2.2 Rechtsfolgen, Artikel 81 Absatz 2 EGV

Verträge und Beschlüsse, die gegen das unmittelbar geltende Kartellverbot des Artikels 81 Absatz 1 EGV verstoßen, sind gemäß Artikel 81 Absatz 2 EGV nichtig. Nationale Behörden und Gerichte haben die Nichtigkeit von Amts wegen zu beachten[148].

Die Nichtigkeit wettbewerbsbeschränkender Vereinbarungen und Beschlüsse beschränkt sich grundsätzlich auf die gegen Artikel 81 Absatz 1 EGV verstoßenden Klauseln. Die übrigen Vereinbarungen werden von der Nichtigkeit nur dann erfasst, wenn sie von den wettbewerbsbeschränkenden Klauseln nicht getrennt werden können.[149] In allen anderen Fällen ist das nationale Recht einschlägig, in Deutschland also § 139 BGB (im Zweifel Nichtigkeit des ganzen Vertrages). Die Nichtigkeit wirkt absolut.[150]

Von der Nichtigkeitsfolge des Artikel 81 Absatz 2 EGV werden so genannte Folgeverträge mit Dritten grundsätzlich nicht erfasst[151]. Demgegenüber verstoßen so genannte Ausführungsverträge, das heißt Verträge zwischen Kartellmit-

---

146 Saria in Liebscher/Flohr/Petsche, § 1 Rn. 62; Bunte, S. 370

147 Saria in Liebscher/Flohr/Petsche, § 1 Rn. 62; Bunte, S. 370 f.

148 Kling/Thomas, Rn. 61; ausführlich zur Nichtigkeitsfolge: Schröter/Jakob/Mederer, Art. 81 Absatz 1 Rn. 232 ff.

149 Saria in Liebscher/Flohr/Petsche, § 1 Rn. 68

150 Kling/Thomas, Rn. 62

151 Emmerich in Dauses, H I Rn. 181

gliedern und Dritten zur Ausführung bzw. Vertiefung der wettbewerbsbeschränkenden Vereinbarung, gegen Artikel 81 Absatz 1 EGV, so dass sie gemäß Artikel 81 Absatz 2 EGV nichtig sind[152].

Die weiteren zivilrechtlichen Konsequenzen des Kartellverstoßes ergeben sich ebenfalls aus den nationalen Rechtsordnungen[153], in Deutschland aus den §§ 823 Absatz 2, 249 ff. BGB (Schadensersatz einschließlich Belieferung zu bestimmten Konditionen)[154], § 1004 Absatz 1 BGB (Unterlassung), §§ 812 ff. BGB (Herausgabe ungerechtfertigter Bereicherung)[155].

Neben derartigen zivilrechtlichen Ansprüchen kommen verwaltungsrechtliche Sanktionen wie Untersagungsverfügungen und Geldbußen in Betracht[156].

3.1.2.3 Ausnahmen vom Verbotsprinzip

3.1.2.3.1 Freistellung nach Artikel 81 Absatz 3 EGV

Nach Artikel 81 Absatz 3 EGV kann das Kartellverbot des Artikels 81 Absatz 1 EGV unter bestimmten Voraussetzungen auf wettbewerbsbeschränkende Vereinbarungen (bzw. Gruppen von Vereinbarungen), Beschlüsse (bzw. Gruppen von Beschlüssen) sowie auf aufeinander abgestimmte Verhaltensweisen (bzw. Gruppen von solchen) für nicht anwendbar erklärt werden.

Nach Artikel 81 Absatz 3 EGV müssen zwei positive Voraussetzungen und zwei negative Voraussetzungen gegeben sein, um eine Ausnahme vom Kartellverbot des Artikels 81 Absatz 1 EGV zu begründen: In positiver Hinsicht wird verlangt, dass die betroffene Absprache zur Verbesserung der Warenerzeugung

---

[152] Emmerich in Dauses, H I Rn. 118; ders., Kartellrecht, § 37/11a)

[153] Kling/Thomas, Rn. 66

[154] Ausführlich zu Schadenersatzansprüchen: Schröter/Jakob/Mederer, Art. 81 Absatz 1 Rn. 268 ff.

[155] Detailliert zu den zivilrechtlichen Ansprüchen: Langen/Bunte, Art. 81 Rn. 221 ff.

[156] Die verwaltungsrechtlichen und bußgeldrechtlichen Konsequenzen des Kartellverstoßes ergeben sich seit dem 1.5.2004 aus der Verordnung Nr. 1/2003, bislang war hierfür die Verordnung Nr. 17/62 maßgebend; vgl. Kling/Thomas, Rn. 67-69

oder –verteilung führt und dass der Verbraucher angemessen an dem dabei entstehenden Gewinn beteiligt wird. In negativer Hinsicht dürfen den beteiligten Unternehmen keine Beschränkungen auferlegt werden, die für die Verwirklichung dieser Ziele nicht unerlässlich sind. Des weiteren darf durch die Absprache nicht die Möglichkeit entstehen, den Markt für einen wesentlichen Teil der betreffenden Waren auszuschalten. Alle diese Voraussetzungen müssen kumulativ vorliegen; fehlt auch nur eine einzige, kann keine Ausnahme von der Anwendbarkeit des Artikels 81 Absatz 1 EGV gewährt werden. Das Vorliegen der Voraussetzungen wird anhand eines hypothetischen Vergleichs des Zustands mit und ohne Freistellung ermittelt.[157]

Die zum 01. Mai 2004 in Kraft getretene neue Kartellverfahrensverordnung Nr. 1/2003 hat im Hinblick auf die Anwendung von Artikel 81 Absatz 3 EGV grundlegende Veränderungen mit sich gebracht: Wenn für eine Vereinbarung[158] die Voraussetzungen des Artikels 81 Absatz 3 EGV vorlagen, so bedurfte es nach dem bisherigen Kartellverfahrensrecht eines positiven Aktes der Freistellung, und zwar entweder durch Gruppenfreistellung - die Vereinbarung war freigestellt, wenn sie sich unter die Voraussetzungen einer Gruppenfreistellungsverordnung subsumieren ließ - oder durch Einzelfreistellung, also durch Entscheidung der Kommission[159]. Die Erteilung einer Einzelfreistellung im Sinne von Artikel 81 Absatz 3 EGV richtete sich verfahrensrechtlich nach Artikel 9 der Verordnung Nr. 17/62.

Nach dem neuen Kartellverfahrensrecht ist Art. 81 Absatz 3 EGV als „Legalausnahme" zu verstehen mit der Folge, dass die Vorschrift unmittelbar anwendbar ist[160]. Es bedarf nunmehr keines besonderen Freistellungsaktes mehr, Artikel 1 Absatz 2 VO Nr. 1/2003. Erfüllen wettbewerbsbeschränkende Ver-

---

[157] Zu den Voraussetzungen des Artikels 81 Absatz 3 EGV: Bunte, S. 378; Emmerich, Kartellrecht, § 37/12a); Kling/Thomas, Rn. 74-90

[158] Bei abgestimmten Verhaltensweisen kommt die Anwendung des Abs. 3 allenfalls theoretisch in Betracht. Im Übrigen wird im Folgenden auch aus Vereinfachungsgründen stets lediglich die Vereinbarung genannt, wenn auch abgestimmte Verhaltensweisen vorliegen können.

[159] Emmerich, Kartellrecht, § 37/12a)

[160] Weitbrecht, GRUR 2003, Beilage zu Heft 5, S. 1; Hossenfelder/Lutz, WuW 2003, S. 118 f.

einbarungen oder abgestimmte Verhaltensweisen im Sinne von Artikel 81 Absatz 1 EGV die Voraussetzungen des Artikels 81 Absatz 3 EGV, so sind sie ohne vorherige Entscheidung erlaubt und nicht wie bisher den Rechtsfolgen von Artikel 81 Absatz 1 (Verbot) bzw. Absatz 2 EGV (zivilrechtliche Nichtigkeit) unterworfen[161].

Die gerade in Deutschland sehr heftige Kritik an dem neuen Konzept der Kommission hatte sich vor allem darauf gestützt, dass dieses Verständnis des Artikels 81 Absatz EGV vom Wortlaut des Vertrages und der Entstehungsgeschichte nicht mehr gedeckt sei[162]. Die Monopolkommission hatte in einem Sondergutachten die Verfassungswidrigkeit eines solchen Ansatzes geltend gemacht[163]. Inzwischen hat man sich auch in Deutschland auf die neue Lage eingestellt und Deutschland hat die Reform im Rat mitgetragen[164]. In jedem Falle dürfte die Grenze des Wortlauts des Artikels 81 Absatz 3 EGV, wonach die Bestimmungen des Absatzes 1 für bestimmte Vereinbarungen oder Gruppen von Vereinbarungen etc. „für nicht anwendbar erklärt werden können", mit der nunmehr gewählten Form des Artikels 1 Absatz 2 Verordnung (EG) Nr. 1/2003 nicht überschritten sein[165].

Mit dieser Lösung dürfte die Kommission jedoch ein Reservat an gerichtlich nicht voll überprüfbarem Beurteilungsspielraum bzw. Ermessensausübung verlieren[166]: Die Entscheidung über das Vorliegen der Voraussetzungen des Artikels 81 Absatz 3 EGV und die Ermessensentscheidung über die Gewährung einer Freistellung waren in der Rechtsprechung der europäischen Gerichte bis-

---

[161] Hossenfelder/Lutz, WuW 2003, S. 118 (119); Taylor Wessing, S. 1 f.; Weitbrecht, EuZW 2003, S. 69 (70)

[162] Zur Diskussion in Deutschland vgl. Mestmäcker, EuZW 1999, 523; Deringer, EuZW 2000, 5; Geiger, EuZW 2000, 165; Möschel, JZ 2000, 61; Emmerich, WRP 2000, 858

[163] Monopolkommission, Tz. 71-82 (ein Auszug aus dem Sondergutachten ist abgedruckt in WuW 1999, S. 977-979)

[164] Vgl. Klocker, WuW 2002, S. 1153

[165] Vgl. Weitbrecht, EuZW 2003, 69 (70)

[166] Die Unterscheidung zwischen Beurteilungsspielraum (Tatbestandsseite) und Ermessen (Rechtsfolgenseite) wird im EG-Recht nicht mit der im deutschen Verwaltungsrecht gewohnten Schärfe vorgenommen; vgl. Weitbrecht, EuZW 2003, 69 (70)

her als „komplexe Bewertungen wirtschaftlicher Art" einer vollen gerichtlichen Überprüfung entzogen[167]. Man wird nunmehr annehmen können, dass einem von allen Behörden und Gerichten einheitlich anzuwendenden Artikel 81 EGV auch eine einheitliche volle gerichtliche Überprüfung behördlicher Bewertungen entspricht[168].

Aus der unmittelbaren Anwendbarkeit des Artikels 81 Absatz 3 EGV folgt für die Kommission, dass es in Zukunft primär den Unternehmen überlassen ist, die Rechtmäßigkeit ihrer Vereinbarungen und Praktiken zu prüfen. Aber auch im System der Legalausnahme behält sich die Kommission das Recht vor, aus Gründen des öffentlichen Interesses – d.h. grundsätzlich, ohne dass Unternehmen dies beanspruchen könnten – so genannte Positiventscheidungen zu treffen. Derartige Entscheidungen stellen fest[169], dass eine bestimmte Vereinbarung oder Verhaltensweise mit dem gesamten Artikel 81 EGV vereinbar ist, entweder weil die Voraussetzungen des Artikels 81 Absatz 1 EGV nicht vorliegen, oder weil die Freistellungsvoraussetzungen des Artikels 81 Absatz 3 EGV erfüllt sind[170]. Eine solche Feststellung kann auch in Bezug auf Artikel 82 EGV erfolgen. Die Kommission wird derartige Positiventscheidungen nur in Ausnahmefällen erlassen, etwa wenn zu bestimmten neuen Formen von Vereinbarungen oder Verhaltensweisen noch keine Rechtsprechung oder Verwaltungspraxis vorliegt[171]. Im Weißbuch der Kommission war noch vorgesehen, dass Positiventscheidungen die gleichen Rechtswirkungen haben sollten wie bisher Negativatteste[172] und somit für nationale Behörden und Gerichte keine rechtliche Bindungswirkung entfaltet hätten[173]. Demgegenüber ist nunmehr hervorzuheben, dass derartige Feststellungen Entscheidungen im Sinne des Ar-

---

[167] Vgl. z. B. EuG, Slg. 1994, II-49 - *Groupement des Cartes Bancaires*.

[168] Weitbrecht, EuZW 2003, 69 (70)

[169] Nach deutschem Rechtsverständnis können sog. Positiventscheidungen mit feststellenden Verwaltungsakten verglichen werden; vgl. hierzu Kopp/Ramsauer, § 35 Rn. 51 ff.; Hossenfelder/Lutz, WuW 2003, 118 (122)

[170] Artikel 10 der Verordnung (EG) Nr. 1/2003

[171] Verordnung (EG) Nr. 1/2003, Erwägungsgrund 14

[172] Kommission, Weißbuch, Tz. 89

[173] Ritter in Immenga/Mestmäcker, EG-Wettbewerbsrecht, Bd. II, Art. 2 VO 17, Rn. 25 ff.

tikels 16 der Verordnung (EG) Nr. 1/2003 sind und daher im Rahmen dieser Vorschrift von den nationalen Wettbewerbsbehörden und Gerichten zu beachten sind[174]. Nationale Behörden sind demgegenüber auf den Ausspruch beschränkt, dass nach den ihnen vorliegenden Informationen die Voraussetzungen für ein Verbot nicht vorliegen[175].

Die weiterhin bestehenden Gruppenfreistellungsverordnungen behalten als Konkretisierung von Artikel 81 Absatz 3 EGV ihre Bedeutung. Verhaltensweisen sind nach wie vor zuerst unter die Gruppenfreistellungsverordnungen zu subsumieren. Werden sie davon nicht erfasst, muss Artikel 81 Absatz 3 EGV geprüft werden.[176]

3.1.2.3.2 „Rule of Reason“ als zusätzliche Ausnahme vom Kartellverbot

Gerichtshof und Kommission haben wiederholt in Fällen, in denen an sich die Voraussetzungen des Artikels 81 Absatz 1 EGV vorlagen, jedoch aus ihrer Sicht die Auswirkungen der Maßnahme auf den Wettbewerb ambivalent sind, die Tendenz erkennen lassen, bereits im Rahmen des Artikels 81 Absatz 1 EGV (und nicht erst bei Artikel 81 Absatz 3 EGV) in eine Abwägung der Vor- und Nachteile der Maßnahme einzutreten und bei einem Überwiegen der Vorteile das Vorliegen des Artikels 81 Absatz 1 EGV zu verneinen[177].

So erkannte der EuGH bereits 1966 in der Entscheidung Maschinenbau Ulm[178] an, dass es notwendig sein kann, die positiven und negativen Aspekte an sich wettbewerbswidrigen Verhaltens gegeneinander abzuwägen. Aufbauend auf *Maschinenbau Ulm* identifizierte der EuGH in seiner späteren Rechtsprechung

---

[174] Davon zu unterscheiden sind rechtlich unverbindliche Auskünfte über die wettbewerbsrechtliche Zulässigkeit bestimmter Vereinbarungen oder Verhaltensweisen, die die Europäische Kommission einzelnen Unternehmen auch zukünftig erteilen wird (sog. „written opinions“). Vgl. Hossenferlder/Lutz, WuW 2003, 118 (122 f.)

[175] Artikel 5 a. E. Verordnung (EG) Nr. 1/2003.

[176] Kling/Thomas, Rn. 73; zu den Auswirkungen auf die zivilrechtliche Vertragspraxis: Kamann/Bergmann, BB 2003, S. 1743

[177] Dazu Schmitz, WuW 2002, S. 6 (9 f.); Bunte in Langen/Bunte, Artikel 81, Prinzipien Rn. 42; Emmerich, Kartellrecht, § 37/7a)

[178] EuGH, Rs. 56/65 – *Maschinenbau Ulm*, Slg. 1966, 282 (304)

bestimmte Marktsituationen, in denen es aus seiner Sicht erforderlich sein würde, gewisse Wettbewerbsbeschränkungen hinzunehmen[179]. So erkannte der Gerichtshof an, dass etwa bei Franchise-[180] oder Lizenzverträgen[181] oder selektiven Vertriebssystemen[182] wirtschaftliche Notwendigkeiten vorliegen können, die bestimmte Verstöße gegen Artikel 81 EGV ermöglichen müssten. Der EuGH ordnete die Frage der Zulässigkeit bestimmter Wettbewerbsbeschränkungen dabei systematisch bei der Prüfung des Merkmals der Spürbarkeit der Wettbewerbsbeschränkung an[183].

Die geschilderte Praxis hat die Frage aufgeworfen, ob sich nach dem Vorbild des amerikanischen Antitrust-Rechts nunmehr auch im europäischen Kartellrecht eine eigenständige „rule of reason" entwickelt[184]. Manche Anzeichen sprechen in der Tat dafür. Wünschenswert wäre eine solche Entwicklung gleichwohl nicht, da der Vertrag in Artikel 81 Absatz 3 EGV ein ausreichendes Instrumentarium zur Berücksichtigung der etwaigen positiven Auswirkungen wettbewerbsbeschränkender Abreden zur Verfügung stellt. Insofern besteht keine Notwendigkeit, eine weitere Ausnahme vom Kartellverbot in Gestalt einer „rule of reason" zu schaffen[185].

3.1.3 Europäische Wettbewerbspolitik auf dem Gebiet der Immaterialgüterrechte

Das primäre Gemeinschaftsrecht enthält keine materiellen Regelungen über gewerbliche Schutzrechte und Urheberrechte. Gleichwohl kann der freie Waren- und Dienstleistungsverkehr unter anderem aus Gründen des gewerblichen und kommerziellen Eigentums beschränkt werden, Artikel 30 EGV. Die Imma-

---

[179] EuGH, Rs. T-61/89 – *Dansk Pelsdyravlerforening*, Slg. 1992-II, 1931 (1986)

[180] EuGH, Rs. 161/84 – *Pronuptia*, Slg. 1986, 353 (388)

[181] EuGH, Rs. 258/78 – *Nungesser*, Slg. 1982, 2015 (2069)

[182] EuGH, Rs. 26/76 – *Metro*, Slg. 1977, 1875 ff.

[183] Schmitz, WuW 2002, S. 6 (9)

[184] Dazu Schmitz, WuW 2002, S. 6 (9 f.); Bunte in Langen/Bunte, Artikel 81, Prinzipien Rn. 42; Emmerich, Kartellrecht, § 37/7a)

[185] Gleiss/Hirsch, Art. 85, Rn. 101; Emmerich, Kartellrecht, § 37/7a; a.A. Schmitz, WuW 2002, S. 6 (9 f.)

terialgüterrechte werden aufgrund der einzelstaatlichen Gesetzgebung mit Wirkung für das nationale Territorium verliehen, sieht man einmal von erst jüngst geschaffenen ersten gemeinschaftlichen Schutztiteln ab[186]. Neben der somit bestehenden Territorialität der Schutzrechte folgt hieraus, dass das gewerbliche und kommerzielle Eigentum zur Eigentumsordnung der Mitgliedstaaten gehört, welche der EG-Vertrag grundsätzlich unberührt lässt (Artikel 295 EGV). Dies bedeutet aber nicht, dass die Ausübung der Immaterialgüterrechte von der Anwendung des Vertrages und insbesondere der Wettbewerbsregeln ausgenommen wäre[187].

Insofern bedarf das Verhältnis zwischen den nationalen gewerblichen Schutzrechten und dem Gemeinschaftsrecht in zweifacher Hinsicht der Bestimmung: Einerseits findet die auch im innerstaatlichen Bereich zu treffende Abwägung zwischen dem Grundsatz der Wettbewerbsfreiheit und den durch Bereitstellung ausschließlicher Rechte staatlich bewirkten Wettbewerbsbeschränkungen auf gemeinschaftlicher Ebene ihre Parallele. Andererseits sind die territorial begrenzten Wirkungen nationaler Schutzrechte und deren unterschiedliche Schutzvoraussetzungen und –umfänge mit den Erfordernissen der Markteinheit in Einklang zu bringen.

---

186 Die Immaterialgüterrechte werden aufgrund der einzelstaatlichen Gesetzgebung mit Wirkung für das nationale Territorium verliehen. Dies ändert sich mit der Zeit, da die EU-Gesetzgebung neue oder EU-weit harmonisierte Schutzrechte entstehen lässt. Die einschlägigen EU-Vorschriften betreffen insbesondere das Warenzeichenrecht (Richtlinie 89/104/EWG des Rates vom 21.12.1988), die Harmonisierung der Schutzdauer des Urheberrechts (Richtlinie 93/98/EWG des Rates vom 29.10.1993), den Satellitenrundfunk und die Weiterverbreitung über Kabel (Richtlinie 93/83/EWG des Rates vom 27.9.1993), sowie den rechtlichen Schutz von Datenbanken (Richtlinie 96/9/EG des EP und des Rates vom 11.3.1996), den Schutz biotechnologischer Erfindungen (Richtlinie 98/44/EG des EP und des Rates vom 6.7.1998) und den Schutz von Mustern und Modellen (Richtlinie 98/71/EG des EP und des Rates vom 13.10.1998). Beraten wird zurzeit u.a. ein Richtlinienvorschlag zur Harmonisierung bestimmter Aspekte des Urheberrechts und verwandter Schutzrechte in der Informationsgesellschaft und ein Richtlinienvorschlag für den Schutz von Erfindungen durch Gebrauchsmuster. Ferner legte die Kommission am 01.10.2000 einen Vorschlag für die Einführung des Gemeinschaftspatents auf der Basis einer EU-Verordnung vor, siehe dazu KOM (2000) 412 endg. und den jüngsten Vorschlag für eine Verordnung des Rates über das Gemeinschaftspatent vom 16.04.2003, Dokument Nr. 8539/03.

187 Siehe z. B. EuGH, verb. Rs. 56/64 und 58/64, Consten/Grundig, Slg. 1966, 322, 394, 429; Leitlinien GFTT, Tz. 7

3.1.3.1 Immanenter Konflikt zwischen Rechten des geistigen Eigentums und Wettbewerbsregeln?

In der Erkenntnis, dass das individuelle Bemühen rational handelnder Wirtschaftssubjekte um Innovation nur dann einsetzt, wenn das Ergebnis produktiver Arbeit durch eigentumsähnliche Rechte vor der unbefugten Aneignung durch Dritte geschützt wird, gewähren die Rechtsvorschriften zum geistigen Eigentum den Inhabern von Patenten, Urheberrechten, Geschmacksmusterrechten, Warenzeichen und anderen gesetzlich geschützten Rechten ausschließliche Rechte. Danach ist der Inhaber eines solchen Schutzrechts berechtigt, einerseits die unberechtigte Nutzung seines geistigen Eigentums zu unterbinden und andererseits dieses Recht unter anderem durch die Vergabe von Lizenzen an Dritte zu verwerten[188].

Die staatliche Anerkennung von Immaterialgüterrechten schafft insoweit ein effizientes Anreiz- und Belohnungssystem, ohne das technischer und kultureller Fortschritt nicht zu erreichen sind. Die in ihrem sachlichen Umfang und ihrer zeitlichen Dauer begrenzte Einräumung von Ausschlussrechten bildet ein unerlässliches Fundament für volkswirtschaftlich erwünschte Betätigungen[189].

Dabei ist zu berücksichtigen, dass mit der Zuweisung ausschließlicher Verwertungsrechte und Abwehrrechte an den Entwickler oder Urheber eine partielle Beschränkung des Wettbewerbs stattfindet. Mitbewerber dürfen sich ohne Zustimmung des Rechtsinhabers in dem geschützten Bereich nicht betätigen. Das rechtmäßige Monopol, das die Schutzrechte dem Eigentümer dieser Rechte verleihen, kann je nach Verfügbarkeit von Ersatzprodukten auf dem relevanten Markt seinerseits zu Marktmacht und sogar zum Monopol im wettbewerbsrechtlichen Sinn führen. Darin kann eine Konfliktquelle gesehen werden, indem das Wettbewerbsrecht wegnimmt, was die Rechte des geistigen Eigentums gewähren[190].

---

[188] Hubmann/Götting, § 5 I 4b)

[189] Loewenheim, GRUR 1982, S. 461; Sucker/Guttuso in Groeben/Thiesing/Ehlermann, Art. 85-Fallgruppen Immaterialgüterrechte, Rn. 2

[190] Pitosky, Abschnitt A 4; Kommission, Evaluierungsbericht, Tz. 28; Sucker/Guttuso/Gaster in Schröter/Jakob/Mederer, Art. 81 – Fallgruppen Immaterialgüterrechte Rn. 2 f.

Grundsätzlich ist dieser Zielkonflikt jedoch nur scheinbar: Gestattet der Inhaber eines ausschließlichen Schutzrechts, beispielsweise eines Patentes, einem Lizenznehmer die Verwendung seiner Innovationen, so ist dies vom Grundsatz her wettbewerbsfördernd[191]. Technologielizenzverträge führen nämlich neue Produkte auf bereits existierenden Märkten ein oder schaffen sogar vollkommen neue Produktmärkte. Sie führen auch dazu, dass hohe Investitionen für Doppelforschung entbehrlich werden, sofern mehrere Unternehmen identische Forschungsvorhaben betreiben[192].

Zudem stehen immaterielle Schutzgüter allen Wirtschaftsteilnehmern zur Verfügung. Die Existenz von Sonderschutzrechten schließt für Wettbewerber nicht die Möglichkeit aus, alternative Lösungen zu entwickeln und für sie ebenfalls Sonderrechtsschutz zu beanspruchen. Mit dem Verweis der Marktteilnehmer auf eigenes innovatorisches Bemühen wird der Wettbewerb durch einen begrenzten Wettbewerbsausschluss auf der Produktionsebene auf einer anderen Ebene, der Innovationsebene, gefördert.[193]

Tatsächlich ergänzen sich die Schutzrechte und das Wettbewerbsrecht, weil beide auf die Förderung des Wohls der Verbraucher und eine effiziente Resourcenallokation gerichtet sind[194]. Das Ziel der Schutzrechte besteht in der Förderung des technischen Fortschritts - letztlich im Interesse der Verbraucher. Dies verlangt sorgsames Abwägen zwischen übertriebenem und ungenügendem Schutz der Innovation. Das Ziel besteht nicht darin, das Wohl des einzelnen Innovators zu fördern. Das durch die Schutzrechte verbriefte Eigentumsrecht soll dem Erfinder vielmehr einen ausreichenden Profit sichern, um ihn zu kreativen und innovativen Anstrengungen zu motivieren - ohne die Anschlussinnovation zu verzögern oder die Verbraucherpreise unnötig lange hoch zu halten. So kann sich eine Anschlussinnovation etwa verzögern, wenn die Innovation in einer Verbesserung früherer Erfindungen besteht, die bereits patentrechtlich geschützt sind. Unnötig lange Zeiten hoher Preise ergeben sich, wenn die Inno-

---

[191] Mummenthey, CR 1998, S. 113, 116; Kommission, Evaluierungsbericht, Tz. 29

[192] Europäischer Wirtschafts- und Sozialausschuss (EWS), S. 1 f.

[193] Christoph, S. 29 f.

[194] Pitofsky, Abschnitt C; Sucker/Guttuso/Gaster in Schröter/Jakob/Mederer, Art. 81 – Fallgruppen Immaterialgüterrechte Rn. 3; Kommission, Evaluierungsbericht, Tz. 29

vation es dem Schutzrechtsinhaber erlaubt, Marktmacht zu erlangen, und wenn das Schutzrecht diese Monopolstellung länger schützt als notwendig wäre, um innovatives Streben zu fördern[195].

Zur Wahrung des rechten Gleichgewichts zwischen übermäßigem und ungenügendem Schutz der innovativen Leistung unterscheiden sich die Rechte an geistigem Eigentum von „normalen" Eigentumsrechten insofern, als sie meist weniger absolut sind: Sie sind oft zeitlich (Patente, Urheberrechte) oder in ihrem Anwendungsbereich begrenzt (Urheberrechte, Warenzeichen), nicht gegen Parallelentwicklungen durch andere geschützt (Urheberrechte, Know-how) oder verlieren ihren Wert, sobald sie öffentlich werden (Know-how)[196].

Auch die Wettbewerbspolitik zielt auf die Förderung des Wohls der Verbraucher ab, indem sie den Wettbewerb als treibende Kraft effizienter Märkte verteidigt, um so dafür zu sorgen, dass Produkte bester Qualität zu niedrigsten Preisen angeboten werden[197].

Hier handelt es sich also weniger um einen Konflikt zwischen den Wettbewerbsregeln und den geistigen Eigentumsrechten, als vielmehr um eine Frage der gegenseitigen Ergänzung und der im Einzelfall erforderlichen Anpassung. Zu dieser Frage gibt es zwischen den verschiedenen Rechtssystemen auf vielen Gebieten Übereinstimmungen, aber auch einige grundlegende Abweichungen[198].

---

[195] Kommission, Evaluierungsbericht, Tz. 29

[196] Es fragt sich, ob das Thema Warenzeichen hier zu behandeln ist. Bei Warenzeichen geht es um einen wirtschaftlichen Kompromiss mit verschiedenen Auswirkungen auf das Kartellrecht. Der wirtschaftliche Zweck des Warenzeichenrechts besteht im Allgemeinen nicht darin, die Innovation und Kreativität zu fördern, sondern eher darin, durch Identifizierung der Güter die Suchkosten der Verbraucher zu senken und zugleich über das Streben nach Ansehensschutz einen Qualitätsanreiz zu geben. Dabei ist aber auch anzuerkennen, dass Warenzeichen oft zusammen mit anderen Rechten des geistigen Eigentums wie Know-how und Patenten lizenziert werden. Vgl. Pitofsky, Anmerkungen in Fn. 6.; Hubmann/Götting, § 37 I

[197] Kommission, Evaluierungsbericht, Tz. 31

[198] Kommission, Evaluierungsbericht, Tz. 32

Übereinstimmung herrscht hinsichtlich der positiven Rolle, die die Wettbewerbspolitik bei der Ausgestaltung der Schutzrechte spielen kann, so etwa bei der Entscheidung über Umfang und Dauer der zu gewährenden Schutzrechte[199]. Übereinstimmung herrscht auch darin, dass das Wettbewerbsrecht eingreifen muss, wenn Vereinbarungen getroffen werden, die über den gesetzlich eingeräumten Schutzbereich des betroffenen Rechts hinausgehen[200]. Wird beispielsweise die Erteilung einer Lizenz vom Kauf eines nicht patentierten Produkts (Kopplung) oder von einem Wettbewerbsverbot abhängig gemacht wird, so ist dies nach dem Wettbewerbsrecht zu behandeln. Man ist sich auch darin einig, dass die Wettbewerbspolitik in solchen Fällen die spezifischen Merkmale der Schutzrechte berücksichtigen muss, um deren Wirksamkeit zu wahren. So kann z. B. ein Wettbewerbsverbot erforderlich sein, um die Vertraulichkeit des übertragenen Know-hows zu wahren oder zu verhindern, dass dieses Know-how Wettbewerbern des Lizenzgebers zugute kommt[201].

Hier gilt es, im Interesse der Aufrechterhaltung der Wettbewerbsfreiheit sicherzustellen, dass die gewerblichen und geistigen Schutzrechte nicht durch Maßnahmen oder vertragliche Abreden in einer von ihrem Schutzzweck nicht gedeckten Weise zu einer Beeinträchtigung der Wettbewerbsfreiheit Dritter benutzt werden. In einer vom Prinzip der Wettbewerbsfreiheit bestimmten Wirtschaftsordnung müssen die Betätigungsfreiräume für konkurrierende Unternehmen lediglich dem Wesensgehalt (dem spezifischen Gegenstand) der Sonderschutzrechte Rechnung tragen.

Keine Übereinstimmung besteht dagegen in der Frage, inwieweit die Wettbewerbspolitik im Einzelfall in die Nutzung der Schutzrechte eingreifen darf. Dies gilt für die Nutzung und Lizenzierung durch marktbeherrschende sowie durch nicht marktbeherrschende Unternehmen. Hier zeigen sich deutliche Unterschiede zwischen der in der EU und in den USA verfolgten Politik. Im Allgemeinen ist festzustellen, dass die bisherige Wettbewerbspolitik der EU die

---

[199] Mummenthey, CR 1998, S. 113, 118.; Kommission, Evaluierungsbericht, Tz. 33

[200] Europäischer Wirtschafts- und Sozialausschuss (EWS), S. 2; Mummenthey, CR 1998, S. 113, 119 f.

[201] Kommission, Evaluierungsbericht, Tz. 34

Nutzung der Schutzrechte stärker eingeschränkt hat als die Wettbewerbspolitik der USA[202].

3.1.3.2 Konflikt zwischen nationalen Schutzrechten und Zielen des EGV

Eine zweite Konfliktquelle liegt in dem Widerstreit zwischen nationaler Begründung und Wirkung der Schutzrechte und dem herausragenden Vertragsziel der Errichtung eines einheitlichen, gemeinsamen Marktes (Artikel 2 EGV) durch Abschaffung aller Maßnahmen, welche den Austausch von Waren und Dienstleistungen behindern (Artikel 3 Absatz 1 Buchstaben a) und c) EGV)[203]. Der Interessenausgleich zwischen dem Grundsatz des freien Warenverkehrs und dem Schutz des geistigen Eigentums wird durch Artikel 30 EGV gewährleistet[204], nach dem der freie Waren- und Dienstleistungsverkehr unter anderem aus Gründen des gewerblichen und kommerziellen Eigentums beschränkt werden kann. Diese Norm gestattet Ausnahmen vom Verbot der Mengenbeschränkungen oder Maßnahmen gleicher Wirkung, wenn sie dem Schutz des gewerblichen oder kommerziellen Eigentums dienen. Hierunter fallen unter anderem Patente, Gebrauchs- und Geschmacksmuster, Sortenschutzrechte, Warenzeichen, Urheber- und Leistungsschutzrechte sowie Know-how.

Nach der inzwischen fest etablierten Spruchpraxis ist zwischen dem Bestand des jeweiligen Schutzrechtes, der vom Vertrag unangetastet bleibt, und der Ausübung des Schutzrechtes zu unterscheiden, die der Kontrolle anhand vorrangiger Vertragsziele zugänglich ist[205]. So befand der Gerichtshof im Urteil *Consten/Grundig*, dass Artikel 30 und 295 „nicht jeglichen Einfluss des Gemeinschaftsrechts auf die Ausübung der gewerblichen Schutzrechte des innerstaatlichen Rechts aus[schließen]. Artikel 36 [heute Artikel 30] schränkt den Anwendungsbereich der in Titel I Kapitel 2 des Vertrages enthaltenen Vor-

---

[202] Mummenthey, CR 1998, S. 113, 121 f.; Bodewig, GRUR Int. 1997, S. 958 (S. 970 f.); Kommission, Evaluierungsbericht, Tz. 35

[203] Sucker/Guttuso/Gaster in Schröter/Jakob/Mederer, Art. 81 – Fallgruppen Immaterialgüterrechte Rn. 5

[204] Sucker/Guttuso/Gaster in Schröter/Jakob/Mederer, Art. 81 – Fallgruppen Immaterialgüterrechte Rn. 6

[205] Std. Rspr. seit EuGH – *Grundig/Consten*, 56 und 58/64 – Slg. 1966, 322, 394; vgl. Sucker/Guttuso/Gaster in Schröter/Jakob/Mederer, Art. 81 – Fallgruppen Immaterialgüterrechte Rn. 6

schriften über die Liberalisierung des Warenaustauschs ein, nicht aber den des Artikels 85 [heute Artikel 81]"[206]. In Bezug auf Artikel 295 heißt es in dem gleichen Urteil: „Die [...] Anordnung [der Kommission], von den innerstaatlichen gewerblichen Schutzrechten nicht zur Verhinderung von Paralleleinfuhren Gebrauch zu machen, lässt den Bestand dieser Rechte unberührt und beschränkt nur ihre Ausübung, soweit dies zur Durchsetzung des Verbots des Artikels 85 Absatz 1 [heute Artikel 81 Absatz 1] erforderlich ist".

Im Zusammenhang mit der Unterscheidung zwischen Bestand und Ausübung eines gewerblichen Schutzrechts entwickelte der Gerichtshof die Theorie vom „spezifischen Gegenstand" der lizenzierten Schutzrechte. Danach ist Artikel 81 Absatz 1 EGV auf solche Wettbewerbsbeschränkungen in Lizenzverträgen nicht anwendbar, die zum spezifischen Gegenstand des lizenzierten Schutzrechts gehören. Diese Theorie liegt inzwischen der ständigen Entscheidungspraxis des EuGH zugrunde und hat sich auch im Schrifttum weitgehend durchgesetzt[207]. Nach dieser Theorie respektiert das Kartellrecht solche Wettbewerbsbeschränkungen, die sich aus dem Wesen des jeweiligen Immaterialgüterrechts ergeben. Somit sind wettbewerbsbeschränkende Klauseln in Lizenzverträgen, die bereits aus dem „spezifischen Gegenstand" des lizenzierten Schutzrechts folgen, keine relevanten Wettbewerbsbeschränkungen im Sinne von Artikel 81 Absatz 1 EGV. Sie setzen dieser Vorschrift „immanente Schranken".[208]

Zum spezifischen Gegenstand rechnet der EuGH beispielsweise zeitliche Benutzungsbeschränkungen, Beschränkungen der Art der Benutzung des geschützten Rechtsgutes, qualitätssichernde Maßnahmen sowie Lizenzgebühren. Nicht zum spezifischen Gegenstand zählt er hingegen Gebietsbeschränkungen, Höchstmengenbegrenzungen, Vertriebsbindungen, Preis- und Konditionenbindungen, Nichtangriffsabreden.[209]

---

[206] EuGH – *Grundig/Consten*, 56 und 58/64 – Slg. 1966, 299 (S. 346) Siehe auch Parke Davis/Probel, Slg. 1968, 55 und Deutsche Grammophon, Slg. 1971, 1147

[207] Gleiss/Hirsch, Art. 85 Abs. 1, Rn. 762 f.; Sucker/Guttuso in Groeben/Thiesing/Ehlermann, Art. 85-Fallgruppen Immaterialgüterrechte, Rn. 5, 14-18; kritisch jedoch Emmerich, Kartellrecht, § 37/10 a)

[208] Sack, RIW 1997, S. 449, 450

[209] Sack, RIW 1997, S. 449, 450; Emmerich, Kartellrecht, § 37/10 a)

Bei der Prüfung wettbewerbsbeschränkender Klauseln in Verträgen über die Lizenzierung gewerblicher Schutzrechte ist daher zunächst die Vorfrage zu beantworten, ob die betreffende Klausel zur Sicherung des Bestandes des Schutzes erforderlich und damit dem Einwirkungsbereich des Kartellrechtes entzogen ist.[210]

Dabei ist der spezifische Gegenstand nicht mit dem von den einzelnen innerstaatlichen Gesetzen festgelegten „Inhalt des Schutzrechtes" gleichzusetzen[211]. Nicht jede durch ein gewerbliches oder geistiges Schutzrecht dem Schutzrechtsinhaber eingeräumte Betätigungsmöglichkeit ist automatisch dem Wesensgehalt zuzuordnen. Vielmehr ist die Abgrenzung im Hinblick auf die gemeinschaftsrechtlich anerkannte Funktion des betroffenen Schutzrechts unter Berücksichtigung der Rechtsprechung des Gerichtshofes zu treffen. Eine umfassende Definition des Wesens einzelner gewerblicher Schutzrechte hat der Gerichtshof bislang allerdings nicht vorgenommen. Er beschränkt sich vielmehr im Einzelfall auf die Feststellung, ob das in Frage gestellte Verhalten der Bestandssicherung des Schutzrechtes erforderlich ist.[212] In jedem Fall aber ist die Möglichkeit für den Schutzrechtsinhaber, sich gegen Verletzungen seines Ausschließlichkeitsrechtes zur Wehr zu setzen und das Schutzrecht selbst durch Lizenzvergabe zu nutzen, dem Bestand zuzurechnen[213].

Die Kommission hat ihrerseits die Unterscheidung zwischen Bestand und Ausübung des Schutzrechts zur Grundlage ihrer Verwaltungs- und Rechtsetzungspraxis gemacht[214]. Dies wird in der GFTT besonders deutlich, die unter ande-

---

[210] Sack, WRP 1999, S. 592, 594; Leitlinien GFTT, Tz. 7-9

[211] Sucker/Guttuso/Gaster in Schröter/Jakob/Mederer, Art. 81 – Fallgruppen Immaterialgüterrechte Rn. 15 m.w.N.

[212] Sack, RIW 1997, S. 449, 450; Sack, WRP 1999, S. 592, 595

[213] Sack, WRP 1999, S. 592, 595

[214] Leitlinien GFTT, Tz. 6 f.; Kommission, Evaluierungsbericht, Tz. 41, 45

rem Territorial-, Mengen- und Abnehmerbeschränkungen als regelmäßig dem Artikel 81 EGV unterfallend qualifiziert[215].

Unabhängig von der Differenzierung zwischen dem spezifischen Gegenstand des jeweiligen Schutzrechtes und dessen Ausübung lässt Artikel 30 Satz 2 EGV im innergemeinschaftlichen Rahmen die Geltendmachung von Immaterialgüterrechten unter dem ausdrücklichen Vorbehalt zu, dass diese weder ein Mittel zur willkürlichen Diskriminierung noch eine verdeckte Beschränkung des Handels zwischen den Mitgliedstaaten darstellen.[216] Auf diese Weise will der EG-Vertrag die Erfordernisse des freien Warenverkehrs und die Wahrung des geistigen Eigentums aufeinander abstimmen, indem die rechtmäßige Ausübung der Verwertungsbefugnisse des Rechtsinhabers geschützt, jedoch jeder missbräuchlichen Rechtsausübung, die künstliche Marktabschottungen bewirkt, die Anerkennung versagt wird.[217]

Da die Warenverkehrsfreiheit gemäß Artikel 28 ff. EGV nur eine Ausprägung eines dem EG-Vertrag immanenten Systems unverfälschten Wettbewerbs darstellt, hat der Gerichtshof Artikel 30 EGV eine weite Geltung zugemessen und seine Regelung zu einem allgemeinen Grundsatz für die Lösung von Konflikten zwischen Immaterialgüterrechten und den Zielen des Vertrages erhoben[218]. Dies gilt zunächst hinsichtlich der Erstreckung der Wirkungen des in Artikel 30 EGV verankerten Prinzips auf die Inanspruchnahme und Nutzung gewerblicher Schutzrechte durch private Wirtschaftssubjekte. Anders als in Artikel 81 ff. EGV richten sich die Artikel 28 ff. EGV nur an die Mitgliedstaaten und de-

---

[215] Kommission, Evaluierungsbericht, Tz. 17-21; Jestaedt in Langen/Bunte, Art. 81 Fallgruppen, Rn. 274-276; Artikel 4 Absatz 1 Buchstaben b) und c), Artikel 4 Absatz 2 Buchstaben b) und c) GFTT n.F.

[216] Zum Verhältnis zwischen Art. 30 S. 1 zu S. 2: vgl. Müller-Graff in Groeben/Thiesing/Ehlermann, Art. 36 Rn. 92 ff.

[217] EuGH – *Keurkoop/Nancy Kean Gifts*, 144/81 – Slg. 1982, 2853, Erwägungsgrund 24; Sucker/Guttuso/Gaster in Schröter/Jakob/Mederer, Art. 81 – Fallgruppen Immaterialgüterrechte Rn. 6

[218] Ullrich, MittDPatAnw 1998, S. 50, 53; Sucker/Guttuso/Gaster in Schröter/Jakob/Mederer, Art. 81 – Fallgruppen Immaterialgüterrechte Rn. 7

ren Organe, nicht an Private.[219] Rechtsfolgen für Unternehmen folgen aber mittelbar daraus, dass der Gerichtshof die auf gewerbliche Schutzrechte gestützten Importabwehrklagen als Maßnahmen gleicher Wirkung im Sinne des Artikels 28 EGV betrachtet, denen die staatlichen Gerichte nicht stattgeben dürfen, wenn nicht die Voraussetzungen des Artikels 30 EGV gegeben sind[220].

Der Gerichtshof hat aber auch den materiellen Anwendungsbereich des Artikels 30 EGV schrittweise über die systematische Stellung der Norm hinaus ausgeweitet. Unmittelbare Bedeutung kommt Artikel 30 EGV im Rahmen der Gewährleistung eines freien Warenverkehrs innerhalb der Gemeinschaft zu. Dem überragenden Gemeinschaftsziel der Schaffung und Erhaltung der Markteinheit (Artikel 14, 28 und 29 EGV) haben sich die Immaterialgüterrechte im Konfliktfall insoweit unterzuordnen, als ihr Wesensgehalt nicht gefährdet wird.[221]

In der Rechtsprechung des Gerichtshofes zu Artikel 30 EGV ist ferner der Grundsatz der „gemeinschaftsweiten Erschöpfung" von zentraler Bedeutung[222]: Nationale Schutzrechte können gegenüber Einfuhren von Waren aus anderen Mitgliedstaaten nicht mehr geltend gemacht werden, wenn sie vom Schutzrechtsinhaber oder mit seiner Zustimmung in Verkehr gebracht und somit rechtmäßig verwertet wurden. Der Gemeinsame Markt kann dem Schutzrechtsinhaber nur einheitlich offen stehen. Der Grundsatz der gemeinschaftsweiten Erschöpfung steht im Einklang mit der Hauptfunktion der Schutzrechte, nämlich dem Inhaber das Recht einzuräumen, andere von der Verwertung seines

---

[219] Vgl. etwa EuGH – *Allen und Hanbury*, 435/85 – Slg. 1988, 1245, Erwägungsgrund 25; EuGH – *Bayer/Süllhöfer*, 65/86 – Slg. 1988, 5249, Erwägungsgrund 11

[220] Sucker/Guttuso/Gaster in Schröter/Jakob/Mederer, Art. 81 – Fallgruppen Immaterialgüterrechte Rn. 7

[221] Sucker/Guttuso/Gaster in Schröter/Jakob/Mederer, Art. 81 – Fallgruppen Immaterialgüterrechte Rn. 8; Busse § 9 Rn. 162 f.

[222] Dieser Grundsatz der gemeinschaftsweiten Erschöpfung ist beispielsweise in Artikel 7 Absatz 1 der Richtlinie 104/89/EWG zur Angleichung der Rechtsvorschriften der Mitgliedstaaten über die Marken festgeschrieben (ABl. EG vom 11.2.1989, L 40/1), in dem es heißt, dass die Marke ihrem Inhaber nicht das Recht gewährt, einem Dritten zu verbieten, die Marke für Waren zu benutzen, die unter dieser Marke von ihm oder mit seiner Zustimmung in der Gemeinschaft in den Verkehr gebracht worden sind; vgl. Leitlinien GFTT, Tz. 6; Busse, § 9 Rn. 161-167; Henn, Rn. 28; Hubmann/Götting, § 19 III

geistigen Eigentums ohne seine Zustimmung auszuschließen[223].Die territoriale Begrenztheit der nationalen Schutzrechte auf den jeweiligen Mitgliedstaat wird damit gemeinschaftsrechtlich überwunden[224].

Die Ausübung eines Schutzrechts kann durch Eigenverwertung des Schutzrechtsinhabers, durch rechtsgeschäftliche Verwertung oder durch dessen einseitige Geltendmachung gegenüber Verletzern erfolgen. Dabei ist zu beachten, dass weder das Schutzrecht als solches, noch sein Erwerb, noch die Geltendmachung der gesetzlich eingeräumten Schutzrechtsposition das Wettbewerbsrecht verletzen[225].

Nach ständiger Rechtsprechung des Gerichtshofes kann das Kartellverbot allerdings dann Anwendung auf die Geltendmachung der gesetzlich eingeräumten Schutzrechtsposition finden, wenn diese das Ergebnis einer Kartellabsprache ist[226]. So hat der Gerichtshof die auf eine vertragliche Schutzrechtsübertragung zurückgehende faktische Schutzrechtsausübung als vom Kartellverbot mitumfasst betrachtet, da sonst der Erfolg einer gemeinschaftsrechtlich missbilligten Marktaufteilungsabrede über die Ausübung der vertraglich abgetretenen Schutzposition erreicht werden könnte[227]. Ist die Folge der auf eine Vereinbarung zurückzuführenden Schutzrechtsausübung eine gemeinschaftsrechtswidrige Marktaufteilung, so kann dem aber in aller Regel bereits durch die Anwendung der Vorschriften über den freien Warenverkehr (Artikel 30 Satz 2 EGV)

---

[223] Leitlinien GFTT, Tz. 7

[224] Hubmann/Götting, § 19 III; Sucker/Guttuso/Gaster in Schröter/Jakob/Mederer, Art. 81 – Fallgruppen Immaterialgüterrechte Rn. 8; Busse § 9 Rn. 162 f.

[225] Sucker/Guttuso/Gaster in Schröter/Jakob/Mederer, Art. 81 – Fallgruppen Immaterialgüterrechte Rn. 11

[226] Std. Rspr.: EuGH – *Sirena*, 40/70 – Slg. 1971, 69, 83; EuGH- *Deutsche Grammophon*, 78/70 – Slg. 1971, 497, 499; EuGH – *Maissaatgut*, 258/78 – Slg. 1982, 2015, 2061; weitere Nachweise bei Sucker/Guttuso/Gaster in Schröter/Jakob/Mederer, Art. 81 – Fallgruppen Immaterialgüterrechte Rn. 10, 12

[227] EuGH – *Grundig/Consten*, 56 u. 58/64 – Slg. 1966, 322, 394

begegnet werden, so dass es auf eine Anwendung der Wettbewerbsregeln oft nicht mehr ankommt[228].

3.2 Verhältnis zwischen nationalem und EG-Kartellrecht

3.2.1 Entwicklung

Im Zuge der europäischen Integration hat der Einfluss des europäischen Rechts auf die nationalen Rechtsordnungen immer stärker an Bedeutung gewonnen. Dies hat dazu geführt, dass in einigen europäischen Ländern spezifische, auf Technologietransfer-Vereinbarungen anwendbare wettbewerbsrechtliche Vorschriften bestehen, die zum Teil auch Gruppenfreistellungen ähnlich der GFTT enthalten. Andere Mitgliedstaaten haben dagegen keine spezifischen Rechtsvorschriften geschaffen, sondern nehmen eine Einzelfallprüfung vor[229].

Der starke Einfluss des europäischen Rechts auf die nationalen Rechtsordnungen zeigt sich vor allem darin, dass unbeschadet der Besonderheiten der einzelnen nationalen Rechtssysteme die Beurteilung von Vereinbarungen über die Lizenzierung von Schutzrechten nach nationalem Recht im Allgemeinen den Wettbewerbsregeln der Gemeinschaft und der von der Kommission entwickelten Praxis entspricht.[230]

Da Lizenzverträge oft grenzüberschreitenden Charakter haben, ist es für die Vertragsparteien wichtig zu wissen, welche kartellrechtlichen Vorschriften im konkreten Fall zu beachten sind und wie das Verhältnis zwischen nationalem und europäischem Wettbewerbsrecht ist. Erheblich wird dies vor allem dann, wenn das nationale und das europäische Recht zu unterschiedlichen Ergebnissen kommen[231].

---

[228] Sucker/Guttuso/Gaster in Schröter/Jakob/Mederer, Art. 81 – Fallgruppen Immaterialgüterrechte Rn. 12

[229] Kommission, Evaluierungsbericht, Tz. 106

[230] Kommission, Evaluierungsbericht, Tz. 107

[231] Bunte, S. 348

Nach der früher verbreiteten Zweischrankentheorie waren Wettbewerbsbeschränkungen, die den zwischenstaatlichen Handel beeinträchtigen, nur zulässig, wenn sie sowohl mit dem europäischen als auch mit den betreffenden nationalen Kartellrechtsordnungen vereinbar waren[232]. Diese Ansicht wurde später allgemein abgelehnt, da die Artikel 81 ff. EGV auf eine einheitliche Gestaltung der Wirtschaftsbedingungen in der EG zielen, soweit die Vereinbarungen den zwischenstaatlichen Handel beeinträchtigen. In diesem Fall hatte das europäische Wettbewerbsrecht Vorrang[233]. Dies war jedoch nicht im Sinne eines generellen Geltungsvorrangs des europäischen Rechts zu verstehen, da sonst Kartellverstöße ungeahndet blieben, wenn die EG-Kommission, aus welchen Gründen auch immer, nicht eingriff. Nach der herrschenden Meinung bestand vielmehr ein Anwendungsvorrang der Artikel 81 ff. EGV bei Kollision mit nationalem Recht der Mitgliedstaaten[234]. Danach waren die Artikel 81 ff. EGV und die einschlägigen nationalen Kartellrechtsordnungen der Mitgliedstaaten zwar nebeneinander anwendbar; bei Kollision, und nur dann, hatten jedoch die Artikel 81 ff. EGV Vorrang, das heißt dann musste unter anderem auch das GWB zurücktreten. Dies bedeutete vor allem: Bei einer den zwischenstaatlichen Handel beeinträchtigenden Wettbewerbsbeschränkung griff das europäische Wettbewerbsbeschränkungsverbot ein und verdrängte nationales Kartellrecht, das die betreffende Wettbewerbsbeschränkung nicht verbot oder sogar ausdrücklich für zulässig erklärte. Umgekehrt galt, dass eine Freistellung nach europäischem Recht Vorrang vor einem nationalen Verbot der betreffenden Wettbewerbsbeschränkung hatte[235]. Vorrang vor nationalem Kartellrecht genossen auch Gruppenfreistellungen[236], so etwa auch die GFTT.

---

[232] E. Rehbinder in Festschrift für Mestmäcker, S. 712 f.; Emmerich, Kartellrecht, § 37/5 b); Sack, WRP 1999, S. 592, 593

[233] EuGH Slg. 1964, 1251 ff., 1266 f. – *Costa/ENEL*

[234] EuGH Slg. 1969, 1 ff., 13 ff. – *Walt Wilhelm*; Wiedemann, Band I, S, 127 ff., 129, 130; Emmerich, Kartellrecht, § 37/5 b)

[235] Grundlegend: EuGH Slg. 1969, 1 ff., 13 ff. – *Walt Wilhelm*; E. Rehbinder in Festschrift für Mestmäcker, S. 711 ff.

[236] Vgl. E. Rehbinder in Festschrift für Mestmäcker, S. 715

3.2.2 Änderungen infolge der Verordnung (EG) Nr. 1/2003

Die neue Verordnung (EG) Nr. 1/2003 bringt nun eine fundamentale Veränderung für das Verhältnis zwischen nationalem Wettbewerbsrecht und europäischem Wettbewerbsrecht: Gemäß Artikel 3 der Verordnung (EG) Nr. 1/2003 gilt im Bereich des Artikels 81 EGV ein erweiterter Vorrang des Gemeinschaftsrechts, der eine faktische Verdrängung des nationalen Rechts bedeutet. Mit Artikel 3 der Verordnung (EG) Nr. 1/2003 verfolgte die Kommission von Beginn an insbesondere zwei Ziele: Zum einen sollen innerhalb des Binnenmarktes die gleichen Wettbewerbsregeln angewendet werden (sog. „level playing field“[237]). Ferner sollen die Kooperationsmechanismen der neuen Durchführungsverordnung (Artikel 11 ff.) für alle Fälle von Vereinbarungen und Verhaltensweisen gelten, die den Handel zwischen den Mitgliedstaaten beeinträchtigen können (sog. „Netzwerk“ der Wettbewerbsbehörden)[238].

Zu diesem Zweck sah noch Artikel 3 in der Fassung des Verordnungsvorschlages[239] einen generellen Ausschluss des nationalen Wettbewerbsrechts in allen Fällen vor, in denen eine Vereinbarung oder eine missbräuchliche Verhaltensweise mit grenzüberschreitender Dimension vorlag, d.h. wenn die Voraussetzungen der Zwischenstaatlichkeitsklausel erfüllt waren. Artikel 3 in der nunmehr beschlossenen Fassung weist demgegenüber erhebliche Änderungen auf.

3.2.2.1 Obligatorische parallele Anwendung

Der im Verordnungsvorschlag vorgesehene Ausschluss der Anwendbarkeit des nationalen Rechts wurde ersetzt durch eine obligatorische parallele Anwendung des europäischen Wettbewerbsrechts neben dem nationalen Recht. In Zukunft kann einzelstaatliches Wettbewerbsrecht daher nur noch gemeinsam mit dem europäischen Wettbewerbsrecht angewendet werden, wenn eine Vereinbarung im Sinne des Artikels 81 Absatz 1 EGV bzw. eine missbräuchliche Verhaltensweise im Sinne des Artikels 82 EGV geeignet ist, den Handel zwischen den Mitgliedstaaten zu beeinträchtigen.[240]

---

[237] Hossenfelder/Lutz, WuW 2003, S. 118, 120

[238] Kommission, KOM (2000) 582 endg., Begründung IV, Kap. I, zu Art. 3

[239] Kommission, KOM (2000) 582 endg.

[240] Artikel 3 Absatz 1 Verordnung (EG) Nr. 1/2003

3.2.2.2 Vorrangregelung

Von zentraler Bedeutung ist die Vorrangregelung in Artikel 3 Absatz 2. Vereinbarungen und Verhaltensweisen, die nach Artikel 81 EGV zulässig sind, dürfen nicht nach nationalem Recht verboten werden. Dabei spielt es künftig keine Rolle mehr, ob sich die gemeinschaftskartellrechtliche Zulässigkeit aus der fehlenden Tatbestandsmäßigkeit im Sinne des Artikels 81 Absatz 1 EGV ergibt, oder ob eine Vereinbarung oder Verhaltensweise die Freistellungsvoraussetzungen des Artikels 81 Absatz 3 EGV erfüllt[241]. Bislang knüpfte der Vorrang des europäischen Wettbewerbsrechts hinsichtlich der Zulässigkeit einer Vereinbarung im Sinne des Artikels 81 EGV nach herrschender Meinung an das Vorliegen einer Freistellungsentscheidung nach Artikel 81 Absatz 3 EGV an[242]. Diese Vorrangregelung wird nunmehr auf das System der Legalausnahme übertragen und auf einen Vorrang des gesamten Artikels 81 EGV erweitert. Zu beachten ist, dass dieser Grundsatz nur für solche Vereinbarungen und Verhaltensweisen gilt, die in den Anwendungsbereich des Artikels 81 Absatz 1 EGV fallen. Sie müssen daher geeignet sein, den zwischenstaatlichen Handel zu beeinträchtigen und eine Koordinierung des Marktverhaltens bezwecken oder bewirken[243]. Werden diese Vereinbarungen oder Verhaltensweisen nicht von Artikel 81 Absatz 1 EGV verboten oder sind nach Artikel 81 Absatz 3 EGV freigestellt, so dürfen sie auch nicht nach einzelstaatlichem Recht verboten werden.

Das Gemeinschaftsrecht setzt sich also in jedem Falle durch. Lediglich für diejenigen Vereinbarungen, die lokale oder allenfalls regionale Bedeutung haben und für welche die Anwendungsschwelle des Gemeinschaftsrechts deshalb nicht erreicht ist, bleibt Raum für nationales Wettbewerbsrecht und für Wertungen, die von denen des Gemeinschaftsrechts abweichen[244]. Diese Neurege-

---

[241] Hossenfelder/Lutz, WuW 2003, S. 118, 120

[242] EuGH Slg. 1969, 1 (13 ff.) – *Walt Wilhelm*; vgl. auch Darstellung bei Sack, WRP 1999, S. 592, 593; E. Rehbinder in Festschrift für Mestmäcker, S. 711-713, 724

[243] Verordnung (EG) Nr. 1/2003, Erwägungsgrund 8; vgl. Hossenfelder/Lutz, WuW 2003, S. 118, 120 f.

[244] Selbstverständlich können die Mitgliedstaaten nach wie vor Rechtsnormen mit anderen Zielrichtungen, wie z. B. zum Schutz der Lauterkeit des Wettbewerbs, erlassen und anwenden, vgl. Art. 3 Absatz 3 Verordnung (EG) Nr. 1/2003 und Erwägungsgrund 9

lung hat in denjenigen Mitgliedstaaten, deren nationales Wettbewerbsrecht mit den Artikeln 81 und 82 EGV übereinstimmt (abgesehen vom Erfordernis der Eignung zur Beeinträchtigung des zwischenstaatlichen Handels) keine wesentlichen Auswirkungen. In Deutschland wird sie die Bedeutung des nationalen Wettbewerbsrechts weit zurückdrängen[245].

Für den Bereich der einseitigen Wettbewerbsbeschränkungen lässt Artikel 3 Absatz 2 Satz 2 der Verordnung (EG) Nr. 1/2003 jedoch ausdrücklich die Anwendung von, im Vergleich zum europäischen Wettbewerbsrecht, strengerem nationalem Wettbewerbsrecht zu[246]. Dies schließt einzelstaatliche Vorschriften über den Missbrauch von Marktmacht unterhalb der Schwelle der Marktbeherrschung ein[247]. In Deutschland betrifft dies insbesondere das Diskriminierungs- und Behinderungsverbot nach § 20 GWB, soweit sich dieses auch gegen marktstarke Unternehmen richtet, von denen kleine und mittlere Unternehmen abhängig sind[248].

3.2.2.3 Grenzen des Vorrangs

Artikel 3 Absatz 3 VO Nr. 1/2003 stellt klar, dass die Vorrangregelung des Absatzes 2 nicht für Vorschriften der nationalen Fusionskontrolle gilt, sowie ebenfalls nicht für einzelstaatliche Regelungen, die überwiegend keine kartellrechtliche Zulässigkeit verfolgen. Dies schließt auch Vorschriften des nationalen Lauterkeitsrechts ein, da diese bestimmte Verhaltensweisen unabhängig von ihren wettbewerblichen Auswirkungen auf dem Markt verbieten können[249].

Nicht ausdrücklich geregelt ist der Vorrang des europäischen Wettbewerbsrecht gegenüber schwächerem nationalem Recht[250]. Hier bleibt es jedoch bei

---

245 Weitbrecht, EuZW 2003, S. 69, 71; Bundesministerium für Wirtschaft und Arbeit, WuW 2003, S. 379; vgl. auch zu den Auswirkungen der Verordnung (EG) Nr. 1/2003 auf die 7. GWB-Novelle: Möschel, WuW 2003, S. 571; Pohlmann, WuW 2003, S. 1007

246 Vgl auch Verordnung (EG) Nr. 1/2003, Erwägungsgrund 8, Satz 5

247 Verordnung (EG) Nr. 1/2003, Erwägungsgrund 8, Satz 6

248 Hossenfelder/Lutz, WuW 2003, S. 118, 121

249 Verordnung (EG) Nr. 1/2003, Erwägungsgrund 9, Satz 3 ff.

250 Hossenfelder/Lutz, WuW 2003, S. 118, 121

dem schon bislang herrschenden Verständnis, dass sich die Unwirksamkeit nach europäischem Recht gegenüber der Zulässigkeit nach einzelstaatlichem Recht durchsetzt[251].

3.3 Antitrust Guidelines for the Licensing of Intellectual Property

Da die Kommission mit dem neuen Kartellverfahrensrecht und den neuen Regeln für den Technologietransfer eine Annäherung an die entsprechenden US-amerikanischen Regeln sucht[252], wird nachfolgend kurz auf die US-amerikanischen „Antitrust Guidelines for the Licensing of Intellectual Property" vom 06. April 1995[253] eingegangen. Zweck der Guidelines ist die Beschreibung von allgemeinen Grundsätzen, die das Department of Justice (DoJ) und die Federal Trade Commission (FTC) in ihrer Entscheidungspraxis zugrunde legen können[254].

Der wettbewerbspolitische Ansatz der USA enthält drei allgemeine Grundsätze[255]: (a) für die wettbewerbspolitische Analyse betrachtet man geistiges Eigentum wie jede andere Form des Eigentums, (b) man geht nicht von der Vorstellung aus, dass geistiges Eigentum Marktmacht schafft, und (c) die Vergabe von Lizenzen gilt allgemein als dem Wettbewerb förderlich.

Dem Grundsatz, wonach geistiges Eigentum wie jede andere Form des Eigentums betrachtet wird, liegt der Gedanke zugrunde, dass der Inhaber eines Schutzrechts nicht für Wettbewerb in seiner eigenen Technologie sorgen muss[256]. Daher sollte es ihm grundsätzlich auch freistehen, in Lizenzvereinbarungen den Lizenznehmern die Beschränkungen aufzuerlegen, die ihm gestat-

---

[251] Sack, WRP 1999, S. 592, 593; E. Rehbinder in Festschrift für Mestmäcker, S. 711-713

[252] Vgl. Monti, S. 7; Feil, GRUR Int. 2004, S. 454, 455

[253] Antitrust Guidelines for the Licensing of Intellectual Property (Kartellrechtliche Leitlinien für die Lizenzierung geistigen Eigentums, im Folgenden US-Guidelines), U.S. Department of Justice (DoJ) and the Federal Trade Commission (FTC)

[254] Mummenthey, CR 1998, S. 113,

[255] US-Guidelines, Abschnitt 2.0; vgl. Mummenthey, CR 1998, S. 113, 114 f.; Bodewig, GRUR Int. 1997, S. 958, 962; Lejeune, CR 2004, S. 467, 473 f.

[256] Mummenthey, CR 1998, S. 113, 115

ten, das zu tun, was er auch bei alleiniger Nutzung hätte tun können. Der US-amerikanische Ansatz akzeptiert also nicht nur das durch das Schutzrecht geschaffene Monopol, er bestätigt im Allgemeinen auch das Recht des Schutzrechtsinhabers, dieses Monopol voll zu nutzen, indem er in Lizenzvereinbarungen die Beschränkungen vorsieht, die er für notwendig hält, um den vollen Gewinn aus seinem geistigen Eigentum zu ziehen[257].

Dem Lizenzgeber werden durch die Wettbewerbspolitik zweierlei Beschränkungen auferlegt. Erstens kann die Wettbewerbspolitik eingreifen, wenn die in der Lizenzvereinbarung vorgesehenen Beschränkungen patentfreie Produkte oder Verfahren betreffen. Wenn der Lizenzgeber zum Beispiel ein Patent auf das Herstellungsverfahren, nicht aber auf das vom Lizenznehmer hergestellte Erzeugnis hat, würde die Festsetzung des vom Lizenznehmer zu fordernden Verkaufspreises für das Erzeugnis als eine nach den wettbewerbsrechtlichen Vorschriften verbotene vertikale Preisbindung behandelt[258]. Wenn eine Lizenzvereinbarung dem Lizenznehmer ein Wettbewerbsverbot auferlegt, das ihn daran hindert, konkurrierende Produkte herzustellen oder zu verkaufen, wird auch dies wie in jeder anderen vertikalen Vereinbarung behandelt. Gleiches gilt für die Kopplung der Lizenzvergabe an den Bezug anderer Güter oder Dienstleistungen durch den Lizenznehmer[259].

Zweitens kann die Wettbewerbspolitik eingreifen, wenn eine Lizenzvereinbarung den Wettbewerb zwischen Unternehmen beeinträchtigt, die ohne die Vereinbarung tatsächliche oder potenzielle Konkurrenten wären. Wenn die Lizenzvereinbarung in einem solchen Fall negative Auswirkungen auf Preise und/oder Mengen und/oder die Qualität von Waren oder Dienstleistungen auf derzeitigen oder zukünftigen Märkten hat, fällt sie unter die Vorschriften des US-Wettbewerbsrechts. Dabei geht es in erster Linie um Fälle, in denen Lizenzgeber und Lizenznehmer schon vorher in einer horizontalen Wettbewerbsbeziehung waren und dies auch bleiben. Sodann betrifft dies auch Lizenzvereinbarungen, in denen Wettbewerber des Lizenzgebers durch eine Wettbe-

---

[257] Vgl. Gallini/Trebilcock, S. 344 f.; Mummenthey, CR 1998, S. 113, 114; Kommission, Evaluierungsbericht, Tz. 46

[258] Tom, S. 38; Gallini/Trebilcock, S. 339 und 344-345

[259] Vgl. Mummenthey, CR 1998, S. 113, 119 f.; Bodewig, GRUR Int. 1997, S. 958, 968 f.; Kommission, Evaluierungsbericht, Tz. 47

werbsverbotsklausel oder Ausschließlichkeitsbindung vom Markt fern gehalten werden (Ausschließungswirkung). Drittens könnte es grundsätzlich auch solche Lizenzvereinbarungen betreffen, bei denen die Lizenznehmer untereinander in einer horizontalen Wettbewerbsbeziehung stehen[260].

In der Praxis betreffen die US-Guidelines nur die beiden ersten Fälle. Wettbewerbsverbote sind nach dem US-Kartellrecht angreifbar, da sie nicht die Nutzung des Schutzrechts selbst, sondern andere Produkte und Verfahren betreffen, die außerhalb seines Geltungsbereichs liegen. Wettbewerbsrechtlich kommt es in erster Linie darauf an, ob Wettbewerber des Lizenzgebers vom Markt ausgeschlossen werden[261].

Bei den Fällen, in denen Lizenzgeber und Lizenznehmer ohne die Lizenzvereinbarung tatsächliche oder potenzielle Wettbewerber wären, gilt die Hauptsorge der US-Guidelines möglichen Scheinlizenzen, die als Deckmantel für Kartelle dienen können. Wenn z.B. das lizenzierte Herstellungsverfahren oder das patentierte Erzeugnis keine wirtschaftliche Verbesserung gegenüber bestehenden und verfügbaren Technologien oder patentfreien Produkten darstellt und das Patent auch kein Sperrpatent ist, geht es bei der Lizenzvereinbarung normalerweise nicht um einen nützlichen Technologietransfer, der zu einer effizienzsteigernden Integration wirtschaftlicher Tätigkeit führen würde[262]. Wenn eine solche Vereinbarung zur Preisbindung, zur Aufteilung von Märkten oder Abnehmern, zu einer Begrenzung der Produktion oder zu gewissen Formen des Gruppenboykotts führt, kann sie als „per se" rechtswidrig angegriffen werden[263].

---

[260] US-Guidelines, Abschnitte 3.1, 3.3 und 4.1; Kommission, Evaluierungsbericht, Tz. 48

[261] Kommission, Evaluierungsbericht Tz. 49

[262] US-Guidelines, Abschnitt 3.4, Beispiel 7

[263] Kommission, Evaluierungsbericht, Tz. 49; Mummenthey, CR 1998, S. 113, 117 f.; Bodewig, GRUR Int. 1997, S. 958, 965 f.

Enthält eine Lizenzvereinbarung zwischen Wettbewerbern keine solchen, nach der „per se"-Regel offensichtlich wettbewerbswidrigen Beschränkungen[264], so wird sie normalerweise nicht in Frage gestellt, wenn „der Lizenzgeber und seine Lizenznehmer zusammen nicht mehr als 20% aller von der Beschränkung erheblich betroffenen relevanten Märkte halten"[265].

Oberhalb dieser „Sicherheitszone" von 20% wird nach der „rule of reason" verfahren, die - vereinfacht gesagt – eine Abwägung aller positiven und negativen Auswirkungen einer Absprache auf den Wettbewerb im Einzelfall vorsieht[266]. In einem solchen Fall wird zunächst festgestellt, ob die Beschränkung eine wettbewerbswidrige Wirkung hat oder wahrscheinlich haben wird. Ist dies der Fall, wird untersucht, ob die Beschränkung vernünftigerweise notwendig ist, um wettbewerbsfördernde Effizienzgewinne zu erzielen. Es wird geprüft, ob praktikable und erheblich weniger einschränkende Alternativen bestehen. Wenn klar ist, dass die Parteien durch Anwendung erheblich weniger einschränkender Mittel ähnliche Effizienzvorteile hätten erzielen können, lassen die Behörden das von den Parteien vorgebrachte Effizienz-Argument unberücksichtigt. Dabei sollen die Behörden jedoch nicht nach einer theoretisch am wenigsten einschränkenden Alternative suchen, die in der praktischen Geschäftssituation, mit der die Parteien konfrontiert sind, nicht realistisch wäre. Erscheint die Beschränkung vernünftigerweise notwendig, wägen die Behörden die wettbewerbsfördernden Effizienzvorteile und die wettbewerbswidrigen Wirkungen gegeneinander ab, um zu bestimmen, mit welchen Wettbewerbswirkungen in jedem der relevanten Märkte letztlich zu rechnen ist[267].

---

[264] Die „per se" Regel lässt im Allgemeinen keine weitere Abwägung und Berücksichtigung von möglichen Rechtfertigungsgründen zu, siehe dazu Mummenthey, CR 1998, S. 113, 115, 117 f.

[265] US-Guidelines, Abschnitt 4.3; Bodewig, GRUR Int. 1997, S. 958, 967; siehe auch das Vorgehen der FTC gegen eine Patentpool-Vereinbarung zwischen Summit Technology und VISX (FTC Dkt. Nr. 9286 (23. Februar 1999 –vgl. dazu Charles River Associates (CRA), S. 26)

[266] Zur "Rule of reason": Mummenthey, CR 1998, S. 113, 118; Bodewig, GRUR Int. 1997, S. 958, 965

[267] US-Guidelines, Abschnitt 4.2; Bodewig, GRUR Int. 1997, S. 958, 965

Parteien einer Lizenzvereinbarung, die vor der Innovation Wettbewerber waren, gelten nicht mehr als Wettbewerber, wenn das lizenzierte Herstellungsverfahren oder das patentierte Erzeugnis einen derartigen Durchbruch darstellt, dass ohne die Lizenz kein Wettbewerb mehr möglich wäre[268]. Die Sicherheitszone und das Verfahren nach der „rule of reason" oberhalb der 20%-igen Marktanteilsschwelle sind somit insbesondere für solche Lizenzvereinbarungen relevant, bei denen das lizenzierte Herstellungsverfahren oder das patentierte Erzeugnis nur eine begrenzte wirtschaftliche Verbesserung gegenüber bereits verfügbaren Technologien oder patentfreien Produkten darstellt. Wenn in einem solchen Fall ohne die Lizenz eine horizontale Wettbewerbsbeziehung zwischen den Parteien besteht, kommt es darauf an, die kollektiven Marktanteile der Parteien zu messen, die Notwendigkeit der Beschränkungen zu prüfen und die positiven und negativen Wirkungen gegeneinander abzuwägen[269].

Für die Anwendung der 20%-igen Marktanteilsschwelle muss festgestellt werden, ob die Negativwirkungen der Lizenz nur auf Produktmärkten spürbar sind oder sich die Lizenz auch auf Technologiemärkte oder den Wettbewerb im FuE-Bereich auswirkt[270]. Im ersteren Fall genügt es, die Marktanteile auf den relevanten Produktmärkten zu ermitteln. Im letzteren Fall müssen auch die Marktanteile für die relevanten Technologie- oder Innovationsmärkte festgestellt werden, und wenn diese Marktanteilsdaten nicht erhältlich sind oder diese die Wettbewerbslage nicht angemessen wiedergeben, wird die Sicherheitszone aufgrund der Zahl der konkurrierenden unabhängigen Technologien oder der fachlich qualifizierten Forschungseinrichtungen ermittelt. Wenn die Beschränkung nicht offensichtlich wettbewerbswidrig ist und es neben den Parteien der Lizenzvereinbarung mindestens vier konkurrierende Technologien oder Forschungseinrichtungen gibt, gilt die Vereinbarung als innerhalb der Sicherheitszone liegend[271].

---

[268] Vgl. US-Guidelines, Abschnitt 3.3; Tom, S. 25

[269] Tom, S. 27 f.; Kommission, Evaluierungsbericht, Tz. 52

[270] US-Guidelines, Abschnitt 4.3; dazu Mummenthey, CR 1998, S. 113, 117; Bodewig, GRUR Int. 1997, S. 958, 967

[271] US-Guidelines, Abschnitt 4.3; Bodewig, GRUR Int. 1997, S. 958, 967

Der in den USA praktizierte Ansatz unterscheidet klar zwischen horizontalen und vertikalen Wettbewerbsbeziehungen. Ob es sich um eine horizontale Vertragsbeziehung handelt, hängt davon ab, ob ein aktuelles oder wahrscheinliches („likely potential") Wettbewerbsverhältnis besteht. Denkbar ist auch, dass sowohl eine horizontale als auch eine vertikale Vertragsbeziehung besteht.[272]

Wenn Lizenzgeber und Lizenznehmer weder tatsächliche noch potenzielle Wettbewerber sind, werden Beschränkungen, die sich auf die Nutzung des Schutzrechts selbst beziehen, nach dem US-Ansatz sehr großzügig behandelt[273]. In einem solchen Fall wird davon ausgegangen, dass Beschränkungen hinsichtlich des Gebiets, der Produktion, des Anwendungsbereichs und unter Umständen sogar der Preisgestaltung des Lizenznehmers rechtmäßige Mittel sind, die der Lizenzgeber einsetzen kann, um die Erträge aus seinem geistigen Eigentum zu maximieren[274]. Dies entspricht der derzeit allgemein eher toleranten Haltung der US-Behörden gegenüber Vereinbarungen zwischen Nicht-Wettbewerbern (außer in Fällen von Preisbindung). Während vertikale Preisbindung nach dem Wettbewerbsrecht der USA allgemein als eine „per se" rechtswidrige Beschränkung angesehen wird und in den US-Guidelines ausdrücklich festgestellt wird, dass dies auch gilt, wenn der Inhaber eines gewerblichen Schutzrechts an einem Erzeugnis einem Lizenznehmer den Wiederverkaufspreis für dieses Produkt vorschreibt[275], wird in den US-Guidelines andererseits klargestellt, dass der Inhaber eines Produktpatents in einer Herstellerlizenz den Erstabnehmerpreis des Lizenznehmers für das patentierte Produkt festlegen kann[276].
Der strengere Ansatz der EU gegenüber Beschränkungen in der Nutzung des Schutzrechts selbst, soweit sie in Vereinbarungen zwischen Nicht-Wettbewerbern auftreten, ist Ausdruck der größeren Bedeutung, die die EU-

---

[272] US-Guidelines, Abschnitt 3.3; vgl. Tom, S. 25

[273] Mummenthey, CR 1998, S. 113, 117

[274] Tom, S. 38; Gallini/Trebilcock, S. 339

[275] US-Guidelines, Abschnitt 5.2; vgl. Bodewig, GRUR Int. 1997, S. 958, 968

[276] US-Guidelines, Abschnitt 5.2, Fn. 33 unter Zitierung von *United States v. General Electric Co.*, 272 U.S. 476 (1926). Dieses Spannungsverhältnis ist der wahrscheinliche Grund dafür, dass die Freiheit, den Abgabepreis des Lizenznehmers festzusetzen, in mehreren Gerichtsurteilen eingeschränkt worden ist. Vgl. hierzu Gallini/Trebilcock, S. 339

Wettbewerbspolitik Wettbewerbsbeschränkungen innerhalb einer Marke im Allgemeinen und insbesondere Gebietsschutzklauseln beimisst. Der Schutz des markeninternen Wettbewerbs wird als wichtig angesehen, weil die Vertriebskosten bei den meisten Erzeugnissen einen wesentlichen Teil des Endpreises ausmachen und ein wirksamer Wettbewerb zwischen den Händlern mithelfen kann, diese Kosten zu senken. Zugleich liegt hierin auch eine Anerkennung der Tatsache, dass die Lizenznehmer untereinander in einer horizontalen Wettbewerbsbeziehung stehen können[277]. Gebietsschutzklauseln genießen in der Wettbewerbspolitik der EU insbesondere auch wegen der zusätzlichen Marktintegrationsziele dieser Politik einen höheren Stellenwert[278].

Bei Beschränkungen, die nicht die Nutzung des Schutzrechts selbst betreffen, wie zum Beispiel bei Wettbewerbs- oder Kopplungsverboten, sind die grundlegenden Unterschiede weniger stark ausgeprägt. Gegen solche Beschränkungen gehen sowohl die EU-Wettbewerbsbehörden als auch die der USA vor.

---

[277] Die US-Guidelines erkennen zwar an, dass zwischen den Lizenznehmern möglicherweise eine horizontale Beziehung besteht, sie ignorieren aber offenbar weitgehend die sich daraus ergebenden Folgen für den Wettbewerb, indem sie - solange Lizenzgeber und Lizenznehmer keine Wettbewerber sind – gegenüber Gebietsbeschränkungen eine sehr tolerante Haltung einnehmen. Vgl. Tom, S. 28

[278] Vgl. z. B. Leitlinien für vertikale Beschränkungen, Tz. 7 in ABl. EG vom 13.10.2000, C/291/1-44; Kommission, Evaluierungsbericht, Tz. 55

4 Die neue Technologietransferverordnung (Nr. 772/2004)

4.1 Vorgeschichte

Am 27.04.2004 hat die Europäische Kommission die Verordnung Nr. 772/2004 über die Anwendung von Artikel 81 Absatz 3 des EGV auf Gruppen von Technologietransfer-Vereinbarungen[279] sowie Leitlinien zur Anwendung von Artikel 81 EGV auf Technologietransfer-Vereinbarungen[280] verabschiedet. Die neue GFTT, die am 01.05.2004 in Kraft getreten ist, ist die zweite ihrer Art. Sie hat eine über 40-jährige Vorgeschichte.

4.1.1 Erste Orientierungen der Kommission

Mit der Verordnung (EWG) Nr. 17/62 des Rates vom 6.2.1962[281] wurden der Kommission die grundlegenden Verfahrensinstrumente zur Durchführung der Artikel 85 und 86 EGV (heute Artikel 81 und 82 EGV) zur Verfügung gestellt. Die Verordnung gab auch eine erste Orientierung zur Anwendung der Wettbewerbsregeln auf dem Gebiet der Immaterialgüterrechte.

Nach Artikel 4 Absatz 2 Buchstabe b) der Verordnung (EWG) Nr. 17/62 waren Vereinbarungen über gewerbliche Schutzrechte, Urheberrechte und über Know-how vom Anmeldungserfordernis befreit, wenn an der Vereinbarung nur zwei Unternehmen beteiligt waren und nur dem Lizenznehmer Beschränkungen auferlegt wurden, die sich ihrerseits nur die Ausübung der lizenzierten Rechte bezogen. Die praktische Bedeutung dieser Regelung war jedoch gering, da Lizenzverträge in der Regel auch Beschränkungen des Lizenzgebers beinhalteten. Zudem galt die Befreiung von der Anmeldebedürftigkeit auch dann nicht, wenn dem Lizenznehmer Wettbewerbsbeschränkungen auferlegt wurden, die über die Ausübung des betreffenden Rechts hinausgingen.[282]

---

[279] ABl. EG vom 27.04.2004, L 123/11

[280] ABl. EG vom 27.04.2004, C 102/2

[281] ABl. EG vom 21.02.1962, Nr. 13

[282] Sucker/Guttuso/Gaster in Schröter/Jakob/Mederer, Art. 81 – Fallgruppen Immaterialgüterrechte Rn. 62

Kurz nach dem Erlass der Verordnung (EWG) Nr. 17/62 nahm die Kommission in der so genannten „Weihnachtsbekanntmachung" vom 24.12.1962[283] zu einzelnen Fragen der Anwendbarkeit der Wettbewerbsregeln auf Patentlizenzverträge Stellung. Auch wenn diese Bekanntmachung seit dem 01.01.1985 aufgehoben ist[284], beinhaltet sie eine Reihe von Aussagen, die im Hinblick auf die Entscheidungspraxis der Kommission nach Artikel 81, 82 EGV und deren Weiterentwicklung von erheblicher Relevanz sind[285]. Außerdem hat sie die Praxis der Kommission zwischen 1962 und 1985 maßgeblich beeinflusst[286], wobei die Rechtsprechung des EuGH diese Praxis regelmäßig kontrollierend gestaltet hat[287].

Die Weihnachtsbekanntmachung basierte auf der Überlegung, dass Beschränkungen, die vom Inhalt des Schutzrechts (oder des Know-how) umfasst sind, nicht unter Artikel 81 Absatz 1 EGV fallen. Darüber hinaus erklärte sie eine Reihe von über den Schutzrechtsinhalt hinausgehender, als unschädlich bewerteter Beschränkungen für zulässig, insbesondere Ausübungs- und Bezugspflichten, Verpflichtungen zum Patent- und Know-how-Austausch sowie die ausschließliche Lizenzierung.[288]

Die Weihnachtsbekanntmachung schloss ausdrücklich die Anwendbarkeit des Artikels 81 Absatz 1 EGV auf Patentgemeinschaften sowie mehrfache, parallele Lizenzierung aus. Sie orientierte sich in vielen Punkten an dem deutschen GWB (damals die einzige einzelstaatliche Kartellrechtsordnung innerhalb der EU). Dabei bezog sich die Bekanntmachung nicht nur auf Beschränkungen des Lizenznehmers, sondern auch auf Beschränkungen des Lizenzgebers (ausschließliche Lizenzierung). Ferner war es nicht ausreichend, dass der Wettbe-

---

283 ABl. EG 1962, Nr. 139, S. 2922

284 Die Kommission widerrief mit dem Erlass der Patentlizenzverordnung Nr. 2349/84 die Weihnachtsbekanntmachung, ABL. EG 1984, C 220/14; vgl. Sucker/Guttuso/Gaster in Schröter/Jakob/Mederer, Art. 81 – Fallgruppen Immaterialgüterrechte, Rn. 63

285 Henn, Rn. 385

286 Henn, Rn. 386

287 Vgl. hierzu vor allem Stumpf/Groß, Rn. 586, 587; Henn, Rn. 386; EuGH – *Nungesser/Kommission*, Rs. 258/78 – Slg. 1982, S. 2015

288 Emmerich, Kartellrecht, § 37/10 b); Henn, Rn. 385

werb beschränkt wurde, sondern es musste auch der Handel zwischen den Mitgliedstaaten beeinträchtigt sein.[289]

Ab 1971 erfolgten die ersten Entscheidungen der Kommission zu Patentlizenz- und Know-how-Vereinbarungen[290]. Danach kam es zu einem Anstieg der Anzahl der Anmeldungen nach Artikel 81 Absatz 3 EGV. Damit ging eine Verlängerung der Wartezeiten auf Einzelfreistellungen durch die Kommission einher. Um dem zu begegnen, stellte die Kommission 1979 den Entwurf einer Gruppenfreistellungsverordnung für Patentlizenzvereinbarungen vor[291], der in seiner Struktur im Wesentlichen der Gruppenfreistellungsverordnung für Alleinvertriebsvereinbarungen[292] nachempfunden war. In der Folgezeit wurde dieser Entwurf über Jahre hinweg diskutiert und wiederholt modifiziert. Die Kommission wartete jedoch mit dem Erlass der Verordnung, bis der EuGH über die Klage gegen die Entscheidung der Kommission im Fall „Maissaatgut"[293] entschieden hatte[294].

4.1.2 Maissaatgut- und Coditel II-Urteile des EuGH

Das Maissaatgut-Urteil des EuGH[295] ist von besonderer Bedeutung, weil der Gerichtshof in dieser Entscheidung eigene Kriterien entwickelt hat, bei deren Vorliegen eine Exklusivlizenz nicht von Artikel 85 Absatz 1 EGV (heute Artikel 81 Absatz 1 EGV) erfasst wird. Gegenstand des Maissaatgut-Urteils war die Vergabe einer ausschließlichen Sortenschutzrechtslizenz. Obwohl die Maissaatgut-Entscheidung nicht zu einem Patentlizenzvertrag erging, herrscht

---

289 Vgl. Stumpf/Groß, Rn. 585 f.; Henn, Rn. 385

290 Kommission, 22.12.1971 - *Burroughs-Delplanque*, ABl. EG 1972, L 13/50; 9.6.1972 - *Raymond-Nagoya* ABl. EG 1972, L 143/31; 09.06.1972 - *Davidson Rubber* ABl. EG 1972, L 143/39

291 ABl. 1979, C 58/12

292 ABl. 1967, 57/849

293 Entscheidung der Kommission vom 21.09.1978 in der Sache *Maissaatgut*, ABl. 1978, L 286/23

294 Sucker/Guttuso/Gaster in Schröter/Jakob/Mederer, Art 81 – Fallgruppen Immaterialgüterrechte, Rn. 65

295 EuGH – *Nungesser/Kommission*, Rs. 258/78 – Slg. 1982, S. 2015

allgemein Einigkeit darüber, dass die in dem Urteil enthaltenen Rechtsgrundsätze für Patentlizenzen in gleicher Weise Anwendung finden[296].

Der Gerichtshof argumentierte in der Maissaatgut-Entscheidung, dass der Lizenznehmer ohne die Ausschließlichkeit der Lizenz das Risiko des Anbaus und Vertriebs des betroffenen Erzeugnisses (Hybridmaissaatgut) nicht übernehmen würde. Ein solches Ergebnis sei der Verbreitung einer neuen Technologie abträglich und würde damit den Wettbewerb zwischen dem neuen Erzeugnis und ähnlichen vorhandenen Erzeugnissen (inter-brand-Wettbewerb) beeinträchtigen. Unter Bezugnahme auf die Besonderheit der betroffenen Erzeugnisse gelangte der Gerichtshof zu dem Ergebnis, dass im vorliegenden Fall die Vergabe einer „offenen ausschließlichen Lizenz" mit Artikel 85 Absatz 1 EGV (heute Artikel 81 Absatz 1 EGV) vereinbar ist[297].

Das Urteil belegt, dass der Gerichtshof weder den Anhängern einer schutzrechtlich begründeten kartellrechtlichen Immunität der Exklusivlizenz noch der seinerzeit strikten Auffassung der Kommission folgen wollte, wonach Ausschließlichkeitsbindungen stets dem Kartellverbot unterliegen würden. Jedoch warf der Ansatz damals verschiedene Fragen auf, insbesondere hinsichtlich der Auslegung der von ihm eingeführten Begriffe „neue Technologie" und „offene ausschließliche Lizenz" [298]. Nach Auffassung der Kommission kann jedenfalls dann nicht mehr von der Einführung einer neuen Technologie in dem vertragsgegenständlichen Gebiet die Rede sein, wenn andere Unternehmen vergleichbare Technologien besitzen[299].

Die Offenheit der ausschließlichen Lizenz ist dadurch gekennzeichnet, dass sie die „Stellung Dritter, wie der Parallelimporteure und Lizenznehmer für andere Gebiete nicht betrifft"[300]. Damit ist jedenfalls die Herbeiführung eines absolu-

---

[296] Pagenberg/Geißler, Kap 1 Rn. 91 m.w.N.

[297] EuGH – *Nungesser/Kommission*, Rs. 258/78 – Slg. 1982, S. 2015, 2069

[298] Sucker/Guttuso/Gaster in Schröter/Jakob/Mederer, Art 81 – Fallgruppen Immaterialgüterrechte, Rn. 65

[299] Entscheidung der Kommission vom 22.12.1987 - *Rich Products/Jus-rol*, ABl. 1988, L 69/21 f.

[300] EuGH – *Nungesser/Kommission*, Rs. 258/78 – Slg. 1982, S. 2015, 2069

ten Gebietsschutzes unzulässig[301]. Aus dieser Umschreibung lässt sich aber nicht zuverlässig die Frage beantworten, ob das anderen Lizenznehmern auferlegte Verbot von Direktlieferungen in das betreffende Gebiet die Offenheit der Lizenz beseitigt, da diese Frage nicht Gegenstand der Entscheidung war. Die Kommission interpretiert den Gerichtshof in dem Sinne, dass sich die Ausschließlichkeit auf das Verhältnis zwischen Lizenzgeber und Lizenznehmer beschränken muss und nicht die Stellung anderer Lizenznehmer berühren darf[302]. Anderen Lizenznehmern auferlegte Direktexportverbote führen daher zur Anwendbarkeit des Kartellverbotes auf die Ausschließlichkeitsbindung, unabhängig davon, ob sie den aktiven oder passiven Vertrieb betreffen[303].

In dem kurz auf die Maissaatgut-Entscheidung folgenden Urteil *Coditel II*[304] bot sich dem Gerichtshof die Möglichkeit, die in der Maissaatgut-Entscheidung entwickelten Kriterien zu präzisieren. Er hat im Hinblick auf die typische Art der Verwendung von Kinofilmen und die Besonderheiten der Filmindustrie und der Filmmärkte festgestellt, dass eine ausschließliche Vorführungslizenz als solche nicht geeignet ist, den Wettbewerb zu beschränken[305]. Er hat aber zugleich darauf hingedeutet, dass die Ausübung eines Ausschließlichkeitsrechtes nicht zu Wettbewerbsverfälschungen führen darf, die im Hinblick auf die Besonderheiten der Filmindustrie ungerechtfertigt sind, und als Beispiel die Ermöglichung unangemessen hoher Vergütungen und eine übermäßig lange Dauer der Ausschließlichkeit genannt.[306]

Die Gewährung einer ausschließlichen Lizenz für die Aufführung von Filmen im Fernsehen überschreitet den nach Artikel 81 Absatz 1 EGV zulässigen Rahmen, sofern durch die Lizenz eine erhebliche Anzahl kommerziell wertvoller

---

[301] EuGH – *Nungesser/Kommission*, Rs. 258/78 – Slg. 1982, S. 2015, 2070; Wiedemann, Band II, Einl. Gruppenfreistellungsverordnung 2349/84, Rn. 5

[302] Entscheidung vom 15.12.1986, Boussois/Interpane, ABl. 1986, L 50/30, 34

[303] Sucker/Guttuso/Gaster in Schröter/Jakob/Mederer, Art 81 – Fallgruppen Immaterialgüterrechte, Rn. 69

[304] EuGH - *Coditel II*, 262/81 – Slg. 1982, 3381

[305] EuGH - *Coditel II*, 262/81 – Slg. 1982, 3381, 3401 f.

[306] EuGH - *Coditel II*, 262/81 – Slg. 1982, 3381, 3402

Filme für einen langen Zeitraum (15 bis 30 Jahren) anderen potenziellen Nutzern entzogen werden[307].

Die beiden Urteile zeigen, dass der Gerichtshof bei der wettbewerbsrechtlichen Beurteilung von Ausschließlichkeitsbindungen einer wirtschaftlichen Betrachtungsweise zuneigt, was eine flexible Anwendung von Wettbewerbsregeln ermöglicht. Dies wirft aber andererseits wegen der starken Einzelfallorientierung Probleme hinsichtlich der Rechtssicherheit auf[308]. Wie die Kommission im Anschluss an das Maissaatgut-Urteil in ihren Entscheidungen über Know-how-Verträge[309] festgestellt hat, weist eine große Anzahl von Exklusivvereinbarungen die erwähnten Besonderheiten nicht auf, sei es, dass das Lizenzprodukt bereits im Lizenzgebiet des Lizenznehmers bekannt ist, oder sei es, dass Investitionskosten und Risiken nicht abgedeckt werden[310].

In praktischer Hinsicht relativieren sich die Abgrenzungsbemühungen im Rahmen von Artikel 81 Absatz 1 EGV, weil Ausschließlichkeitsvereinbarungen häufig nach Artikel 81 Absatz 3 EGV freistellbar sind. Die Kommission erkennt an, dass ein Lizenznehmer ohne einen gewissen zeitlich und räumlich begrenzten Schutz vor dem Wettbewerb des Lizenzgebers und gegebenenfalls anderer Lizenznehmer häufig nicht zu den erforderlichen Investitionen bereit wäre, und es folglich nicht zu der gewünschten Verbreitung der Technologie und der Schaffung neuer Produktions- und Vermarktungseinheiten käme[311]. Dieser Aspekt war bereits ein wesentliches Kriterium beim Erlass der Patentlizenz- und Know-how-Verordnungen[312]. Er galt auch in Bezug auf die alte GFTT[313].

---

[307] Entscheidung der Kommission vom 15.9.1989, Filmeinkauf deutscher Fernsehanstalten, ABl. 1989, Nr. L 284, S. 36

[308] Sucker/Guttuso/Gaster in Schröter/Jakob/Mederer, Art 81 – Fallgruppen Immaterialgüterrechte, Rn. 71

[309] Entscheidung vom 15.12.1986, Boussois/Interpane, ABl. 1986, L 50/30; Entscheidung der Kommission vom 22.12.1987 - *Rich Products/Jus-rol*, ABl. 1988, L 69/21

[310] Sucker/Guttuso/Gaster in Schröter/Jakob/Mederer, Art. 81 – Fallgruppen Immaterialgüterrechte, Rn. 71

[311] Vgl. Kommission, Evaluierungsbericht, Tz. 120; GFTT-Leitlinien, Tz. 86, 165, 170

[312] Vgl. Patentlizenzverordnung (EWG) Nr. 2349/84, Erwägungsgrund 12; Know-how-Verordnung (EWG) Nr. 556/89, Erwägungsrund 7

[313] GFTT a.F., Erwägungsgrund 12

4.1.3 Gruppenausnahme für Patentlizenzvereinbarungen

1984 wurde die endgültige Fassung der Patentlizenzverordnung erlassen[314]. Sie trat am 01.01.1985 in Kraft. Aus dem Vergleich zwischen der endgültigen Fassung der Patentlizenzverordnung und dem Entwurf aus dem Jahr 1979[315] ergibt sich, dass die meisten der restriktiven Voraussetzungen, an die die Zulässigkeit von Ausschließlichkeitsbindungen im Entwurf geknüpft worden war, in die Patentlizenzverordnung nicht übernommen wurde. Mangels hinreichender Erfahrungen verzichtete die Kommission 1984 auf jede Sonderregelung für die Know-how-Übertragung[316].

Die Patentlizenzverordnung war durch eine Verschiebung des Gleichgewichts zwischen Patent- und Wettbewerbsrecht zugunsten des Wettbewerbsrechts gekennzeichnet. Dahinter stand die Auffassung der Kommission, die gesetzlichen Konsequenzen des Patentrechts soweit wie möglich durch kartellrechtliche Bedingungen aufzulockern. Dies führte allerdings entgegen der Zielsetzung der Kommission zu einer Einengung des Spielraums für Technologietransfer-Vereinbarungen durch Patentlizenzen.[317]

Die Ausgestaltung der Verordnung genügte nicht den Erfordernissen der Rechtssicherheit. Die Bestimmungen waren teilweise so unklar formuliert, dass die Unternehmen bei der Vertragsgestaltung oft erhebliche Schwierigkeiten hatten, ihre Vereinbarungen mit den Freistellungsvoraussetzungen der Verordnung in Einklang zu bringen.[318]

Dennoch musste die Gruppenfreistellung für Patentlizenzvereinbarungen gegenüber anderen Gruppenausnahmen als sehr progressiv angesehen werden.

---

[314] Patentlizenzverordnung (EWG) Nr. 2349/84 vom 23.7.1984, ABl. 1984, L 219/15; zur Patentlizenzverordnung Gleiss/Hirsch, Art. 85, Rn. 746 ff.

[315] ABl. EG 1979, C58/12

[316] Patentlizenzverordnung (EWG) Nr. 2349/84, Erwägungsgrund 9; Ullrich in Immenga/Mestmäcker, EG-Wettbewerbsrecht, Band I, GFVO Nr. 240/96, Rn. 7

[317] Wiedemann, Band II, S. 213; m.w.N. bei Stoffmehl, S. 66; Albrechtskirchinger, GRUR Int. 1984, S. 565

[318] Albrechtskirchinger, GRUR Int. 1984, 565 (566); Winkler/Jugel, EuZW 1996, S. 364 f.

Grund hierfür war, dass Artikel 3 erstmals eine „schwarze Liste“ von Vereinbarungen vorsah, die der Gruppenfreistellung entgegenstanden.[319]

4.1.4 Gruppenausnahme für Know-how-Vereinbarungen

Die Patentlizenzverordnung erlaubte es nicht, solche Vereinbarungen freizustellen, in denen Know-how Hauptgegenstand der Vereinbarung und nicht nur für die Nutzung einer patentierten Technologie von Bedeutung war. Die Kommission musste in derartigen Fällen somit auch nach Inkrafttreten der Patentlizenzverordnung Freistellungen nach Artikel 81 Absatz 3 EGV erteilen[320]. Ende 1988 erließ die Kommission eine gesonderte Gruppenfreistellungsverordnung für Know-how-Vereinbarungen, die am 01.04.1989 in Kraft trat[321].

Auch bei der Know-how-Vereinbarung lag der Regelungszweck in der Förderung des Technologietransfers innerhalb der Gemeinschaft, wobei ein möglichst wirksamer Wettbewerb gesichert werden sollte[322]. Ob hingegen die Gruppenausnahme den angestrebten Zweck erreichte, war von Anfang an fraglich. Dagegen sprach, ähnlich wie bei der Patentlizenz-Verordnung, die komplizierte Regelungstechnik. Auch bei der Know-how-Vereinbarung war es den Unternehmen nur schwer möglich, ihre Vereinbarungen problemlos nach den Tatbestandsvoraussetzungen der Verordnung auszurichten[323].
Insgesamt fiel die Know-how-Verordnung in vielen Punkten liberaler aus als die Patentlizenz-Verordnung[324]. So enthielt z.B. Art. 1 Abs. 2 Satz 3 eine großzügigere Fristenberechnung bei der Gebietsbeschränkung, Art. 4 Abs. 2 die

---

[319] Stoffmehl, S. 66

[320] Kommission, 15.12.1986 - *Boussois/Interpane*, ABl. 1987, L 50/30; 17.12.1986 - *Mitchell Cotts/Sofiltra*, ABl. 1987, L 41/31; 22.12.1987 - *Rich Products/Jus-rol*, ABl. 1988 L 69/21

[321] Verordnung (EG) Nr. 556/89 vom 30.11.1988, ABl. EG 1989, L 61/1; zur Know-how-Verordnung, ausführlich Gleiss/Hirsch, Artikel 85, Rn. 749 ff. und Sucker/Guttuso in Groeben/Thiesing/Ehlermann, Art 81 – Fallgruppen Immaterialgüterrechte, Rn. 118-124

[322] Ullrich in Immenga/Mestmäcker, EG-Wettbewerbsrecht, Band I, GFVO Nr. 240/96, Rn. 7

[323] Stoffmehl, S. 67

[324] Sucker/Guttuso/Gaster in Schröter/Jakob/Mederer, Art 81 – Fallgruppen Immaterialgüterrechte, Rn. 76; Stoffmehl, S. 67

Möglichkeit einer Gruppenfreistellung im Widerspruchsverfahren für so genannte „second sourcing"-Sachverhalte, Art. 2 Abs. 1 Nr. 7 bzw. Art. 3 Nr. 5 die großzügigere Behandlung von Gebührenregelungen.

Demgegenüber standen viele Nachteile, die dem Ziel, Anreize für den Technologietransfer zu schaffen, widersprachen[325]. Erwähnt sei zum einen die zeitliche Befristung der Freistellung für die Verpflichtungen in Art. 1 Abs. 1 auf zehn Jahre und zum anderen die Anwendungsprobleme der Verordnung bezüglich des Know-how-Begriffs in Art. 1 Abs. 7 Nr. 1-4.

Hinzu kam die schwierige Abgrenzung des Anwendungsbereichs der Know-how- von der Patentlizenzverordnung, was insbesondere bei den in der Praxis oft vorkommenden gemischten Patentlizenz- und Know-how-Vereinbarungen Probleme aufwarf[326]. Bei diesen sollte die Patentlizenzverordnung nur dann anwendbar sein, wenn die „lizenzierten Patente für die Verwirklichung des Zwecks der lizenzierten Technologie notwendig" waren[327]. Demgegenüber sollte der Know-how-Verordnung nur eine Auffangfunktion zukommen. Die Beurteilung der „Notwendigkeit" war jedoch den Anwendern überlassen, die damit das Risiko der richtigen Einordnung ihrer Vereinbarungen in eine der beiden Verordnungen trugen[328]. Ferner wurde die unterschiedliche Dauer der freigestellten ausschließlichen Gebietslizenzen bei Patent- und Know-how, der weite Umfang der schwarzen Listen und die komplizierte Regelung der Rücklizenzierung von Verbesserungserfindungen kritisiert[329].

---

[325] Vgl. Winkler/Jugel, EuZW 1996, S. 364, 365 f.; Stoffmehl, S. 67

[326] Winkler/Jugel, EuZW 1996, S. 364, 365; Feltkamp, MittDPatAnw. 1998, S. 462; Jestaedt in Langen/Bunte, Art. 81 Rn. 233

[327] Patentlizenzverordnung (EWG) 2349/84, Erwägungsgrund 9

[328] Gleiss/Hirsch, Artikel 85, Rn. 751 ff.; Winkler/Jugel, EuZW 1996, S. 364, 365

[329] Winkler/Jugel, EuZW 1996, S. 364, 365 f.

4.1.5 Die alte Technologietransferverordnung (Nr. 240/96)

4.1.5.1 Vorentwürfe

Im Jahr 1994 veröffentlichte die Kommission einen Entwurf für eine neue Gruppenfreistellungsverordnung für Technologietransferverträge, in dem sie die Regelungen für Patent- und Know-how-Lizenzvereinbarungen zusammenfasste und zum Teil weit reichende Änderungsvorschläge unterbreitete[330]. So sollte die Anwendbarkeit der Gruppenfreistellungsverordnung von Marktanteilsobergrenzen von 40% bzw. im Falle eines oligopolistischen Marktes von 20% abhängig sein[331]. Weiter sollte das „Alles-oder-Nichts-Prinzip", nach dem beim Vorliegen auch nur einer nicht freigestellten wettbewerbsbeschränkenden Klausel der gesamte Vertrag nicht freigestellt wird, aufgegeben werden[332]. Schließlich war vorgesehen, das Widerspruchsverfahren abzuschaffen. Die Entwürfe der Kommission wurden in der Folgezeit in Anhörungen und schriftlichen Stellungnahmen kontrovers diskutiert und zum Teil scharf angegriffen[333].

Die kontroverse Diskussion hatte zur Folge, dass die ursprünglich vorgesehenen Änderungen nur teilweise in die Endfassung übernommen wurden[334]. Die Überschreitung der Marktanteilsobergrenze von 40% führte nun nicht mehr zum automatischen Ausschluss der Freistellung, sondern eröffnete der Kommission nur die Möglichkeit, die Freistellung zu widerrufen[335]. Die Grenze von

---

[330] ABl. EG vom 30.6.1994, C 178/3; dieser Entwurf wurde in der Folgezeit mehrfach berichtigt, wobei der zweite, überarbeitete Entwurf (Anfang 1995) mit dem Aktenzeichen IV/252/94-DE sowie der dritte, überarbeitete Entwurf vom 18.12.1995 (ohne Aktenzeichen) nicht veröffentlicht wurden, vgl. Stoffmehl, S. 69 f.; zu dem ersten und zweiten Entwurf: Groß, MittDPatAnw 1995, S. 85-91

[331] Artikel 1 Absätze 5 und 6 des ersten Verordnungsentwurfes, ABl. EG vom 30.6.1994, C 178/3; vgl. Stoffmehl, S. 128

[332] Stoffmehl, S. 112

[333] Zum Beispiel DV GRUR, GRUR 1994, S. 449; Groß, MittDPatAnw 1995, S. 85; Kleinknecht, EWS 1996, S. 149, 154

[334] Winkler/Jugel, EuZW 1996, S. 364, 367-370; Bodewig, GRUR Int. 1997, S. 958, 967

[335] Artikel 7 GFTT a.F.

20% bei oligopolistischen Märkten fand sich überhaupt nicht mehr. Anders als zunächst vorgesehen, wurden sowohl das „Alles-oder-Nichts-Prinzip" als auch das Widerspruchsverfahren[336] in der Endfassung beibehalten.

Die Gruppenfreistellungsverordnung für Technologietransfer-Vereinbarungen[337] trat am 01.04.1996 in Kraft[338]. Sie löste die beiden Gruppenfreistellungsverordnungen für Patentlizenzvereinbarungen[339] und Know-how-Überlassungsvereinbarungen[340] ab.

4.1.5.2 Ziele

Die GFTT a.F. war auf einen Ausgleich zwischen drei Hauptzielen angelegt: Das erste Ziel war eine Vereinfachung der für Lizenzvereinbarungen geltenden Vorschriften durch Zusammenfassen der zuvor bestehenden Gruppenfreistellungen für Know-how- und Patentlizenz-Vereinbarungen in einer einzigen Verordnung, „um die Verbreitung technischer Kenntnisse in der Gemeinschaft und die Herstellung technisch verbesserter Produkte zu fördern"[341]. Das zweite Ziel bestand darin, für einen wirksamen Wettbewerb bei technologisch neuen oder verbesserten Produkten zu sorgen[342]. Das dritte Anliegen war die Schaffung eines günstigen rechtlichen Umfelds durch mehr Rechtssicherheit und durch Abbau der durch Einzelanmeldungen nach Artikel 81 Absatz 3 EGV verursachten administrativen Belastung[343].

---

[336] Artikel 4 GFTT a.F.

[337] Verordnung (EG) Nr. 240/96; ABl. EG vom 09.02.1996, L 31/2-13

[338] Artikel 13 Absatz 1 GFTT a.F.

[339] Verordnung (EWG) Nr. 2349/84, ABl. EG vom 16.08.1984, L 219/15

[340] Verordnung (EWG) Nr. 556/89, ABl. EG vom 04.03.1989, L 61/1

[341] GFTT a.F., Begründungserwägung Nr. 3; siehe auch Groß in Wiedemann, § 13 Rn. 10

[342] Kommission, Evaluierungsbericht, Tz. 11

[343] Sucker/Guttuso in Groeben/Thiesing/Ehlermann, Art. 85 – Fallgruppen Immaterialgüterrechte Rn. 64

4.1.5.3 Regelungstechnik

Anknüpfend an ihre Vorgängerverordnungen gab die Verordnung (EG) Nr. 240/96 den Vertragspartnern durch umfangreiche Klauselkataloge enge Grenzen für die inhaltliche Ausgestaltung von beschränkenden Vereinbarungen vor. Der bis zum Erlass der neuen Generation von Gruppenfreistellungsverordnungen von der Kommission gewählten alten Regelungstechnik folgend, bestimmte die GFTT dabei nicht nur solche Beschränkungen, die überhaupt dem Verbotstatbestand des Artikels 81 Absatz 1 EGV unterliegen, sondern regelte klarstellend auch die Zulässigkeit solcher Verpflichtungen, die gar nicht als Wettbewerbsbeschränkungen anzusehen sind und einer Freistellung folglich auch nicht bedürfen. Die GFTT a.F. enthielt dazu Kataloge von weißen (uneingeschränkt erlaubten), schwarzen (uneingeschränkt verbotenen) und grauen (kritischen, aber nach Anmeldung bei der Kommission freistellungsfähigen) Klauseln.

Soweit die Parteien ihre Vereinbarungen so gestalten konnten, dass sie sich in den Rahmen der Gruppenfreistellung einfügten, hatte die ihnen von der Verordnung gewährte Rechtssicherheit gewiss positive Auswirkungen auf die Entwicklung und Verbreitung von Technologien[344]. Dem Vorteil der Rechtssicherheit und -klarheit stand der Nachteil gegenüber, dass die Verordnung in der Praxis als zu formalistisch, starr und komplex empfunden wurde[345]. Besonders deutlich wurde dies im Vergleich mit der neuen Generation von Gruppenfreistellungen für vertikale Beschränkungen und horizontale Kooperationsvereinbarungen. So finden sich in der Literatur an vielen Stellen Hinweise darauf, dass die Unternehmen durch die Aufzählungen der freigestellten und der unzulässigen Klauseln sowie der Ausnahmen in eine rechtliche „Zwangsjacke" gepresst wurden, die eine Verbreitung von Technologien unattraktiv machte oder eine effizientere Gestaltung der Geschäftsbeziehungen verhinderte[346].

---

[344] Feltkamp, MittDPatAnw 1998, S. 462, 467; Stoffmehl, CR 1996, S. 305, 306, 309 f.

[345] Kommission, Evaluierungsbericht, Tz. 76

[346] Kommission, Evaluierungsbericht, Tz. 76; vgl. auch die Stellungnahmen zum Evaluierungsbericht der Kommission: BDI S. 1; ZVEI, S. 2, 6; Europäischer Wirtschafts- und Sozialausschuss, S. 1

Die Einhaltung der inhaltlichen Klauselvorgaben wurde insbesondere durch das so genannte „Alles-oder-Nichts"-Prinzip abgesichert, das in der Praxis heftiger Kritik ausgesetzt war[347]. Danach war die GFTT a.F. zum einen dann insgesamt unanwendbar, wenn ein Vertrag eine als verboten gelistete „schwarze" Klausel enthielt. Das Privileg einer automatischen Freistellung für sämtliche in der Vereinbarung enthaltenen beschränkenden Klauseln entfiel auch dann, wenn eine spezifisch zur Durchführung eines Widerspruchsverfahrens verpflichtende „grau" gelistete Klausel oder eine zusätzliche – entweder nicht in der GFTT genannte oder in ihrem Regelungsgehalt über die erlaubten Beschränkungen hinausgehende – Klausel vereinbart wurde und diese nicht im Widerspruchsverfahren durch die Kommission freigegeben worden war[348].

Das in der GFTT a.F. für diese grauen Klauseln vorgesehene Widerspruchsverfahren gab der Kommission die Möglichkeit, den angemeldeten Klauseln binnen vier Monaten zu widersprechen[349]. Unterblieb der Widerspruch, galten die grauen – einschließlich der nicht in der GFTT a.F. geregelten „überschießenden" - Klauseln als freigestellt[350].

Die Nützlichkeit des Widerspruchsverfahren nach Artikel 4 der GFTT erwies sich in der Praxis als zweifelhaft. Von dem in Artikel 4 der GFTT a.F. vorgesehenen Widerspruchsverfahren machten die anmeldenden Parteien nur selten Gebrauch[351]. Tatsächlich wurde die Anwendung dieses Verfahrens nur bei 5 %

---

[347] Statt vieler Stoffmehl, S. 111 f.; Winkler/Jugel, EuZW 1996, S. 364, 369; DV GRUR, GRUR 1995, S. 480, 481; Stoffmehl, CR 1996, S. 305, 308 f.

[348] Bei einer Nichtanmeldung der jeweiligen Klausel entfiel das Freistellungsprivileg für sämtliche beschränkenden Vertragsbestimmungen. Statt vieler Jestaedt in Langen/Bunte, Art. 81 Fallgruppen, Rn. 280; Ullrich in Immenga/Mestmäcker, EG-Wettbewerbsrecht, Band I, GFVO Nr. 240/96, Rn. 86; Sucker/Guttuso in Groeben/Thiesing/Ehlermann, Artikel 85 – Fallgruppe nImmaterialgüterrechte, Rn. 224; Groß in Wiedemann, § 13 Rn. 9; Winkler/Jugel, EuZW 1996, 364, 369; missverständlich insoweit der Kommission, Evaluierungsbericht, Tz. 9, der von einem Freistellungsverlust für die jeweilige graue Klausel spricht

[349] Artikel 4 Absatz 1 GFTT a.F.

[350] Jestaedt in Langen/Bunte, Art. 81 Fallgruppen, Rn. 279; zu den „überschießenden Klauseln": Ebel, WuW 1996, S. 779, 787

[351] Jestaedt in Langen/Bunte, Art. 81 Fallgruppen, Rn. 281

aller Anmeldungen, die Patent- und/oder Know-how-Lizenzen betrafen, beantragt. Das in Artikel 7 GFTT a.F. vorgesehene Widerrufsverfahren war von der Kommission bis Ende 2001 in keinem einzigen Fall angewendet worden[352].

Vom Anmeldungserfordernis ausgenommen waren so genannte „Minus-Abreden", das heißt Vereinbarungen, die in ihrem Regelungsgehalt hinter den ausdrücklich freigestellten Vereinbarungen zurückblieben[353]. In der Praxis kam folglich der Abgrenzung zwischen einer Minus-Abrede, die noch vom Anwendungsbereich der Freistellung gedeckt war, und einer nicht gelisteten grauen – in der Literatur auch häufig als „überschießende Klausel"[354] bezeichneten - Aliud-Beschränkung erhebliche Bedeutung zu. Die Kommission bot den Unternehmen hier mangels Leitlinien oder ergänzender Ausführungen in der Verordnung keine Hilfestellung. Diese Problematik trat in der Praxis insbesondere bei der Vereinbarung von nicht-exklusiven Gebietszuweisungen zu Tage[355].

4.1.5.4 Anwendungsbereich

Ob eine beschränkende Vereinbarung automatisch freigestellt war, hing nach der alten GFTT von verschiedenen Voraussetzungen ab: von der Art des lizenzierten Schutzrechtes und der Form der Lizenzvereinbarung, ferner davon, ob die Vereinbarung eine der als Anwendungsvoraussetzung gelisteten Beschränkungen umfasste und als Herstellungslizenz konzipiert war. Dagegen waren das Wettbewerbsverhältnis sowie die Marktanteile der Vertragsparteien für die Anwendbarkeit grundsätzlich ohne Bedeutung.

4.1.5.4.1 Erfasste Schutzrechte

Die GFTT a.F. galt nur für reine oder gemischte Patentlizenz- und Know-how-Überlassungsverträge[356]. Lizenzen an sonstigen Immaterialgüterrechten wie etwa Urheberlizenzen, einschließlich Softwarelizenzen, sowie Markenlizenzen

---

[352] Kommission, Evaluierungsbericht Tz. 90

[353] Artikel 1 Absatz 5 und Artikel 2 Absatz 3 GFTT a.F.

[354] Ebel, WuW 1996, S. 779, 787; Schultze/Pautke/Wagener, WRP 2004, S. 175, 177 (Fn. 17)

[355] Schultze/Pautke/Wagener, WRP 2004, S. 175, 177 (Fn. 17)

[356] Artikel 1 Absatz 1 GFTT a.F.

oder Warenzeichenlizenzen wurden vom Anwendungsbereich nicht erfasst, sofern sie den eigentlichen Hauptgegenstand der Vereinbarung ausmachten und nicht bloß einen unterstützenden Charakter aufwiesen[357].

4.1.5.4.2 Form der Lizenzvereinbarung

In den Genuss einer automatischen Freistellung konnten nur Lizenzverträge zwischen zwei Parteien gelangen, nicht jedoch mehrseitige Patent- oder Know-how-Lizenzen[358].

Nicht in den Anwendungsbereich der GFTT a.F. fielen ferner Vereinbarungen zwischen zwei oder mehreren Schutzrechtsinhabern über die Gründung einer Patent- oder Know-how-Gemeinschaft, in der die eingebrachten Rechte von allen Parteien gemeinsam genutzt werden konnten[359]. Gleiches galt für Vereinbarungen zwischen den Beteiligten an einem Joint Venture (bzw. einem Beteiligten und dem Joint-Venture-Unternehmen selbst), sofern bestimmte Marktanteilsschwellen überschritten wurden[360]. Außerdem waren wechselseitige Lizenzen zwischen Wettbewerbern bei den Lizenzerzeugnissen (so genannte Über-Kreuz-Lizenzen oder Cross Licences) nur unter sehr engen Voraussetzungen freistellungsfähig[361].

Der enge Anwendungsbereich der GFTT a.F. sowie die Nichtberücksichtigung verschiedener im Lizenzgeschäft üblicher Praktiken führte dazu, dass viele Vereinbarungen bei der Kommission angemeldet werden mussten[362].

---

[357] Artikel 1 Absatz 1, Artikel 5 Absatz 1 Nr. 4 GFTT a.F.; Jestaedt in Langen/Bunte, Art. 81 Fallgruppen, Rn. 239

[358] Jestaedt in Langen/Bunte, Art. 81 Fallgruppen, Rn. 239, 242

[359] Artikel 5 Absatz 1 Nr. 1 GFTT a.F.

[360] Artikel 5 Absatz 1 Nr. 2 i.V.m. Artikel 5 Absatz 2 Nr. 1 GFTT a.F.; ausführlich dazu Groß in Wiedemann, § 13 Rn. 26 ff.; Ullrich in Immenga/Mestmäcker, EG-Wettbewerbsrecht, Band 1, GFVO Nr. 240/96, Rn. 94 ff.

[361] Sie durften insbesondere keine Gebietsbeschränkungen aufweisen, Artikel 5 Absatz 1 Nr. 3 i.V.m. Absatz 2 Nr. 2 GFTT a.F.

[362] Kommission, Evaluierungsbericht, Tz. 92

4.1.5.4.3 Vereinbarung bestimmter beschränkender Verpflichtungen

Im Mittelpunkt der GFTT a.F. standen Regelungen zum Gebietsschutz. Die GFTT a.F. setzte für ihre Anwendbarkeit voraus, dass eine oder mehrere der in Artikel 1 Absatz 1 Ziffern 1 bis 8 genannten beschränkenden Verpflichtungen vereinbart wurden. Hiervon bezogen sich die Ziffern 1 bis 6 auf Beschränkungen, die sich mit der territorialen Zuweisung von ausschließlichen Rechten zwischen Lizenznehmer und Lizenzgeber und/oder verschiedenen Lizenznehmern befassten. Die in Ziffer 7 genannte Beschränkung beinhaltete die Pflicht des Lizenznehmers, das Lizenzerzeugnis mit der Marke bzw. Aufmachung des Lizenzgebers zu kennzeichnen (Kennzeichnungspflicht). Ziffer 8 bezog sich auf die Verpflichtung des Lizenznehmers, die Herstellung des Vertragserzeugnisses auf diejenige Menge zu beschränken, die er zur Herstellung seiner eigenen Erzeugnisse benötigte und das Erzeugnis nur als Bestandteil der eigenen Produkte oder als Ersatzteil für diese Produkte zu veräußern.

Dass die GFTT a.F. nur für solche beschränkenden Vereinbarungen einschlägig war, die eine der oben aufgeführten Beschränkungen umfassten, brachte zahlreiche Ungereimtheiten im Anwendungsbereich mit sich, die auch von der Kommission in ihrem Evaluierungsbericht zugestanden wurden[363]. Einige oft genutzte Lizenzregelungen wurden ohne echte wirtschaftliche Begründung vom Rechtsvorteil der Gruppenfreistellung ausgeschlossen. Unproblematische Vereinbarungen verursachten manchmal den administrativen Aufwand einer Anmeldung, nur weil sie nicht in das in Artikel 1 GFTT a.F. vorgesehene Muster passten. Wie etwa im Fall *Sicasov*[364] konnten auch nicht-ausschließliche Lizenzen eine Anmeldung erfordern und nur aufgrund einer Einzelprüfung in den Genuss einer Freistellung kommen.

Die Kommission deutete in diesem Zusammenhang insbesondere auf den Wertungswiderspruch zu Lizenzvereinbarungen hin, bei denen sich die Ausschließlichkeit nicht auf ein Gebiet bezog, sondern auf einen bestimmten Anwendungsbereich oder eine bestimmte Abnehmergruppe und die von der GFTT a.F. nicht erfasst wurden[365]. Dabei setzte die Anwendung der GFTT a.F. nicht not-

---

[363] Kommission, Evaluierungsbericht, Tz. 116

[364] Entscheidung vom 14.12.1998 im Fall *Sicasov*, ABl. EG vom 8.1.1999, L 4/27

[365] Kommission, Evaluierungsbericht, Tz. 117

wendig eine exklusive Lizenz voraus, sofern die Anforderungen des Artikel 1 Absatz 1 GFTT a.F. auch bei einer nicht exklusiven Lizenz eingehalten waren (wie etwa bei Vereinbarung einer Kennzeichnungspflicht oder Mengenbeschränkung zum Eigenbedarf)[366].

Ob Vereinbarungen, die den Anforderungen des Artikels 1 Absatz 1 GFTT a.F. nicht entsprachen, als „Minusabreden" nach Artikel 1 Absatz 5 GFTT a.F. dennoch vom Anwendungsbereich der GFTT a.F. gedeckt waren, ist in der Literatur umstritten[367]. Für eine generelle Einbeziehung solcher Vereinbarungen spricht wenig[368]. Zwar mögen derartige Vereinbarungen in ihrer wettbewerbsbeschränkenden Wirkung durchaus hinter Allein- und Exklusivlizenzen mit Gebietsbeschränkungen zurückbleiben. Dies gilt jedoch auch für eine Vielzahl sonstiger Vertragsgestaltungen, die gleichwohl nicht vom Anwendungsbereich der GFTT a.F. umfasst waren[369].

Insbesondere beschränkende Vereinbarungen in einfachen, nicht ausschließlichen Lizenzverträgen mussten daher besonders sorgsam abgefasst werden, um zu gewährleisten, dass die Vereinbarung tatsächlich das Anforderungsprofil der GFTT a.F. erfüllte und nicht bereits mangels Zuweisung von territorialen Nutzungsausschließlichkeiten von einer Freistellungsmöglichkeit nach Maßgabe der GFTT a.F. ausgeschlossen war[370].

4.1.5.4.4 Keine reine Vertriebslizenz

Nicht anwendbar war die GFTT a.F. auf Lizenzvereinbarungen, die ausschließlich den Vertrieb betrafen[371]. Die GFTT a.F. setzte voraus, dass der Lizenz-

---

[366] Ähnlich wohl Wiedemann, Band 2, Art. 1 GVO 2349/84, Rn. 56; Groß in Wiedemann, § 13 Rn. 74; a. A. Ullrich in Immenga/Mestmäcker, EG-Wettbewerbsrecht, Band 1, GFVO Nr. 240/96, Rn. 45

[367] Dafür wohl Groß in Wiedemann, § 13 Rn. 74; dagegen wohl Ullrich in Immega/Mest mäcker, EG-Wettbewerbsrecht, Band I, GFVO Nr. 240/96, Rn. 39

[368] So im Ergebnis auch die Kommission in der Entscheidung *Sicasov*, ABl. EG vom 08.01.1999, L 4/27, 39, Tz. 72

[369] Vgl. Schultze/Pautke/Wagener, WRP 2004, S. 175, 178 (Fn. 25)

[370] Schultze/Pautke/Wagener, WRP 2004, S. 175, 178

[371] Artikel 5 Absatz 1 Nr. 5 GFTT a.F.

nehmer das lizenzierte Vertragserzeugnis selbst herstellt bzw. es für eigene Rechnung herstellen lässt[372]. Beschränkende Vereinbarungen in reinen Vertriebs- und Verkaufslizenzen waren nur unter den Voraussetzungen der Gruppenfreistellungsverordnung für vertikale Vereinbarungen gruppenfreistellungsfähig[373].

4.1.5.4.5 Marktanteile und Wettbewerbsverhältnis

Die GFTT a.F. war sowohl auf Vereinbarungen zwischen Nicht-Wettbewerbern als auch auf Vereinbarungen zwischen Wettbewerbern anwendbar. Grundsätzlich behandelte die GFTT a.F. beschränkende Vereinbarungen in beiden Fällen identisch. Ausnahmen galten etwa für Kundenkreisbeschränkungen sowie Über-Kreuz-Lizenzen[374].

Marktanteilsschwellen spielten für die Anwendbarkeit der GFTT a.F. weitgehend keine Rolle. Erheblich waren sie nur für die Möglichkeit der Kommission, die Freistellung wieder zu entziehen[375] sowie in Joint-Venture-Situationen[376]. Lizenzvereinbarungen eines Gemeinschaftsunternehmens mit seinen im Wettbewerb zueinander stehenden Gründern konnten danach im Falle einer Herstellungslizenz bis zu einem Marktanteil von 20% und bei einer Herstellungs- und Vertriebslizenz bis zu einem Marktanteil von 10% in den Genuss einer Freistellung kommen.

Die Nichtberücksichtigung der Marktmacht der Parteien und des Wettbewerbsverhältnisses zwischen Lizenzgeber und Lizenznehmer förderte möglicherweise Beschränkungen zugunsten starker oder gar marktbeherrschender Unternehmen, was sich für Abnehmer sowie kleine und mittlere Unternehmen nachteilig auswirken konnte.

---

[372] GFTT a.F., 8. Erwägungsgrund

[373] Kommission, Evaluierungsbericht, Tz. 12; Jestaedt in Langen/Bunte, Art. 81 Fallgruppen, Rn. 244

[374] Artikel 5 Absatz 1 i.V.m. Absatz 2 Nr. 2 GFTT a.F.

[375] Artikel 7 Nr. 1 GFTT a.F. Ein Widerruf der Freistellung war möglich, wenn der Marktanteil des Lizenznehmers mehr als 40% betrug.

[376] Artikel 5 Absatz 2 Nr. 1 GFTT a.F.

4.1.5.5 Praxis der Kommission

Die Kommission hat ihre Erfahrungen mit der Anwendung der GFTT a.F. in ihrem Evaluierungsbericht vom Dezember 2001 dargelegt[377]. Diese Erfahrungen sind sowohl für die Beurteilung der alten als auch für die der neuen GFTT von Interesse.

4.1.5.5.1 Statistische Daten

In den Jahren 1996 - 2000 registrierte die Kommission etwa 140 neue Fälle, die die Anwendung der Artikel 81 und/oder 82 EG-Vertrag auf Praktiken im Zusammenhang mit der Wahrnehmung von Schutzrechten betrafen[378].

Dabei sind alle Fälle mitgezählt, bei denen es primär entweder um die Lizenzierung von Schutzrechten zwischen Unternehmen zum Zwecke der Produktion von Waren oder Dienstleistungen oder um ein vermeintlich missbräuchliches Verhalten des Schutzrechtsinhabers oder seiner Lizenznehmer ging. Nicht berücksichtigt sind dagegen die Fälle, in denen die Lizenzierung der Schutzrechte nicht den eigentlichen Gegenstand des fraglichen Verhaltens bildete (z.B. bei bestimmten vertikalen Vereinbarungen wie dem Franchising oder bei Spezialisierungsvereinbarungen) oder die Entwicklung und gemeinsame Nutzung von aus FuE-Vereinbarungen resultierenden Schutzrechten betraf[379].

In dem vorhergehenden Fünfjahreszeitraum von 1991 bis 1995 waren auf dem Gebiet der Schutzrechte nur 120 neue Fälle gezählt worden[380]. Insofern hatte sich die Anzahl der Fälle um etwa 16 % erhöht. Damit verfehlte die Kommission ihr Ziel, mit der Einführung der GFTT die Arbeitsbelastung der Kommission zu reduzieren[381].

---

[377] Kommission, Evaluierungsbericht, Tz. 84-104

[378] Kommission, Evaluierungsbericht, Tz. 84

[379] Kommission, Evaluierungsbericht, Tz. 85

[380] Kommission, Evaluierungsbericht, Tz. 86

[381] Kommission, Evaluierungsbericht, Tz. 10

Insgesamt waren in der Zeit von 1996 bis 2000 etwa 2020 neue Verfahren aufgenommen worden, bei denen es um die Anwendung der Artikel 81 und 82 EG-Vertrag ging. Die mit gewerblichen Schutzrechten zusammenhängenden Verfahren machten somit etwa 7% der gesamten kartellrechtlichen Aktivitäten der Kommission aus[382].

Eine Aufschlüsselung nach der Art der Schutzrechte ergab, dass die meisten (56%) der in den Jahren 1996 bis 2000 eröffneten Verfahren Patent- und/oder Know-how-Lizenzen zum Gegenstand hatten. Bei etwa 22 % aller in diesem Bereich eröffneten Verfahren lagen Fälle zugrunde, bei denen es primär um die Wahrnehmung oder Lizenzierung von Urheberrechten ging, so etwa um inhaltsbezogene Lizenzen (zum Beispiel für die Wiedergabe von Musikwerken), Aufführungsrechte (zum Beispiel Lizenzen für Rundfunk- oder Fernsehübertragungen, Vereinbarungen über den Gebühreneinzug), Software-Lizenzen oder rechnergestützte Erfindungen. Auf Warenzeichen-Lizenzen für Produktionszwecke entfielen etwa 19 % der Fälle. Innerhalb dieser Gruppe betraf etwa die Hälfte der Verfahren reine Warenzeichen-Lizenzen, während es bei den anderen Verfahren um Geschäfte ging, bei denen die Lizenzierung von Warenzeichen im Zusammenhang mit Know-how-Transfer erfolgte. Die verbleibenden 3 % betrafen andere Arten von Schutzrechten (insbesondere die Lizenzierung von Musterrechten und den Zugang zu geschützten Datenbanken).[383]

Die Mehrzahl der Verfahren (75 %) beruhte auf Anmeldungen im Rahmen von Artikel 81 Absatz 3 EGV. Die verbleibenden 25 % waren auf Beschwerden oder auf von Amts wegen eingeleitete Verfahren zur Anwendung von Artikel 81, 82 EGV zurückzuführen.[384]

4.1.5.5.2 Analyse der Kommissionsfälle

Eine Analyse der Gründe, aus denen die Vertragsparteien ihre Vereinbarungen anmeldeten, zeigte folgendes Bild[385].

---

[382] Kommission, Evaluierungsbericht Tz. 87

[383] Kommission, Evaluierungsbericht, Tz. 88

[384] Kommission, Evaluierungsbericht, Tz. 89

[385] Kommission, Evaluierungsbericht, Tz. 91

Viele Anmeldungen bezogen sich auf Lizenzvereinbarungen, die aus verschiedenen Gründen nicht vom Anwendungsbereich der GFTT umfasst waren, etwa weil

- der Hauptgegenstand der Lizenz kein Patent oder Know-how, sondern ein anderes Schutzrecht betraf, was insbesondere bei Softwarelizenzen zu erheblicher Rechtsunsicherheit führte[386],
- die Vereinbarung von mehr als zwei Parteien geschlossen wurde (etwa mehrseitige Technologie-Pools, mehrseitige Paket-Lizenzen oder mehrseitige Lizenzierungsprogramme),
- die Vereinbarung nicht in das in Artikel 1 der GFTT definierte Muster passte (z. B. nicht-ausschließliche Lizenzen), oder
- die Parteien komplexere Formen der Zusammenarbeit vereinbart hatten (z. B. die Lizenzierung gewerblicher Schutzrechte im Zusammenhang mit der Bildung eines Joint Venture oder die Lizenzvergabe in Verbindung mit gemeinsamem Marketing).[387]

In vielen Fällen entschieden sich die Parteien bei Vereinbarungen zur Beilegung von Streitigkeiten über angebliche Patentverletzungen für die Anmeldung, um jeden Zweifel an der Rechtmäßigkeit ihres Vorgehens auszuschließen[388].

Anlass einer Anmeldung war oft auch der Umstand, dass bei den Parteien Unklarheit hinsichtlich der Anwendbarkeit der Gruppenfreistellung oder der Interpretation ihrer Klauseln bestand. So fanden es die Parteien beispielsweise schwierig zu beurteilen, ob Bestimmungen über Warenzeichen, die in einer Produktionsvereinbarung über den Transfer von Know-how enthalten waren, als Nebenbedingungen galten. Ein weiteres Beispiel waren Fragen zur Anwendbarkeit der GFTT a.F. auf Vereinbarungen, in denen die Rolle des Lizenznehmers auf die Entwicklung eines Produkts beschränkt und dessen Herstellung ausgeschlossen wurde. Auch bei Vereinbarungen, die Rücklizenzklauseln, Exportverbote oder Beschränkungen enthielten, die die Nutzung der lizenzierten Technologie auf bestimmte Produktionseinheiten begrenzten („Be-

---

[386] Kommission, Evaluierungsbericht, Tz. 114 f.

[387] Kommission, Evaluierungsbericht, Tz. 92

[388] Kommission, Evaluierungsbericht, Tz. 93

triebsstättenlizenzen"), führten die Bestimmungen der alten GFTT in einigen Fällen zu Auslegungsproblemen.[389]

Teilweise erschien die Interpretation einiger Grundbegriffe unklar, was dazu führte, dass nicht selten Zweifel hinsichtlich der Anwendbarkeit der Freistellung bestanden. So gab es etwa in der GFTT a.F. keine klare Unterscheidung zwischen einer „Verbesserung" der lizenzierten Technologie und einer „neuen" Technologie (die einen wesentlichen Schritt vorwärts bedeutet) mit der Folge, dass die in der GFTT für Lizenzvereinbarungen vorgegebenen Laufzeitbeschränkungen schwer anzuwenden waren[390].

Die Unklarheiten bei der Interpretation einzelner Klauseln der GFTT a.F. verstärkten sich mit dem Erlass der neueren Verordnungen (EG) Nr. 2790/1999 über vertikale Vereinbarungen, Nr. 2658/2000 über Spezialisierungsvereinbarungen, Nr. 2659/2000 über FuE-Vereinbarungen[391]. So stimmte die Definition des Begriffs „Know-how" nicht mit der Definition in der neuen vertikalen und horizontalen Gruppenfreistellungen überein[392]. Das gleiche galt für den Begriff „Wettbewerber", dessen Definition sich ebenfalls von der in den neueren Rechtsvorschriften unterschied[393].

Einige Anmeldungen betrafen Vereinbarungen mit grauen Klauseln. In diese Kategorie fielen etwa Vereinbarungen, die Bedingungen für die Zahlung der Lizenzgebühren oder Beschränkungen des Anwendungsbereichs enthielten, die nicht mit dem Wortlaut der alten GFTT vereinbar waren, außerdem Marktaufteilungs-, Nichtangriffs- oder Kopplungsvereinbarungen.[394]

---

[389] Kommission, Evaluierungsbericht, Tz. 93

[390] Kommission, Evaluierungsbericht, Tz. 76;

[391] Kommission, Evaluierungsbericht, Tz. 76

[392] Vgl. die Definition von „Know-how" in Artikel 10 Nr. 1-4 GFTT a.F. mit der Definition in Artikel 1 Buchstabe f) Verordnung (EG) Nr. 2790/1999 und Artikel 2 Nr. 10 Verordnung (EG) Nr. 2659/2000

[393] Vgl. die Definition in Artikel 10 Nr. 17 GFTT a.F. mit der Definition in Artikel 1 Buchstabe a) Verordnung (EG) Nr. 2790/1999 und Artikel 2 Nr. 12 Verordnung (EG) Nr. 2659/2000

[394] Kommission, Evaluierungsbericht, Tz. 94

In einigen Fällen versuchten die Parteien, eine Einzelfreistellung für Vereinbarungen mit schwarzen Klauseln zu erreichen (wie zum Beispiel Wettbewerbsverbote, Festlegung des Wiederverkaufspreises der Lizenzprodukte oder Überschreitung der in Artikel 1 für Gebietsklauseln vorgesehenen Freistellungsfristen)[395].

Eine Analyse der von der Kommission im Bezugszeitraum bearbeiteten Anmeldungen macht deutlich, dass die meisten Fälle mit einem Verwaltungsschreiben erledigt wurden[396]. Formelle Entscheidungen wurden nur in sehr wenigen Fällen getroffen. Diese betrafen nicht-ausschließliche Lizenzen, die den Lizenznehmern Exportverbote auferlegten[397], Lizenzvereinbarungen als Teil von Joint-Venture-Vereinbarungen[398] und ausschließliche Lizenzen für Fernseh-Senderechte[399].

Einige Fälle wurden wegen ihres wirtschaftlichen Gewichts oder ihrer Bedeutung für die Wettbewerbspolitik veröffentlicht, entweder durch Bekanntmachung nach Artikel 19 Absatz 3 der Verordnung Nr. 17/62 oder durch Pressemitteilungen[400]. Nur wenige Anmeldungen waren wettbewerbsrechtlich be-

---

[395] Kommission, Evaluierungsbericht, Tz. 95

[396] Kommission, Evaluierungsbericht, Tz. 95

[397] Entscheidung vom 14. Dezember 1998 im Fall *Sicasov*, ABl. EG vom 08.01.1999, L 4/27

[398] Entscheidung vom 14.09.1999 im Fall *General Electric Aircraft Engines/Pratt & Whitney*, ABl. EG vom 03.03.2000, L 58/16; Entscheidung vom 17.06.1996 im Fall *Phoenix/Global One*, ABl. EG vom 19.09.1996, L 239/57; Entscheidung vom 15.09.1999 im Fall *British Interactive Broadcasting/Open*, ABl. EG vom 06.12.1999, L 312/1

[399] Entscheidung vom 03.03.1999 im Fall *Télévision par satellite*, ABl. EG vom 02.04.1999, L 90/7; Kommission, Evaluierungsbericht, Tz. 96

[400] Siehe insbesondere folgende Fälle: *MPEG-2* (dieser Fall betraf ein Programm zur Lizenzierung von für die Realisierung einer Industrienorm für die Übermittlung und Speicherung von Videosignalen wesentlichen Patenten - PM 98/1155 vom 18.12.1998); *DVD* (Patentgruppenlizenz für den Zugang zu den für die DVD-Technologie wesentlichen Patenten - PM 00/1135 vom 09.10.2000); *IBOS* (Mehrparteien-Lizenz für die Nutzung einer Technologie zur Verbindung der Informatiksysteme verschiedener Banken – Kommission, 26. Wettbewerbsbericht 1996, S. 141 f.); *Michelin/Continental* (Warenzeichen-Lizenz im Zusammenhang mit der Gründung eines Gemeinschaftsunternehmens – Kommission, 27. Wettbewerbsbericht 1997, S. 146).

denklich und wurden von den Kommission erst nach Änderung der ursprünglichen Vereinbarungen freigestellt[401].

Eine Analyse der während des Bezugszeitraums behandelten Beschwerden oder von Amts wegen eingeleiteten Verfahren ergab, dass in mehreren Fällen eingehende Untersuchungen nach Artikel 81 EG-Vertrag durchgeführt worden waren, die teilweise zur Abänderung der betreffenden Vereinbarungen[402], teilweise zur Anordnung von Abhilfemaßnahmen nach Artikel 82 EG-Vertrag[403] geführt hatten. In anderen Fällen wurde das von Amts wegen eingeleitete Verfahren oder die Beschwerde nach vorläufigen Ermittlungen eingestellt bzw. zurückgenommen. Andere Verfahren endeten mit der Abweisung der Beschwerde[404].

---

[401] Siehe *Canon/Kodak*, (dieser Fall betraf die Zusammenarbeit von Wettbewerbern zur Schaffung einer Industrienorm auf der Grundlage einer neuen fortgeschrittenen Technologie auf dem Gebiet der Photographie - ABl. EG vom 01.11.1997, C 330/10); *Hydro Texaco Holdings/Preem*, (eine im Zusammenhang mit - aber nicht als Nebenbedingung - der Gründung eines Gemeinschaftsunternehmens vereinbarte Lizenz für eine Technologie zur Herstellung von Schmierölen – 27. Wettbewerbsbericht 1997, S. 148 f.)

[402] Siehe insbesondere folgende Fälle: *Microsoft Internet Explorer Licensing*, (hier ging es um den Lizenznehmern auferlegte Wettbewerbsverbote und Mengenverpflichtungen und den dadurch bewirkten Ausschluss von Wettbewerbern vom Markt für Internet-Browser-Software – Kommission, 29. Wettbewerbsbericht 1999, S. 183); *Sega und Nintendo*, (hier wurden Abhilfen angeordnet, um den Wettbewerb im Angebot von mit den Geräten des Lizenzgebers kompatiblen Produkten zu gewährleisten – Kommission, 27. Wettbewerbsbericht 1997, S.167 f.); *Microsoft/Santa Cruz Operation*, (hier wurden Einwände erhoben gegen Verpflichtungen, die den Lizenznehmer in seiner Fähigkeit einschränkten, eigene Technologie zu nutzen, um bei Betriebssystemen für Arbeitsplatzrechner und Server mit dem Lizenzgeber zu konkurrieren – Kommission, 27. Wettbewerbsbericht 1997, S. 158 f.).

[403] Siehe insbesondere die folgenden Fälle: Entscheidung vom 03.07.2001 im Fall *NDC/IMS* (vorläufige Maßnahmen) (dieser Fall betrifft die Verweigerung einer Lizenz für eine urheberrechtlich geschützte geographische Aufteilung bzw. Karte Deutschlands, die dazu dient, regionale Arzneimittel-Verkaufsdaten darzustellen, und die von der pharmazeutischen Industrie als Norm angesehen wird - noch nicht veröffentlicht; mit Beschluss vom 26. Oktober 2001 hat der Vorsitzende des GEI die Vollstreckung der genannten Entscheidung so lange ausgesetzt, bis der Gerichtshof in der Hauptsache geurteilt hat.); *ITT/Belgacom*, (überzogene Preise und diskriminierende Bedingungen für den Zugang zu geschützten Daten – Kommission, 27. Wettbewerbsbericht 1997, S. 171 f.).

[404] Siehe insbesondere *Info-Lab/Ricoh*, (hier wurde das Bestehen einer von dem Inhaber eines Musters gehaltenen beherrschenden Stellung auf einem nachgelagerten Markt nicht als

4.1.5.6 Notwendigkeit der Reform der GFTT

Nach den Erfahrungen mit der praktischen Anwendung der GFTT a.F. und den kürzlich eingeleiteten Reformen der EG-Wettbewerbsvorschriften sprachen gewichtige Gründe dafür, die Verordnung bereits vor dem 31.03.2006, dem Tag ihres Gültigkeitsablaufs[405], zu ändern bzw. zu ersetzen.

Eine ersatzlose Streichung der GFTT a.F. stand bei den Diskussionen im Vorfeld des Erlasses der neuen GFTT nicht zur Debatte. Dies verwundert nicht, denn auch im Rahmen des neuen Kartellverfahrensrechts ist eine Gruppenfreistellung für Technologietransfer-Vereinbarungen notwendig[406].

Der Technologietransfer ist für die europäische Industrie von herausragender Bedeutung[407]. Die Vergabe von Lizenzen ist ein Massengeschäft[408], das allein schon wegen seines Umfangs eine eigenständige Regelung verdient.

Ferner verlangt das Lizenzgeschäft in besonderem Maße nach Rechtssicherheit. Denn wenn ein Vertrag scheitert, kann technisches Wissen nicht ohne weiteres zurückgeholt werden. Dieser Umstand macht die Lizenzvergabe im Vergleich zu anderen Verträgen viel riskanter. Eine gesetzliche Regelung muss darauf Rücksicht nehmen.

Um diesem besonderen Bedürfnis nach Rechtssicherheit gerecht zu werden, bedarf der oben beschriebene Zielkonflikt zwischen den Rechten des geistigen

---

erwiesen angesehen – Kommission, 29. Wettbewerbsbericht 1999, S.190 f.); *M6/European Broadcasting Union und Canal Satellite,* (hier sahen die Beschwerdeführer in bestimmten Senderecht-Lizenzen Verstöße gegen Artikel 81 – Kommission, 29. Wettbewerbsbericht 1999, S. 189)

[405] Artikel 13 GFTT a.F.

[406] So auch DV GRUR, Stellungnahme zum Evaluierungsbericht der Kommission, S. 3

[407] Der Umfang des deutschen Lizenzverkehrs mit anderen industrialisierten Ländern und mit den EU-Partnern ergibt sich aus Statistiken der Deutschen Bundesbank, vgl. Singer, S. 38; Stoffmehl, S. 34; Henn, Rn. 2

[408] Vgl. für die Jahre 1988-1997: Monatsberichte der Deutschen Bundesbank, 50 Jahrgang, Nr. 3, März 1998, S. 70; Zahlungsbilanzstatistik Juli 1998, S. 22 (Statistisches Beiheft zum Monatsbericht 50/3); für die Jahre 1998-2001: Monatsberichte der Deutschen Bundesbank, 54 Jahrgang, Nr. 3, März 2002, S. 70

Eigentums und dem Wettbewerbsrecht einer eigenständigen Regelung, die die Wettbewerbspolitik der EU auf dem Gebiet der Schutzrechte berücksichtigt. Ohne die GFTT wäre die Rechtsunsicherheit im Bereich des Technologietransfers unakzeptabel hoch, weil dann die beteiligten Unternehmen beim Abschluss von Lizenzverträgen regelmäßig die Vereinbarkeit mit Artikel 81 EGV prüfen müssten, ohne die Möglichkeit der individuellen Prüfung und Freistellung durch die Kommission zu haben[409].

Die erforderliche Rechtssicherheit beim Technologietransfer könnte auch nicht von den bereits vorhandenen Gruppenfreistellungsverordnungen gewährleistet werden, weil diese den Technologietransfer nur am Rande erfassen[410]. Ebenso wenig wäre die Rechtssicherheit beim Technologietransfer durch eine Ergänzung der Leitlinien für vertikale Beschränkungen[411] sowie der Leitlinien über die Anwendbarkeit von Artikel 81 EGV auf Vereinbarungen über horizontale Zusammenarbeit[412] zu erreichen gewesen, da Leitlinien lediglich „veröffentlichte Verwaltungsgrundsätze“[413] verkörpern, die im Gegensatz zu Gruppenfreistellungsverordnungen keine Bindungswirkung für die Behörden und Gerichte der Mitgliedstaaten entfalten[414].

Schließlich wäre die Beschränkung auf eine bloße Missbrauchsaufsicht im Rahmen von Artikel 82 EGV völlig unzureichend, weil Artikel 82 EGV im Lizenzvertragsrecht nur eine untergeordnete Bedeutung zukommt[415]. In der Regel verfügen weder Lizenzgeber noch Lizenznehmer über eine beherrschende Stellung. Das Eigentum an einem gewerblichen Schutzrecht begründet allein noch

---

[409] Leitlinien GFTT, Tz. 37

[410] Vgl. dazu Leitlinien GFTT, Tz. 56-64

[411] ABl. EG vom 13.10.2000, C 291/1-44

[412] ABl. EG vom 6.1.2001, C 3/2-30

[413] Lange, S. 255

[414] Emmerich, Kartellrecht, § 36/8b; Bunte, S. 398

[415] Christoph, S. 47; ausnahmsweise zur Anwendung gelangte Art. 82 z. B. im Fall Komm. WuW/E EV 1359, 1363 ff. – *Tetra Pak I;* in neuerer Zeit hat das *Magill*-Urteil des EuGH vom 06.04.1995, Slg. 1995, I-743 – *Magill TV Guide*, in dem der Gerichtshof über Art. 82 EGV die Pflicht zur Erteilung von Zwangslizenzen begründete, ein lebhaftes Echo ausgelöst

keine Marktbeherrschung[416]. Die durch das Immaterialgüterrecht vermittelte Ausschließlichkeitsstellung verhindert lediglich imitierenden, nicht jedoch substituierenden Wettbewerb.

4.2 Entwicklungsstufen der neuen GFTT

4.2.1 Erste Skizzierung im Dezember 2001

Im Dezember 2001 veröffentlichte die Kommission einen Evaluierungsbericht über die Funktionsweise der GFTT a.F.[417]. Die Kommission deutete in diesem Bericht an, dass sie nach den Erfahrungen mit der Verordnung (EG) Nr. 240/96 sowie vor dem Hintergrund der bereits erfolgten und der bevorstehenden Reformen auf dem Gebiet des europäischen Wettbewerbsrechts eine vorzeitige Änderung bzw. Ersetzung der Verordnung (EG) Nr. 240/96 erwäge. Zugleich stellte die Kommission die Grundzüge einer neuen Regelung erstmals der Öffentlichkeit zur Diskussion vor.

Die Kommission machte bereits in diesem frühen Stadium klar, dass sie eine radikale Vereinfachung der Verordnung (EG) Nr. 240/96 nach dem Vorbild der neuen Gruppenfreistellungen für vertikale Beschränkungen und horizontale Kooperations-Vereinbarungen für notwendig erachte[418]. Mit der Einführung einer neuen Gruppenfreistellung müsse eine breitere Palette von Lizenzvereinbarungen als bisher abgedeckt werden[419]. Zudem strebe sie die Abkehr von den weißen und grauen Listen an, die Abschaffung des damit verbundenen Widerspruchsverfahrens und eine Kürzung der „schwarzen" Liste unzulässiger Beschränkungen. Die reformierte Freistellungsverordnung sollte von einer Reihe von Leitlinien zur Klarstellung bestimmter Schlüsselfragen begleitet werden[420].

Die Kommission deutete an, dass die Anwendbarkeit einer derart weit gefassten Gruppenfreistellung durch Einführung von Marktanteilsschwellen begrenzt

---

[416] EuGH Slg. 1968, 85, 112 – *Parke, Davis*; EuGH Slg. 1971, 69, 84 (Tz. 16) – *Sirena*

[417] KOM (2001) 786 endg. vom 20.12.2001

[418] Kommission, Evaluierungsbericht, Tz. 178

[419] Kommission, Evaluierungsbericht, Tz. 178

[420] Kommission, Evaluierungsbericht, Tz. 178

werden müsste, um einen wirksamen Schutz des Wettbewerbs zu gewährleisten[421]. Für Lizenzvereinbarungen unter Wettbewerbern und solchen unter Nicht-Wettbewerbern sollten unterschiedliche Werte gelten[422].

Auch sollte es eine gekürzte „schwarze" Liste geben, sodass einige Beschränkungen nicht mehr per se rechtswidrig wären: unter anderem Mengenbeschränkungen, gewisse Beschränkungen des Abnehmerkreises sowie Höchstpreise und empfohlene Preise. Bei gebietsmäßigen Beschränkungen sei ein differenzierter Ansatz angebracht. Die auf der Gruppenfreistellungs-Verordnung Nr. 2790/1999 beruhende „hardcore"-Liste müsste dem spezifischen Charakter von Lizenzvereinbarungen Rechnung tragen.[423]

Oberhalb der erwähnten Schwellen sollten die Leitlinien unter entsprechender Bezugnahme auf die bereits bestehenden Leitlinien zur horizontalen Zusammenarbeit und zu vertikalen Beschränkungen klarstellen, welcher wettbewerbspolitische Ansatz verfolgt wird[424].

Die Kommission bat die interessierte Öffentlichkeit um Stellungnahme zu den von ihr genannten Vorstellungen bis Ende April 2002[425]. Daraufhin gingen bei der Kommission 33 Stellungnahmen ein[426]. Diese bestätigten übereinstimmend die Notwendigkeit der Reform der Verordnung (EG) Nr. 240/96. Die Verordnung (EG) Nr. 240/96 sei zu formalistisch und ihr Anwendungsbereich zu eng. Das komplexe formalistische Regelwerk der Verordnung (EG) Nr. 240/96 müsse durch eine mehr an den wirtschaftlichen Begebenheiten orientierten Verordnung ersetzt werden[427].

---

[421] Kommission, Evaluierungsbericht, Tz. 179

[422] Zu den Einzelheiten: Kommission, Evaluierungsbericht, Tz. 184-187

[423] Kommission, Evaluierungsbericht, Tz. 186

[424] Kommission, Evaluierungsbericht, Tz. 189

[425] Kommission, Evaluierungsbericht, Tz. 192

[426] Abrufbar im Internet unter http://europa.eu.int/comm/competition/antitrust/technology_transfer/

[427] Statt vieler: siehe die Stellungnahmen zum Evaluierungsbericht des ZVEI, S. 4 und des

In den Stellungnahmen fand sich auch eine allgemeine Unterstützung für die Vorstellung der Kommission, die Verordnung (EG) Nr. 240/96 durch eine „Rahmen-Freistellungsverordnung“, kombiniert mit einer Reihe von Leitlinien, zu ersetzen[428]. Die Leitlinien sollten insbesondere darlegen, dass von der Gruppenfreistellung nicht erfasste Vereinbarungen nicht von vornherein rechtswidrig seien. Dabei müsse klargestellt werden, welche Vereinbarungen in der Regel unter das Verbot des Artikels 81 Absatz 1 EGV fallen und welche nicht. Zudem müsse in den Leitlinien betont werden, dass die Lizenzierung oft wettbewerbsfördernde Wirkungen haben könne[429].

Eine Vielzahl von Stellungnahmen unterstrich das Bedürfnis nach Kohärenz der Technologietransferverordnung mit den jüngeren Gruppenfreistellungsverordnungen Nr. 2790/1999, Nr. 2658/2000 und 2659/2000[430]. Außerdem wurde in den Stellungnahmen positiv hervorgehoben, mit der angestrebten Reform nähere sich die Politik der EU auf dem Gebiet des Lizenzvertragswesens dem US-amerikanischen Ansatz, wobei teilweise eine enge Übereinstimmung mit dem US-amerikanischen Ansatz befürwortet wurde[431].

4.2.2 Entwurf vom 01.10.2003

Die Kommission ließ sich nach Eingang der Stellungnahmen zu dem Evaluierungsbericht mehr als ein Jahr Zeit, um einen konkreten Entwurf für eine neue GFTT der Öffentlichkeit vorzustellen. Unter dem Druck der neuen Kartellverfahrensverordnung Nr. 1/2003 vom 16.12.2002 veröffentlichte die Kommission am 01.10.2003 einen Entwurf für eine neue GFTT[432]. Gleichzeitig wurden zum

---

BDI, S. 3; siehe auch: Kommission, Summary of Submissions on TTBE Review Report, S. 1

[428] Kommission, Evaluierungsbericht, Tz. 178

[429] Kommission, Summary of Submissions on TTBE Review Report, S. 1

[430] Statt vieler: Stellungnahme zum Evaluierungsbericht der DV GRUR, S. 7, 10, 11

[431] Stellungnahme zum Evaluierungsbericht des BDI, S. 4

[432] ABl. EG vom 01.10.2003, C 235/11-16, im Folgenden Entwurf GFTT

ersten Mal detaillierte Leitlinien zur Anwendung des europäischen Wettbewerbsrechts auf Technologietransfer-Vereinbarungen vorgeschlagen[433].

In dem Entwurf fanden sich im Wesentlichen die Vorstellungen wieder, die die Kommission in ihrem Evaluierungsbericht vom Dezember 2001 bereits vorgezeichnet hatte[434]:

Im Gegensatz zu der Verordnung (EG) Nr. 240/96 enthielt der Vorschlag keine Liste mehr mit weißen, schwarzen und grauen Klauseln. Die neue Verordnung verfolgte vielmehr in Übereinstimung mit anderen neueren Gruppenfreistellungsverordnungen einen weniger regulierenden Ansatz und ging von einer generellen Freistellung aus[435]. In dem Entwurf war allein eine Liste mit verbotenen Kernbeschränkungen enthalten[436].

Wie bereits in anderen neuen Gruppenfreistellungsverordnungen sollte nach dem Entwurf eine Unterscheidung zwischen Vereinbarungen unter Wettbewerbern und solchen unter Nicht-Wettbewerbern erfolgen. Dabei sollten Vereinbarungen zwischen Wettbewerbern eine restriktivere Behandlung erfahren als Vereinbarungen zwischen Nicht-Wettbewerbern. So waren in dem Entwurf für Wettbewerber und Nicht-Wettbewerber jeweils abweichende Listen von Kernbeschränkungen und nicht freigestellten Beschränkungen vorgesehen[437], ebenso enthielt der Entwurf unterschiedliche Marktanteilsschwellen für Wettbewerber und Nicht-Wettbewerber[438].

Der Anwendungsbereich der neuen GFTT sollte Technologietransfer-Vereinbarungen zwischen zwei Unternehmen erfassen, wobei als wichtige Neuerung gegenüber der Verordnung (EG) Nr. 240/96 der Begriff der Techno-

---

433 ABl. EG vom 01.10.2003, C 235/17-54, im Folgenden Entwurf Leitlinien GFTT

434 Kommission, Evaluierungsbericht, Tz. 178-191

435 Schultze/Pautke/Wagener, WRP 2004, S. 175, 178

436 Artikel 4 Entwurf GFTT

437 Artikel 4 und 5 Entwurf GFTT

438 Artikel 3 Absatz 1 und Absatz 2 Entwurf GFTT

logietransfer-Vereinbarung auf Urheberrechtslizenzen für Software und Geschmacksmusterlizenzen ausgedehnt werden sollte[439].

Zudem wurde in dem Entwurf die Festlegung der Dauer der Freistellung vereinfacht. Während nach der Verordnung (EG) Nr. 240/96 verschiedene Beschränkungen für eine unterschiedliche Dauer freigestellt waren[440], sollte nach den neuen Vorschriften die Freistellung gelten, solange die Rechte an der Technologie gültig waren oder solange das Know-how geheim blieb[441].

Darüber hinaus sah der Entwurf vor, dass Verträge, die am 30.04.2004 bereits in Kraft waren und nach der Verordnung (EG) Nr. 240/96 freigestellt waren, ab dem 01.11.2005 unzulässig werden sollten, wenn sie die Voraussetzungen der neuen Freistellungsverordnung nicht erfüllen würden[442].

Der Vorstellung des Entwurfs vom 01.10.2003 folgte eine achtwöchige öffentliche Anhörung. In dieser Phase gingen bei der Kommission 76 Stellungnahmen ein[443]. Wie nach der Veröffentlichung des Evaluierungsberichtes vom Dezember 2001 fand sich auch dieses Mal eine breite Zustimmung für eine Reform der GFTT, wobei übereinstimmend das Inkrafttreten der neuen GFTT zum 01.05.2004 befürwortet wurde, also zeitgleich mit dem der VO Nr. 1/2003.

Im Gegensatz zu den Reaktionen auf den Evaluierungsbericht war die Kritik in den Stellungnahmen an den Vorstellungen der Kommission aber nun sehr viel schärfer. Dabei ging es den Kritikern insbesondere um folgende Punkte:

Eine große Zahl von Stellungnahmen wendete sich massiv gegen die in Artikel 3 des Entwurfs vorgesehenen Marktanteilsschwellen. In der Praxis werde die Bestimmung von Marktanteilen noch größere Schwierigkeiten als bisher berei-

---

439 Artikel 1 Absatz 1 Buchstabe b) Entwurf GFTT

440 Vgl. zu den komplizierten Freistellungsfristen der alten GFTT: Jestaedt in Langen/Bunte, Art. 81 Frallgruppen, Rn. 250-254

441 Artikel 2 Entwurf GFTT

442 Artikel 9 Absatz 2 Entwurf GFTT

443 Sämtliche Stellungnahmen sind im Internet abrufbar unter: http://www.europa.eu.int/comm/competition/antitrust/technology_transfer_2/

ten, da nicht nur der Produktmarkt, sondern auch der Technologiemarkt und ggf. der Innovationsmarkt in die Analyse einzubeziehen seien[444]. Mit der Bestimmung von drei verschiedenen Märkten bei der Beurteilung, ob eine Lizenzvereinbarung kartellrechtskonform sei oder nicht, seien die Unternehmen überfordert. Schon deshalb sei das Marktanteilskonzept abzulehnen[445].

Zudem seien die Marktanteilsschwellen für die Lizenzpraxis viel zu niedrig. Eine umfassende Verbreitung von Technologien erfordere die Ausweitung des sicheren Hafens, bestenfalls die Streichung dieser Schwellen[446]. In der Praxis habe sich das bisherige Konzept der VO Nr. 240/96 bewährt, wonach lediglich im Einzelfall wettbewerbsbeschränkende Vereinbarungen aufgegriffen wurden.

Wenn die Kommission auf ihrem Marktanteilsansatz beharren würde, dann sollte sie wenigstens die Marktanteilsschwellen noch oben korrigieren, um damit einen breiteren Anwendungsbereich zu schaffen[447].

Ein weiterer Hauptkritikpunkt war das von der Kommission verfolgte Prinzip, wonach Lizenzverträge zwischen Wettbewerbern strenger beurteilt werden sollten als Lizenzverträge zwischen Nicht-Wettbewerbern. Dieses Prinzip ist den US-Antitrust Guidelines for the Licensing of Intellectual Property entnommen[448]. Die Kritiker wendeten ein, in Europa gäbe es noch keine praktischen Erfahrungen mit diesem Konzept, die seine Übernahme rechtfertigen würden. In vielen Fällen würden Lizenzen zwischen konkurrierenden Unternehmen gerade den Wettbewerb fördern. Dies gelte etwa dann, wenn ein Unternehmen die Patentlizenz eines Wettbewerbers mit der Absicht erwerbe, sie zur Entwicklung eines eigenen Produktes zu nutzen, das dann auf dem Markt

---

[444] Stellungnahmen zum Entwurf GFTT: BDI, S. 3 f.; DIHK, S. 4; LESI, Tz. 13 f.; EFPIA, S.2; EWS, S. 4 f.

[445] Stellungnahmen zum Entwurf GFTT: BDI, S. 4; DIHK, S. 4; EWS, S. 2

[446] Stellungnahme zum Entwurf GFTT: BDI, S. 3

[447] Stellungnahmen zum Entwurf GFTT: DV GRUR, S. 5; BDI, S. 3; LESI, Tz. 15; EWS, S. 5; a. A. Bundeskartellamt, S. 2

[448] Vgl. Mummenthey, CR 1998, S. 113, 117; Tom, S. 38; Gallini/Trebilcock, S. 339

eingeführt werden soll. Hier erscheine eine strengere Beurteilung von Lizenzen zwischen Wettbewerbern nicht sachgerecht.[449]

In einer Vielzahl von Stellungnahmen wurde ferner moniert, die Leitlinien zur GFTT würden schwerpunktmäßig auf die Gefahren bestimmter Klauseln hinweisen und weniger auf ihren wirtschaftlichen Nutzen. Die bisherige Erfahrung mit Lizenzverträgen gebe jedoch keinerlei Anlass zu einer derart kritischen Position. Es sollte vielmehr grundsätzlich begrüßt werden, wenn der Lizenzgeber andere Parteien an seinem technologischen Wissen teilhaben ließe. Dagegen würden die Leitlinien den Eindruck vermitteln, die Lizenzierung sei eine rechtlich problematische Handlung.[450]

Schließlich wurde das Vorhaben der Kommission, Altverträgen nur bis zum 31.10.2005 Bestandsschutz zu gewähren, von vielen Kommentatoren scharf angegriffen[451]. Da die Verordnung Nr. 240/96 gemäß Artikel 13 darauf angelegt sei, bis zum 31.03.2006 zu gelten, müsse der Bestandsschutz für Altverträge zumindest auch bis zu diesem Termin ausgedehnt werden. Andernfalls wären die Parteien eines Lizenzvertrages einer erheblichen Rechtsunsicherheit ausgesetzt, die Nachverhandlungen in großem Umfang erforderlich machen würden[452].

4.2.3 Endgültige Fassung der neuen GFTT

Trotz der teilweise massiven Kritik ist die Kommission in der endgültigen Fassung der neuen GFTT[453] nicht von ihrem grundsätzlichen Ansatz und dem Aufbau der Verordnung abgewichen. Die neue GFTT ist insofern weitgehend identisch mit dem Oktober-Entwurf. Gleichwohl wurden in der neuen GFTT einige Punkte gegenüber dem Oktober-Entwurf geändert:

---

[449] Stellungnahmen zum Entwurf GFTT: BDI, S. 3; EWS, S. 3

[450] Stellungnahme zum Entwurf GFTT: BDI, S. 2

[451] Stellungnahmen zum Entwurf GFTT: EFPIA, S. 5; LESI, Tz. 23 f.; DIHK, S. 5; BDI, S. 6;

[452] Stellungnahmen zum Entwurf GFTT: LESI, Tz. 24; DIHK, S. 5; BDI, S, 6

[453] ABl. EG vom 27.04.2004, L 123/11-17

Zunächst wurden einige Definitionen präzisiert (etwa die Definition für konkurrierende Unternehmen[454]) bzw. neu in den Verordnungstext mit aufgenommen. So muss lizenziertes Know-how nicht wie noch im Oktober-Entwurf „unerlässlich" für die Produktion der Vertragsprodukte sein, um das Merkmal der Wesentlichkeit zu erfüllen. Vielmehr genügt es, ähnlich wie in der alten GFTT, wenn das Know-how „von Bedeutung und nützlich" ist[455]. Neu in die GFTT aufgenommen wurden die Definitionen für die Tatbestandsmerkmale „wechselseitige Vereinbarung", „nicht wechselseitige Vereinbarung", „Exklusivgebiet", „Exklusivkundengruppe" und „abtrennbare Verbesserung"[456].

Des Weiteren wurden die häufig auftretenden Begriffe der Herstellung und Bereitstellung von Vertragsprodukten durch das einheitliche Merkmal der Produktion ersetzt.

Die wohl wichtigste Änderung gegenüber dem Oktober-Entwurf stellt die Lokkerung der Kernbeschränkungen für konkurrierende Unternehmen dar. Output-Beschränkungen, die nur einer der Vertragsparteien in einer wechselseitigen Vereinbarung auferlegt werden, sind nun ausdrücklich freigestellt[457]. Field-of-Use-Beschränkungen des Lizenznehmers in wechselseitigen Vereinbarungen fallen jetzt auch unter die Gruppenfreistellung[458].

Außerdem wurde insbesondere der Gebiets- und Kundenschutz zwischen den Lizenzvertragsparteien deutlich liberalisiert. Von der Liste der Kernbeschränkungen ausgenommen und somit freigestellt sind Beschränkungen einer der Lizenzparteien hinsichtlich der Produktion in einem jeweils der anderen Vertragspartei vorbehaltenen Anwendungsbereich, Produktmarkt oder Exklusivgebiet, sofern dies in einer nicht wechselseitigen Vereinbarung geschieht[459]. Dies bedeutet insbesondere, dass - im Gegensatz zum Oktober-Entwurf - Exklusivli-

[454] Artikel 1 Absatz 1 Buchstabe j) GFTT n.F.

[455] Artikel 1 Absatz 1 Buchstabe i) GFTT n.F.

[456] Artikel 1 Absatz 1 Buchstabe c), d), l), m) und n) GFTT n.F.

[457] Artikel 4 Absatz 1 Buchstabe b) GFTT n.F.

[458] Artikel 4 Absatz 1 Buchstabe c), i) GFTT n.F.

[459] Artikel 4 Absatz 1 Buchstabe c), ii) GFTT n.F.

zenzen unter Wettbewerbern in nicht wechselseitigen Vereinbarungen zulässig sind. Alleinlizenzvereinbarungen, die bisher nur in den Leitlinien erwähnt wurden, sind nun ausdrücklich im Verordnungstext aufgeführt und freigestellt[460]. Ebenfalls von der Gruppenfreistellung erfasst werden nunmehr Beschränkungen einer der Lizenzparteien hinsichtlich des aktiven und passiven Verkaufs in Exklusivgebiete oder an Exklusivkundengruppen der jeweils anderen Vertragspartei, sofern die Vereinbarung nicht wechselseitig ist[461].

Schließlich wurde auch der Gebiets- und Kundenschutz mehrerer Lizenznehmer untereinander gelockert. Beschränkungen des Lizenznehmers in einer nicht wechselseitigen Vereinbarung hinsichtlich des Verkaufs in Exklusivgebiete oder an Exklusivkundengruppen anderer Lizenznehmer werden freigestellt, vorausgesetzt der geschützte andere Lizenznehmer war zum Zeitpunkt seiner Lizenzerteilung kein Konkurrent des Lizenzgebers[462].

Darüber hinaus wurde auch der Kernbeschränkungstatbestand für Vereinbarungen zwischen nicht konkurrierenden Unternehmen teilweise neu gefasst. So fallen nur noch Beschränkungen des Lizenznehmers hinsichtlich passiver Verkäufe unter die Kernbeschränkungen[463]. Inhaltlich hat sich durch die Neufassung jedoch nur folgendes geändert: Beschränkungen des Lizenznehmers hinsichtlich passiver Verkäufe in Exklusivgebiete oder an Exklusivkundengruppen anderer Lizenznehmer werden nun explizit im Verordnungstext für die Dauer von zwei Jahren freigestellt[464], während der Oktober-Entwurf dies nur in den Leitlinien erwähnte[465].

Auch werden gewisse Kundenbeschränkungen des Lizenznehmers in nicht wechselseitigen Vereinbarungen freigestellt, wenn die Lizenz einem Kunden

---

[460] Artikel 4 Absatz 1 Buchstabe c), iii) GFTT n.F.

[461] Artikel 4 Absatz 1 Buchstabe c), iv) GFTT n.F.

[462] Artikel 4 Absatz 1 Buchstabe c), v) GFTT n.F.

[463] Artikel 4 Absatz 2 Buchstabe b) GFTT n.F.

[464] Artikel 4 Absatz 2 Buchstabe b) ii) GFTT n.F.

[465] Entwurf Leitlinien GFTT, Tz. 93

eine alternative Bezugsquelle verschaffen soll. Dies gilt sowohl für Vereinbarungen zwischen Wettbewerbern als auch zwischen Nicht-Wettbewerbern[466].

Eine wichtige Neuerung gegenüber dem Oktober-Entwurf stellt der sog. „ex-ante" Ansatz der Kernbeschränkungslisten dar. In einem zusätzlichen Absatz wird nun geregelt, dass für Unternehmen, die zwar zum Zeitpunkt des Vertragsschlusses keine Konkurrenten waren, jedoch später miteinander in Wettbewerb treten, die deutlich liberalere Kernbeschränkungsliste für Nicht-Wettbewerber während der gesamten Laufzeit des Vertrages Anwendung findet[467].

Die Verpflichtung des Lizenznehmers zur Übertragung von Rechten an Verbesserungserfindungen an den Lizenzgeber wird nur für abtrennbare Verbesserungen vom Anwendungsbereich der GFTT ausgeschlossen[468]. Im Oktober-Entwurf war die Rückübertragung sämtlicher Verbesserungserfindungen ausgeschlossen[469].

Anders als im Entwurf zunächst vorgeschlagen[470] gilt die Freistellung für zwei weitere Jahre, wenn die Marktanteilsschwellen im Laufe der Zeit überschritten werden[471].

Schließlich wurde die Übergangsfrist verlängert auf den 31.03.2006[472], dem Zeitpunkt, an dem die Verordnung Nr. 240/96 ihre Gültigkeit verloren hätte[473]. Der Oktober-Entwurf sah eine Übergangsfrist bis lediglich 31.10.2005 vor[474].

---

[466] Artikel 4 Absatz 1 Buchstabe c) vii) und Artikel 4 Absatz 2 Buchstabe b) iv)GFTT n.F.

[467] Artikel 4 Absatz 3 GFTT n.F.

[468] Artikel 5 Absatz 1 Buchstabe b) GFTT n.F.

[469] Artikel 5 Absatz 1 Buchstabe b) Entwurf GFTT

[470] Artikel 8 Absatz 2 und 3 Entwurf GFTT

[471] Artikel 8 Absatz 2 GFTT n. F.

[472] Artikel 10 GFTT n.F.

[473] Artikel 13 Satz 2 GFTT a.F.

[474] Artikel 9 Absatz 2 Entwurf GFTT

Die Leitlinien wurden gegenüber dem Oktober-Entwurf überarbeitet und an den neuen Verordnungstext angepasst. Allgemein erfolgt eine stärkere Betonung der positiven Auswirkungen von Technologielizenzen. Auch wird nun deutlicher hervorgehoben, dass die Freistellung bis zu den genannten Marktanteilsschwellen nicht den Rückschluss zulässt, oberhalb der Marktanteilsschwellen bestehe eine Vermutung der Rechtswidrigkeit. Auch die Passagen über Exklusivlizenzen wurden neu gefasst und präzisiert.

4.3 Vorstellung der neuen GFTT

4.3.1 Konzeptionelle Änderungen

Die Kommission hat die Modernisierung des Europäischen Kartellrechts und insbesondere das Inkrafttreten der neuen Durchführungsverordnung zu den Europäischen Wettbewerbsregeln, der Ratsverordnung Nr. 1/2003 zum Anlass genommen, zum 01.05.2004 auch die letzte verbleibende Gruppenfreistellungsverordnung der alten Regelungstechnik mit so genanntem „Zwangsjakkeneffekt" („was nicht erlaubt ist, ist verboten") durch eine grundlegend reformierte Verordnung im Stile der neuen „Schirm-Technik" („was nicht verboten ist, ist erlaubt") zu ersetzen. In den neuen Gruppenfreistellungsverordnungen ist der traditionell legalistische Regelungsansatz, wie er in der Verordnung (EG) Nr. 240/96 zum Ausdruck kam, einem flexibleren ökonomischen und wirkungsbezogenen Ansatz gewichen, der insbesondere durch die Einführung von Marktanteilsschwellen sowie durch die Abschaffung der weißen und grauen Klauseln gekennzeichnet ist[475].

Anknüpfend an die insbesondere auf dem Gebiet der vertikalen Vereinbarungen erfolgten Reformen enthält die reformierte GFTT statt eines detaillierten Kataloges erlaubter, verbotener und anmeldungsbedürftiger Klauseln nur noch Listen mit verbotenen Wettbewerbsbeschränkungen. Das in der alten GFTT im Falle der Vereinbarung grauer oder überschießender Klauseln vorgesehene Widerspruchsverfahren[476] ist damit obsolet geworden.

---

[475] Siehe zum Beispiel Verordnung (EG) Nr. 2790/1999

[476] Artikel 4 GFTT a.F.

Konzeptionell ist die neue GFTT vor allem durch die Unterscheidung zwischen Vereinbarungen unter Wettbewerbern und Nicht-Wettbewerbern sowie durch die Einführung von Marktanteilsschwellen gekennzeichnet. Technologietransfer-Vereinbarungen zwischen Wettbewerbern sollen dabei nach US-amerikanischem Vorbild einer strengeren Inhaltskontrolle unterzogen werden als Vereinbarungen zwischen Nicht-Wettbewerbern. Daran anknüpfend sieht die neue GFTT für Vereinbarungen unter Wettbewerbern einen strengeren Katalog von Kernbeschränkungen vor. Zudem werden neuerdings weit reichendere Beschränkungen für Vereinbarungen unter Nicht-Wettbewerbern, insbesondere hinsichtlich Gebiets- und Kundenbeschränkungen, zugelassen[477].

Die neue GFTT macht die Existenz bestimmter beschränkender Vereinbarungen, insbesondere in Form von Gebietsbeschränkungen, wie sie bisher in Artikel 1 Absatz 1 der GFTT a.F. enthalten waren, nicht länger zur Freistellungsvoraussetzung. Beschränkende Vereinbarungen in nicht-exklusiven Lizenzen bzw. Lizenzen ohne Gebietsaufteilung werden damit künftig unproblematisch vom Anwendungsbereich der Gruppenfreistellung umfasst.

4.3.1.1 Einführung von Marktanteilsschwellen

Entsprechend der modernen „Schirm"-Regelungstechnik sieht die neue GFTT Marktanteilsschwellen vor, bis zu denen beschränkende Vereinbarungen, die nicht ausdrücklich verboten sind, freigestellt werden. Die Höhe der Schwellenwerte hängt davon ab, ob die Vertragsparteien Wettbewerber sind oder nicht. Bei Vereinbarungen zwischen Wettbewerbern liegt die Marktanteilsschwelle bei einem gemeinsamen Marktanteil von 20%, bei Vereinbarungen zwischen Nicht-Wettbewerbern bei einem individuellen Marktanteil von 30%[478]. Die Marktanteilsschwellen gelten sowohl für die Produktmärkte als auch für die Technologiemärkte. Wird die anzuwendende Marktanteilsschwelle auf einem der relevanten Märkte überschritten, gilt die Gruppenfreistellung für die Vereinbarung in Bezug auf diesen relevanten Markt nicht[479].

---

[477] Artikel 4 GFTT n.F.

[478] Artikel 3 Absätze 1 und 2 GFTT n.F.

[479] Leitlinien GFTT, Tz. 69

Bei dem Produktmarkt wird der Marktanteil des Lizenznehmers auf der Grundlage der Vertragsprodukte und der Konkurrenzprodukte, die der Lizenznehmer ebenfalls verkauft, berechnet. Bietet der Lizenzgeber ebenfalls Erzeugnisse auf dem relevanten Produktmarkt an, sind auch dessen Verkäufe zu berücksichtigen[480].

Bei Technologiemärkten bestimmt sich der Marktanteil des Lizenzgebers nach Artikel 3 Absatz 3 GFTT n.F. auf der Grundlage der vom Lizenzgeber und allen seinen Lizenznehmern abgesetzten Produkten, die die Technologie des Lizenzgebers enthalten, und zwar getrennt für jeden relevanten Markt[481]. Sind die Unternehmen Wettbewerber auf dem Technologiemarkt, müssen die Verkäufe der Produkte, die die Technologie des Lizenznehmers enthalten, zu den Verkäufen der Produkte mit der lizenzierten Technologie addiert werden[482].

Innerhalb der jeweils einschlägigen Marktanteilsschwellen von 20% bzw. 30% sind alle wettbewerbsbeschränkenden Vereinbarungen erlaubt, die nicht ausdrücklich verboten sind, sei es entweder durch die in Artikel 4 GFTT n.F. aufgeführten Kernbeschränkungen oder durch die in Artikel 5 GFTT n.F. gelisteten individuellen Klauselverbote. Die Rechtsfolge bei der Vereinbarung einer Kernbeschränkung unterscheidet sich von der Rechtsfolge bei der Vereinbarung eines Klauselverbotes: Während die Vereinbarung einer Kernbeschränkung zur Unanwendbarkeit der Gruppenfreistellung führt (und folglich zur Unwirksamkeit sämtlicher beschränkender Klauseln der Vereinbarung, einschließlich derer, die innerhalb der Marktanteilsschwellen freigestellt wären),[483] erfasst die Unwirksamkeit bei der Vereinbarung eines Klauselverbotes nur die jeweilige beschränkende Klausel selbst[484].

---

480 Leitlinien GFTT, Tz. 71

481 Leitlinien GFTT, Tz. 70; zu den Gründen für diese Berechnungsweise: Leitlinien GFTT, Tz. 23

482 Leitlinien GFTT, Tz. 70

483 Leitlinien GFTT, Tz. 75

484 Leitlinien GFTT, Tz. 107

4.3.1.2 Unterscheidung zwischen Wettbewerber und Nicht-Wettbewerbern

Im Gegensatz zur Verordnung (EG) Nr. 240/96 hat in der neuen GFTT die Bestimmung des zwischen den Parteien bestehenden Wettbewerbsverhältnisses zentrale Bedeutung. Nicht selten wird das Wettbewerbsverhältnis dafür ausschlaggebend sein, ob eine beschränkende Vereinbarung freigestellt ist oder nicht. Der Begriff des Wettbewerbers ist in der GFTT n.F. legal definiert[485]. Die Leitlinien enthalten ergänzende Erläuterungen[486]. Für die Beurteilung des Wettbewerbsverhältnisses soll es darauf ankommen, ob die Vertragspartner ohne die Vereinbarung tatsächliche oder potenzielle Wettbewerber gewesen wären[487]. Hierzu stellt die Kommission auf zwei verschiedene Märkte ab: den Technologiemarkt und den Produktmarkt[488].

Unternehmen sind Wettbewerber in Bezug auf die betreffenden Produkte, wenn beide Unternehmen auf den sachlich und räumlich relevanten Märkten tätig sind, auf denen die Produkte, die die lizenzierte Technologie enthalten, verkauft werden (tatsächliche Wettbewerber). Gleiches gilt, wenn sie unter realistischen Annahmen die zusätzlichen Investitionen auf sich nehmen würden, die nötig sind, um auf eine geringfügig dauerhafte Erhöhung der relativen Preise hin, in die sachlich und räumlich relevanten Märkte einzutreten (potenzielle Wettbewerber)[489]. Sie sind Wettbewerber auf dem Technologiemarkt, wenn sie Lizenzen für konkurrierende Technologien an Dritte vergeben[490]. Hiernach ist ein potenzielles Wettbewerbsverhältnis zur Bestimmung der zwischen den Parteien bestehenden Wettbewerbssituation nur auf dem betreffenden Produktmarkt relevant.

[485] Artikel 1 Absatz 1 Buchstabe j) GFTT n.F.

[486] Leitlinien GFTT, Tz. 26 ff.

[487] Leitlinien GFTT, Tz. 27

[488] Leitlinien GFTT, Tz. 20-22

[489] Artikel 1 Absatz 1 Buchstabe j) ii) GFTT n.F.

[490] Artikel 1 Absatz 1 Buchstabe j) i) GFTT n.F.

Wie schon im Evaluierungsbericht angedeutet[491], wird die Kommission für die Beurteilung der Wettbewerbssituation stärker als bisher die Bedeutung der lizenzierten Technologie berücksichtigen. Nach den Leitlinien ist ein Wettbewerbsverhältnis zu verneinen, wenn die Vertragspartner über sich gegenseitig blockierende Technologien verfügen, d.h. die Nutzung der einen Technologie nicht ohne die Nutzung der anderen Technologie erfolgen kann[492]. Eine Wettbewerbssituation soll nach den Vorstellungen der Kommission auch dann nicht vorliegen, wenn die lizenzierte Technologie trotz der gemeinsamen Betätigung in einem Technologie-/Produktmarkt einen so erheblichen Neuerungsgehalt aufweist, dass die bestehende Technologie des Vertragspartners veraltet oder nicht weiter wettbewerbsfähig ist. Die Kommission gesteht ein, dass eine solche Beurteilung regelmäßig nicht schon bei Vertragsschluss, sondern erst im Laufe der Vereinbarung erfolgen kann, sich das Wettbewerbsverhältnis zwischen den Vertragspartnern also während der Vertragslaufzeit verändern kann.[493]

Bei der Prüfung, ob eine Sperrposition besteht, wird sich die Kommission auf objektive Faktoren anstatt auf den subjektiven Standpunkt der Parteien verlassen. Als Nachweise gelten unter anderem Gerichtsentscheidungen sowie Gutachten unabhängiger Sachverständiger[494].

4.3.2 Erfasste Schutzrechte

Die neue GFTT erfasst neben Patenten und Know-how künftig auch die Lizenzierung von urheberrechtlich geschützter Software[495]. Damit kommt die Kommission einer langjährigen Forderung aus der Praxis nach, die für die Beurtei-

[491] Kommission, Evaluierungsbericht, Tz. 125

[492] Leitlinien GFTT, Tz. 32; als Beispiel nennt die Kommission eine Situation, in der die eine Technologie eine Verbesserung der Ausgangstechnologie darstellt

[493] Leitlinien GFTT, Tz. 33

[494] Leitlinien GFTT, Tz. 32

[495] Artikel 1 Absatz 1 Buchstabe b) GFTT n.F.

lung von beschränkenden Vereinbarungen in Softwarelizenzverträgen mehr Rechtssicherheit gefordert hat[496].

4.3.3 Nicht freigestellte Vertragskonstellationen

Die Kommission räumt zwar ein, dass auch bisher von der GFTT a.F. ausgeschlossene Vertragskonstellationen wie Mehrparteien-Lizenzen, einschließlich Technologie-Pools, unter bestimmten Voraussetzungen technologie- und damit wettbewerbsfördernde Wirkungen haben können[497]. Die Kommission hält jedoch auch in der neuen GFTT daran fest, nur zweiseitige Verträge in den Anwendungsbereich der Gruppenfreistellung einzubeziehen. Die Einbeziehung mehrseitiger Lizenzverträge würde eine Änderung der Ratsverordnung 19/65/EWG[498] erfordern.

Auch die neue GFTT setzt wie die alte GFTT voraus, dass die Übertragung der Technologie der Herstellung der Vertragsprodukte und nicht deren reinem Vertrieb dient[499].

4.3.4 Zulieferverträge

Die Kommission stellt in den Leitlinien klar, dass die GFTT n.F. ferner für Zulieferverträge gilt, in denen der Lizenzgeber (Auftraggeber) dem Lizenznehmer (Zulieferer) Technologie zum Zwecke der Herstellung von Waren oder Dienstleistungen für den Lizenzgeber überlässt[500]. Mit Zulieferverträgen befasst sich auch die Bekanntmachung der Kommission über die Beurteilung von Zulieferverträgen nach Artikel 81 Absatz 1 EGV[501], die weiterhin anwendbar bleibt. Danach werden Zulieferverträge, in denen sich der Zulieferer verpflichtet, be-

---

[496] Vgl. Stellungnahmen zum Evaluierungsbericht: BDI, S. 2; VPP, S. 2; ZVEI, S. 2 f.

[497] Kommission, Evaluierungsbericht, Tz. 133; Die Kommission nimmt in den Leitlinien ausführlich zu Technologie-Pools Stellung, vgl. Leitlinien GFTT, Tz. 210-214

[498] ABl. EG vom 06.03.1965, Nr. 36, S. 533/65; Verordnung zuletzt geändert durch die Verordnung (EG) Nr. 1/2003 (ABl. EG vom 04.01.2003, L1/1)

[499] Artikel 2 GFTT n.F; Erwägungsgrund 7 der GFTT n.F.; Leitlinien GFTT, Tz. 41-45

[500] Leitlinien GFTT, Tz. 44

[501] ABl. EG vom 03.01.1979, C1/2

stimmte Produkte ausschließlich für den Auftraggeber herzustellen, von Artikel 81 Absatz 1 EGV generell nicht erfasst. Andere dem Zulieferer auferlegte Verpflichtungen, wie etwa die Auflage, keine eigene Forschung und Entwicklung zu betreiben, können hingegen unter Artikel 81 EGV fallen[502].

4.3.5 Kernbeschränkungen

Bei den nachfolgend näher erläuterten Kernbeschränkungen zeigen sich zwischen der alten und der neuen GFTT teilweise gravierende Abweichungen, die insbesondere bei der Anpassung von Altverträgen und bei der Gestaltung neuer Technologietransfer-Verträge zu beachten sind. Zum besseren Verständnis wird im Folgenden auf die jeweils korrespondierende Regelung der bisherigen GFTT vergleichend Bezug genommen.

4.3.5.1 Preisbindung

Nach der alten GFTT waren Vereinbarungen unzulässig, nach denen einem Vertragspartner Beschränkungen hinsichtlich der Festsetzung der Preise, Preisbestandteile oder Preisnachlässe für die Lizenzerzeugnisse auferlegt wurden[503]. Die Vereinbarung einer Preisbindung bleibt auch nach der neuen GFTT absolut unzulässige Kernbeschränkung; dies gilt sowohl bei Vereinbarungen zwischen Wettbewerbern als auch bei Vereinbarungen zwischen Nicht-Wettbewerbern[504]. Allerdings bleibt den Unternehmen bei einer Vereinbarung zwischen Nicht-Wettbewerbern die Möglichkeit, Höchstverkaufspreise festzusetzen oder Preisempfehlungen auszusprechen. Eine entsprechende Regelung findet sich in der Verordnung (EG) 2790/1999 über vertikale Vereinbarungen[505]. Im Gegensatz zur Vertikal-Gruppenfreistellungsverordnung, die nur Preisbindungen zulasten des Käufers als Kernbeschränkung einordnet, stellen auch Preisbindungsklauseln zulasten des Lizenzgebers eine Kernbeschränkung dar.

---

[502] Vgl. Bekanntmachung über Zulieferverträge, Rn. 3

[503] Artikel 3 Nr. 1 GFTT a.F.

[504] Artikel 4 Absatz 1 Buchstabe a) und Artikel 4 Absatz 2 Buchstabe a) GFTT n.F.

[505] Artikel 4 Buchstabe a) Verordnung (EG) 2790/1999

4.3.5.2 Outputbeschränkungen

Als Kernbeschränkung bisher verboten waren Klauseln, durch die dem Lizenznehmer hinsichtlich der Produktion, des Vertriebs oder sonstiger Verhaltensweisen eine Mengenbeschränkung auferlegt wurde[506]. Ausgenommen hiervon waren die zulässige Klausel über die Eigenbedarfsproduktion[507] sowie das *„Second Sourcing"*[508].

Nach der neuen GFTT sind wechselseitige Outputbeschränkungen zwischen Wettbewerbern als Kernbeschränkungen verboten. Diese Regelung gilt allerdings nicht für Outputbeschränkungen, die einem Lizenznehmer in einer nicht wechselseitigen Vereinbarung oder einem der Lizenznehmer in einer wechselseitigen Vereinbarung in Bezug auf die Vertragsprodukte auferlegt werden[509]. Solche Beschränkungen fallen bis zur Marktanteilsschwelle von 20% unter die Gruppenfreistellung[510].

Oberhalb der Marktanteilsschwelle können Outputbeschränkungen für Lizenznehmer den Wettbewerb einschränken, wenn die Parteien über erhebliche Marktmacht verfügen. In Fällen, in denen die Technologie des Lizenzgebers der Technologie des Lizenznehmers deutlich überlegen ist und die Beschränkung weit über den Output des Lizenznehmers vor Abschluss der Vereinbarung hinausgeht, dürfte Artikel 81 Absatz 3 EGV allerdings anwendbar sein, da sich eine solche Beschränkung auch auf Märkten mit wachsender Nachfrage nur begrenzt auswirkt.[511]

---

[506] Artikel 3 Nr. 5 GFTT a.F.

[507] Artikel 1 Absatz 1 Nr. 8 GFTT a.F.

[508] Artikel 2 Absatz 1 Nr. 13 GFTT a.F.

[509] Artikel 4 Absatz 1 Buchstabe b) GFTT n.F.; vgl. Leitlinien GFTT Tz. 82, 175

[510] Leitlinien, GFTT, Tz. 175

[511] Leitlinien GFTT, Tz. 175

Für Outputbeschränkungen unter Nicht-Wettbewerbern gilt die Gruppenfreistellung bis zu einem Marktanteil von 30%[512]. Dies bedeutet ein erhebliche Verbesserung der Gestaltungsfreiheit beim Abschluss von Lizenzverträgen.

4.3.5.3 Gebietsbeschränkungen

4.3.5.3.1 Alte Regelung

Nach der alten GFTT war die Verpflichtung des Lizenzgebers freigestellt, die Nutzung der lizenzierten Technologie weder anderen Unternehmen im Vertragsgebiet zu gestatten[513] noch sie selbst dort zu nutzen[514]. Nutzung war dabei definiert als „jede Verwendung der überlassenen Technologie, insbesondere bei der Herstellung, beim aktiven oder passiven Verkauf in einem bestimmten Gebiet unabhängig von Produktionsvorgängen in diesem Gebiet oder durch Leasing der Lizenzerzeugnisse“[515]. Inhaltlich wurden damit offene ausschließliche

---

[512] Leitlinien GFTT, Tz. 176

[513] Artikel 1 Absatz 1 Nr. 1 GFTT a.F.

[514] Artikel 1 Absatz 1 Nr. 2 GFTT a.F.

[515] Artikel 10 Nr. 10 GFTT a.F.; der Begriff des *aktiven* und *passiven* Vertriebs wurde weder in der alten noch in der neuen GFTT legal definiert. Nach der allgemeinen von der Kommission z. B. in Tz. 50 der Vertikal-Leitlinien (ABl. EG vom 13.10.2000, C 291/1) verwendeten Definition bedeutet der *aktive Vertrieb* „die aktive Ansprache individueller Kunden in einem Gebiet oder individueller Mitglieder einer Kundengruppe, das bzw. die ausschließlich einem anderen Vertriebshändler zugewiesen wurde, z.B. mittels Direktversand von Briefen oder persönlichen Besuchs; oder die aktive Ansprache einer bestimmten Kundengruppe oder von Kunden in einem bestimmten Gebiet, die bzw. das ausschließlich einem anderen Vertriebshändler zugewiesen wurde, mittels Werbung in den Medien oder anderer Verkaufsfördermaßnahmen, welche sich speziell an die fragliche Kundengruppe oder speziell an die Kunden in dem fraglichen Gebiet richten; oder die Errichtung eines Lagers oder einer Vertriebsstätte in einem Gebiet, das ausschließlich einem anderen Vertriebshändler zugewiesen wurde“. *Passiver Vertrieb* bedeutet „die Erfüllung unaufgeforderter Bestellungen individueller Kunden, d.h. das Liefern von Waren an bzw. das Erbringen von Dienstleistungen für solche Kunden. Allgemeine Werbe- oder Verkaufsfördermaßnahmen in den Medien oder im Internet, die Kunden oder Kundengruppen in Gebieten erreichen, die einem anderen Vertriebshändler ausschließlich zugewiesen sind, die aber eine vernünftige Alternative zur Ansprache von Kunden- oder Kundengruppen, z.B. im eigenen Gebiet oder in Gebieten, die keinem Vertriebshändler zugewiesen sind, darstellen, sind passive Verkäufe“.

Gebietslizenzen[516] freigestellt. Verboten waren hingegen Klauseln oder abgestimmte Verhaltensweisen, die auf einen absoluten Gebietsschutz hinausliefen[517].

Freigestellt war die Verpflichtung des Lizenznehmers, die überlassene Technologie nicht im Gebiet des Lizenzgebers innerhalb des Gemeinsamen Marktes zu nutzen[518]. Damit war klargestellt, dass die Lizenz auf einen örtlichen Teilbereich des Gemeinsamen Marktes beschränkt sein konnte, sei es auf einen oder mehrere Mitgliedstaaten oder auch nur auf einzelne Regionen.

Zulässig war auch die Beschränkung von Herstellung oder Gebrauch des Vertragserzeugnisses/-verfahrens auf das Gebiet des Lizenznehmers[519]. Freigestellt war ferner die Verpflichtung des Lizenznehmers, in Vertragsgebieten anderer Lizenznehmer innerhalb des Gemeinsamen Marktes keine aktive Verkaufspolitik zu betreiben, das heißt keine speziell gebietsbezogene Werbung zu betreiben, keine Niederlassungen einzurichten und keine Auslieferungslager zu unterhalten[520]. Ergänzt wurde die Freistellung des Verbotes der aktiven Verkaufspolitik durch die Freistellung des Verbots einer passiven Verkaufspolitik, das heißt die Unterbindung sämtlicher Vertriebsaktivitäten eines Lizenznehmers in das Gebiet eines anderen Lizenznehmers[521]. Der passive Vertrieb von Vertragsprodukten durfte in Gebieten anderer Lizenznehmer hingegen nur für einen Zeitraum von fünf Jahren ab erstmaliger Produkteinführung des Vertragsproduktes durch irgendeinen Lizenznehmer auf dem Gemeinsamen Markt beschränkt werden[522]. Damit konnte jedoch nur die Verpflichtung des Lizenznehmers freigestellt werden, das hergestellte Lizenzerzeugnis nicht selbst in Gebieten anderer Lizenznehmer in Verkehr zu bringen. Unzulässig war dage-

---

[516] EuGH, Rs. 258/78 – *Nungesser*, Slg. 1982, 2015

[517] Artikel 3 Nr. 3 GFTT a.F.; vgl. Jestaedt in Langen/Bunte, Art. 81 Fallgruppen, Rn. 274

[518] Artikel 1 Absatz 1 Nr. 3 GFTT a.F.

[519] Artikel 1 Absatz 1 Nr. 4 GFTT a.F.

[520] Artikel 1 Absatz 1 Nr. 5 GFTT a.F.

[521] Artikel 1 Absatz 1 Nr. 6 GFTT a.F.

[522] Artikel 1 Absatz 2 Satz 2 GFTT a.F.

gen die Verpflichtung des Lizenznehmers, das ihm auferlegte Exportverbot an seine Abnehmer weiterzugeben[523].

Sämtliche der zuvor dargestellten Gebietsbeschränkungen konnten zeitlich nur begrenzt vom Vorteil der automatischen Freistellung profitieren: Für passive Gebietsbeschränkungen von Lizenznehmern untereinander galt die oben genannte Fünf-Jahresfrist. Die übrigen Gebietsbeschränkungen konnten in Patentlizenzverträgen grundsätzlich so lange vereinbart werden, soweit und solange das Lizenzerzeugnis im Gebiet des Lizenznehmers entsprechend den jeweiligen nationalen Vorschriften patentrechtlich geschützt war („paralleles Patent")[524]. Bei reinen Know-how-Verträgen wurde die Freistellung für einen Zeitraum von höchstens zehn Jahren ab dem ersten Inverkehrbringen des Lizenzerzeugnisses innerhalb des Gemeinsamen Marktes durch den Lizenznehmer gewährt[525]. Die Freistellung gemischter Patentlizenz- und Know-how-Vereinbarungen galt mindestens zehn Jahre, höchstens aber solange, wie das Lizenzerzeugnis in dem jeweiligen Mitgliedstaat geschützt war[526]. Das Überschreiten der zeitlichen Grenzen galt als Kernbeschränkung, deren Vorliegen allen wettbewerbsbeschränkenden Klauseln der Vereinbarung das Privileg der Gruppenfreistellung entzog[527].

Auch wenn die alte GFTT offen ließ, ob die Gebiete des Lizenzgebers bzw. der anderen Lizenznehmer diesen ausschließlich, d.h. ohne Nutzungsrechte anderer, zugewiesen waren, bezogen sich sämtliche der freigestellten territorialen Beschränkungen auf Gebiete, in denen überhaupt ein anderes Unternehmen, entweder der Lizenzgeber oder ein anderer Lizenznehmer aktiv war. Die Beschränkung des Verkaufs der Vertragsprodukte an nicht zugewiesene „freie"

---

[523] Artikel 3 Nr. 3 GFTT a.F.

[524] Artikel 1 Absatz 2 Satz 1 GFTT a.F.; Jestaedt in Langen/Bunte, Art. 81 Fallgruppen, Rn. 250

[525] Artikel 1 Absatz 3 GFTT a.F.; bei reinen Patentlizenzvereinbarungen war dagegen die Laufzeit der zum Schutz der Technologie notwendigen Patente in den jeweiligen betroffenen Mitgliedstaaten ausschlaggebend, die jeweils anhand der dem Vertragspartner auferlegten Gebietsbeschränkungen zu ermitteln waren; vgl. zu den unterschiedlichen Freistellungsfristen der alten GFTT: Jestaedt in Langen/Bunte, Art. 81 Fallgruppen, Rn. 250-254

[526] Artikel 1 Absatz 4 GFTT a.F.; Jestaedt in Langen/Bunte, Art. 81 Fallgruppen, Rn. 254

[527] Artikel 3 Nr. 7 GFTT a.F.

Gebiete war somit vom Wortlaut der alten GFTT nicht gedeckt und konnte auch nicht als „Minusabrede“ qualifiziert werden[528]. Die praktische Relevanz dieses Umstandes war jedoch wegen der weitgehenden Möglichkeiten des Lizenzgebers, sich Gebiete auch ohne konkrete Ausnutzung der Technologie vorzubehalten, gering[529].

4.3.5.3.2 Neue Regelung

Die Behandlung von Gebietsbeschränkungen nach der neuen GFTT ist davon abhängig, ob diese zwischen Wettbewerbern oder Nicht-Wettbewerbern vereinbart werden:

Für Vereinbarungen zwischen Wettbewerbern sind die Möglichkeiten zur Vereinbarung von Gebietsbeschränkungen im Vergleich zur alten GFTT reduziert worden: Jede Art von Marktaufteilung, sei es nach Märkten oder nach Kunden, gilt nun nach Artikel 4 Absatz 1 Buchstabe c) GFTT n.F. als Kernbeschränkung. Allerdings gibt es hiervon eine Reihe von Ausnahmen, wie etwa die Verpflichtung des Lizenznehmers, die Technologie nur innerhalb bestimmter technischer Anwendungsbereiche oder auf bestimmten Produktmärkten zu nutzen[530] bzw. nur für den Eigenbedarf herzustellen[531]. Zulässig ist ferner die Beschränkung des Lizenzgebers, in einem bestimmten Gebiet keinem anderen Lizenznehmer eine Technologie-Lizenz zu erteilen[532].

Da das Vorliegen gewisser Gebietsbeschränkungen bisher eine der Freistellungsvoraussetzungen darstellte[533], und entsprechende Regelungen demnach in

---

[528] So auch Ullrich in Immenga/Mestmäcker, EG-Wettbewerbsrecht, Band I, GFVO Nr. 240/96, Rn. 38 und Schultze/Pautke/Wagener, WRP 2004, S. 175, 182

[529] Anders als der Lizenznehmer, dem eine Ausübungspflicht der Lizenz auferlegt werden kann, unterliegt der Lizenzgeber regelmäßig keinem Ausübungszwang hinsichtlich seiner Technologie.

[530] Artikel 4 Absatz 1 Buchstabe c) Ziffer i) GFTT n.F.

[531] Artikel 4 Absatz 1 Buchstabe c) Ziffer vi) GFTT n.F.

[532] Artikel 4 Absatz 1 Buchstabe c) Ziffer iii) GFTT n.F.

[533] Dies galt, sofern die Vereinbarung keine Kennzeichnungspflicht oder Beschränkungen zum Eigengebrauch der Vertragsprodukte durch den Lizenzgeber enthielt (Artikel 1 Ab-

fast allen Verträgen beinhaltet sind, die auf der Grundlage der alten GFTT geschlossen wurden, sind Alt-Lizenzverträge zwischen Wettbewerbern mit Ablauf der in Artikel 10 GFTT n.F. festgelegten Übergangsfrist zum 31.03.2006 erheblichem Anpassungsbedarf ausgesetzt.

Für Vereinbarungen unter Nicht-Wettbewerbern hat die Kommission einen an die Vertikal-Gruppenfreistellungsverordnung (EG) Nr. 2790/1999 angelehnten Regelungsansatz gewählt: Gebiets- und Kundenkreisbeschränkungen des Lizenzgebers sind innerhalb der Marktanteilsschwellen freigestellt[534]. Gebiets- und Kundenkreisbeschränkungen des Lizenznehmers zählen als Kernbeschränkungen, von denen die Kommission allerdings eine Reihe von Ausnahmen zulässt[535].

So stellen Beschränkungen des aktiven und passiven Verkaufs durch Lizenznehmer in ein Exklusivgebiet oder an eine Exklusivkundengruppe, das bzw. die dem Lizenzgeber vorbehalten ist, keine Kernbeschränkungen dar[536]. Sie fallen unter die Gruppenfreistellung. Die Kommission geht davon aus, dass solche Beschränkungen bis zur Marktanteilsschwelle zwar den Wettbewerb einschränken, aber die wettbewerbsfördernde Verbreitung der Technologie und die Integration dieser Technologie in die Produktion des Lizenznehmers unterstützen[537]. Die Kommission bleibt insofern bei einer sehr weit reichenden Beschränkungsmöglichkeit. Abweichend von der bisherigen Regelung ist jedoch, dass das Gebiet/die Kundengruppe, in dem/an die der Vertrieb untersagt wird, dem Lizenzgeber exklusiv zugewiesen sein muss, das heißt, dass dieser in diesem Gebiet/bezüglich dieser Kundengruppe nur selbst tätig sein und keine weiteren Lizenznehmer einsetzen darf. Wenngleich das Erfordernis der Gebietsausschließlichkeit unter Bezugnahme auf den Freistellungszweck der alten GFTT teilweise[538] auch bereits für die bisherige GFTT angenommen wurde,

---

satz 1 Nr. 7 und 8 GFTT a.F.); siehe zu den Anwendungsvoraussetzungen der GFTT a.F. auch Schultze/Pautke/Wagener, WRP 2004, S. 175, 177 f.

534 Leitlinien GFTT, Tz. 99

535 Artikel 4 Absatz 2 Buchstabe b) GFTT n.F.

536 Artikel 4 Absatz 2 Buchstabe b) Ziffer i) GFTT n.F.; Leitlinien GFTT, Tz. 100

537 Leitlinien GFTT, Tz. 100

538 Ullrich in Immenga/Mestmäcker, EG-Wettbewerbsrecht, Band I,GFVO Nr. 240/96, Rn. 39

fand diese Auffassung in dem insoweit offenen Wortlaut der alten GFTT keine Grundlage[539].

Beschränkungen des passiven Verkaufs durch Lizenznehmer in ein Exklusivgebiet oder an eine Exklusivkundengruppe, das bzw. die einem anderen Lizenznehmer vorbehalten ist, unterliegen der Gruppenfreistellung während eines Zeitraums von zwei Jahren, gerechnet ab dem Zeitraum, zu dem das Erzeugnis, das die lizenzierte Technologie enthält, von dem betreffenden Lizenznehmer zum ersten Mal in dem ihm vorbehaltenen Vertragsgebiet oder an die ihm vorbehaltene Kundengruppe verkauft wird[540]. Nach Ablauf der zwei Jahre werden Beschränkungen des passiven Verkaufs im Verhältnis zwischen Lizenznehmer als Kernbeschränkungen eingestuft, die generell von Artikel 81 Absatz 1 EGV erfasst werden und nach Ansicht der Kommission kaum die Voraussetzungen von Artikel 81 Absatz 3 EGV erfüllen[541]. Ohnehin dürften Beschränkungen des passiven Verkaufs für das Erzielen von Effizienzgewinnen kaum unerlässlich sein[542].

Die GFTT n.F. sieht für Vereinbarungen zwischen Nicht-Wettbewerbern neben diesen – für die Praxis bedeutsamsten – Ausnahmen vier weitere Ausnahmen von der Kernbeschränkung der Gebiets- und Kundenkreisbeschränkungen des Lizenznehmers vor. Die Ausnahmen betreffen die Möglichkeit, den Lizenznehmer zu verpflichten, die Vertragsprodukte nur für den Eigenbedarf zu produzieren[543]. Wie bei Vereinbarungen unter Wettbewerbern gilt die Gruppenfreistellung auch für Vereinbarungen, die den Lizenznehmer verpflichten, die Vertragsprodukte nur für einen bestimmten Kunden zu produzieren, wenn die Lizenz erteilt worden ist, um diesem Kunden eine alternative Bezugsquelle zu verschaffen[544]. Artikel 4 Absatz 2 Buchstabe b) Ziffer v) GFTT n.F. sieht vor, dass der Lizenzgeber dem Lizenznehmer vorschreiben darf, nicht an Endverbraucher, sondern nur an Einzelhändler zu verkaufen. Artikel 4 Absatz 2 Buch-

---

[539] Schultze/Pautke/Wagener, WRP 2004, S. 175, 183

[540] Artikel 4 Absatz 2 Buchstabe b) Ziffer ii) GFTT n.F.

[541] Leitlinien GFTT, Tz. 101

[542] Siehe dazu Rs. 258/78, *Nungesser*, Slg. 1982, 2015, Rn. 77

[543] Artikel 4 Absatz 2 Buchstabe b) Ziffer iii) GFTT n.F.

[544] Artikel 4 Absatz 2 Buchstabe b) Ziffer iv) GFTT n.F.

stabe b) Ziffer vi) GFTT n.F. zufolge darf dem Lizenznehmer außerdem verboten werden, an nicht zugelassene Händler zu verkaufen.

Die teilweise gleichen Bestimmungen in der Vertikal-Gruppenfreistellungsverordnung[545] und die bei der Vertragsgestaltung gesammelten Erfahrungen lassen erwarten, dass die Anwendung dieser Ausnahmen in der Praxis keine wesentlichen Probleme bereiten dürfte. Während die Beschränkung des Lizenznehmers auf die Eigenproduktion bereits nach der alten GFTT erlaubt war, ist die Beschränkung des Lizenznehmers auf Verkäufe auf der Großhandelsebene genau wie der selektive Vertrieb im Zusammenhang mit Technologietransfer-Vereinbarungen durch die neue GFTT erstmalig normiert worden. Mit diesen beiden neuen Ausnahmen werden nun weiter reichende Gestaltungsmöglichkeiten geschaffen. Dabei ist die in Artikel 4 Absatz 2 Buchstabe b) Ziffer vi) GFTT n.F. genannte Ausnahme im Zusammenhang mit der Sonderregelung für Vertriebsbeschränkungen im selektiven Vertriebssystem zu sehen: Anknüpfend an die Vertikal-Gruppenfreistellungsverordnung ordnet die neue GFTT Beschränkungen des aktiven und passiven Vertriebs durch auf der Einzelhandelsstufe tätige Mitglieder eines selektiven Vertriebssystems an Endkunden als Kernbeschränkung ein. Somit wird es bei Existenz eines selektiven Vertriebssystems auch für Technologietransfer-Vereinbarungen zwischen Nicht-Wettbewerbern nicht mehr möglich sein, dem (auf der Einzelhandelsstufe tätigen) Lizenznehmer Gebietsbeschränkungen aufzuerlegen[546]. Entsprechende Regelungen in Altverträgen bedürfen insoweit der Anpassung.

4.3.5.4 Abnehmer-/Kundenkreisbeschränkungen

4.3.5.4.1 Alte Regelung

Klauseln über die Aufteilung des Kundenkreises in ein und demselben technischen Anwendungsbereich oder Produktmarkt – wie etwa das Verbot, bestimmte Kundenkategorien zu beliefern oder Bestimmungen gleicher Wirkung – hatten nach der alten GFTT zur Folge, dass die Vereinbarung von der Gruppenfreistellung ausgeschlossen blieb, sofern die Vertragspartner bei den Lizenzer-

---

[545] Siehe Artikel 4 Buchstabe b) 2. und 3. Spiegelstrich Verordnung (EG) Nr. 2790/1999

[546] Schultze/Pautke/Wagener, WRP 2004, S. 175, 184

zeugnissen miteinander im Wettbewerb standen[547]. Wurden derartige Beschränkungen zwischen Unternehmen vereinbart, die nicht miteinander im Wettbewerb standen, unterlag die Vereinbarung einer Einzelprüfung im Rahmen des Widerspruchsverfahrens[548].

Die alte GFTT bot gleichwohl Möglichkeiten, indirekt Beschränkungen der Abnehmer durchzusetzen. So war Artikel 3 GFTT a.F. nicht anwendbar, wenn eine Patent- oder Know-how-Lizenz erteilt wurde, um einem Kunden eine zweite Lieferquelle zu verschaffen. In diesem Fall bildete das dem zweiten Lizenznehmer auferlegte Verbot, andere als den betreffenden Kunden zu beliefern, eine unerlässliche Voraussetzung für die Erteilung der zweiten Lizenz, weil hierdurch keine unabhängige Versorgungsquelle auf dem Markt geschaffen werden sollte[549]. Entsprechendes galt für eine Begrenzung der Menge, die der Lizenznehmer dem betreffenden Kunden liefern durfte[550]. Ferner konnte dem Lizenznehmer die Lizenz nur zum Eigengebrauch gewährt werden, so dass ihm der Vertrieb von Lizenzerzeugnissen als solches untersagt war[551]. Möglich war es außerdem, die Lizenz von vornherein nur auf ein bestimmtes Anwendungsfeld zu beschränken[552].

4.3.5.4.2 Neue Regelung

Wie schon von der Vertikal-Gruppenfreistellungsverordnung bekannt, ist die Kommission bestrebt, Gebiets- und Kundenkreisbeschränkungen einheitlich zu behandeln. Dies gilt nach der neuen GFTT sowohl für Vereinbarungen zwischen Wettbewerbern als auch für Vereinbarungen unter Nicht-Wettbewerbern[553]. Insoweit kann auf die obigen Bezug genommen werden.

---

[547] Artikel 3 Nr. 4 GFTT a.F.

[548] Verordnung (EG) Nr. 240/96, Erwägungsgrund 23

[549] Verordnung (EG) Nr. 240/96, Erwägungsgrund 23

[550] Artikel 2 Absatz 1 Nr. 13 GFTT a.F.

[551] Artikel 1 Absatz 1 Nr. 8 GFTT a.F.

[552] So genannte Field-of-use-Klausel, Artikel 2 Absatz 1 Nr. 8 GFTT a.F.

[553] Artikel 4 Absatz 1 Buchstabe c) und Absatz 2 Buchstabe GFTT n.F.

Im Gegensatz zu den Gebietsbeschränkungen fallen in der neuen GFTT die Anpassungserfordernisse bei Kundenkreisbeschränkungen aufgrund der bereits von der alten GFTT getroffen Unterscheidung zwischen Wettbewerbern und Nichtwettbewerbern geringer aus.

4.3.5.5 Wettbewerbsverbote

4.3.5.5.1 Alte Regelung

Die alte GFTT war in Bezug auf die Vereinbarung von Wettbewerbsverboten nicht ganz konsequent. Einerseits war die Beschränkung der Freiheit eines Vertragspartners, innerhalb des Gemeinsamen Marktes in den Bereichen Forschung und Entwicklung, Herstellung, Gebrauch oder Vertrieb mit einem anderen Vertragspartner in Wettbewerb zu treten, als Kernbeschränkung verboten[554]. Demgegenüber waren andererseits Beschränkungen mit einer ähnlichen Zielrichtung, aber nicht ganz so weit reichenden Konsequenzen, zulässig. So konnte es sich der Lizenzgeber vorbehalten, eine dem Lizenznehmer eingeräumte Ausschließlichkeit im Vertragsgebiet zu beenden und Verbesserungen nicht mehr zu lizenzieren, falls der Lizenznehmer innerhalb des Gemeinsamen Marktes mit dem Lizenzgeber in Wettbewerb trat[555].

Zur Vermeidung von Wettbewerbstätigkeiten des Lizenznehmers konnte der Lizenzgeber ferner die Lizenz auf einen technischen Anwendungsbereich begrenzen (Field of Use) oder eine so genannten „Best-Effort"-Klausel vereinbaren[556], die dem Lizenznehmer die Verpflichtung auferlegte, die überlassene Technologie nach besten Kräften zu nutzen. Die Fähigkeiten des Lizenznehmers, Konkurrenzprodukte herzustellen oder zu vertreiben, konnten hierbei zusätzlich durch die Vereinbarung von Mindestmengen oder –umsätzen in Bezug auf die Lizenzerzeugnisse beschnitten werden[557].

---

[554] Artikel 3 Nr. 2 GFTT a.F.

[555] Artikel 2 Absatz 1 Nr. 18 GFTT a.F.

[556] Artikel 2 Absatz 1 Nr. 17 GFTT a.F.

[557] Artikel 2 Absatz 1 Nr. 9 GFTT a.F.

4.3.5.5.2 Neue Regelung

Offensichtlich war auch die Kommission mit dem in der alten GFTT verfolgten Ansatz nicht zufrieden. In ihrem Evaluierungsbericht vom Dezember 2001 äußerte die Kommission die Ansicht, hinsichtlich der Auswirkungen von Wettbewerbsverboten werde nicht ausreichend danach differenziert, ob die Vereinbarung zwischen Wettbewerbern oder Nicht-Wettbewerbern bestehe und ob sie sich auf die Vertriebs-, Herstellungs- oder Forschungstätigkeiten des Lizenznehmers beziehe[558].

Folgerichtig differenziert nun die neue GFTT bei Wettbewerbsverboten zwischen Vereinbarungen unter Wettbewerbern und solchen unter Nicht-Wettbewerbern. Bei Vereinbarungen zwischen Nicht-Wettbewerbern gilt die Freistellung nach Artikel 2 nicht für unmittelbare oder mittelbare Verpflichtungen, die die Möglichkeit des Lizenznehmers, seine eigene Technologie zu verwerten, oder die Möglichkeit der Vertragsparteien, Forschungs- und Entwicklungsarbeiten durchzuführen, beschränken, es sei denn, diese Beschränkung ist unerlässlich, um die Preisgabe des lizenzierten Know-hows an Dritte zu verhindern[559]. Von ihrem Inhalt her handelt es sich um die gleiche Beschränkung wie die als Kernbeschränkung eingeordnete Beschränkung in Vereinbarungen zwischen Wettbewerbern[560]. Allerdings kann bei einer Vereinbarung zwischen Nicht-Wettbewerbern nicht generell davon ausgegangen werden, dass diese negative Auswirkungen auf den Wettbewerb hat[561]. Vielmehr bedarf es in diesen Fällen einer Einzelprüfung.

4.3.6 Nicht freigestellte Beschränkungen

Neben der Liste mit Kernbeschränkungen enthält die neue GFTT in Artikel 5 Beschränkungen, die von der Gruppenfreistellung ausgenommen sind und eine Einzelprüfung hinsichtlich ihrer wettbewerbsbeschränkenden und wettbe-

---

[558] Kommission, Evaluierungsbericht, Tz. 154 ff.

[559] Artikel 5 Absatz 2 GFTT n.F.

[560] Artikel 4 Absatz 1 Buchstabe d) GFTT n.F.; Leitlinien GFTT, Tz. 94-96

[561] Leitlinien GFTT, Tz. 114

werbsfördernden Auswirkungen erfordern[562]. Die Vereinbarung einer oder mehrerer dieser Beschränkungen hat zur Folge, dass die jeweilige Klausel nicht freigestellt und demzufolge unwirksam ist. Im Gegensatz zu der Vereinbarung einer Kernbeschränkung bleibt die Möglichkeit einer Gruppenfreistellung für sonstige beschränkende Vereinbarungen aber erhalten[563]. Auch für die Darstellung der nicht freigestellten Beschränkungen wird zur besseren Verständlichkeit kurz auf die entsprechenden Bestimmungen in der alten GFTT eingegangen.

4.3.6.1 Rücklizenz-Bestimmungen

4.3.6.1.1 Alte Regelung

Nach der alten GFTT war die Verpflichtung des Lizenznehmers zulässig, dem Lizenzgeber eine Lizenz für eventuelle technologische Verbesserungen zu erteilen. Voraussetzung war allerdings, dass der Lizenznehmer befugt blieb, seine Verbesserungen auch selbst zu nutzen oder Dritten zu überlassen und an künftigen Erkenntnissen und Erfindungen des Lizenzgebers teilzuhaben[564]. Dem Lizenznehmer auferlegte, nicht-gegenseitige Rücklizenz-Verpflichtungen oder ausschließliche Rücklizenzen für abtrennbare Verbesserungen waren hingegen weder freigestellt noch ausdrücklich verboten. Solche Klauseln fielen in den „grauen" Bereich, der eine Einzelfreistellung verlangte[565].

Absolut unzulässig war bisher die Verpflichtung des Lizenznehmers, Weiterentwicklungen der überlassenen Technologie ausschließlich auf den Lizenzgeber zu übertragen[566]. Davon unberührt blieben aber Klauseln, in denen beide Vertragsparteien sich zur - nicht ausschließlichen - Lizenzüberlassung bei technologischen Verbesserungen verpflichteten[567].

---

562 Artikel 5 Absatz 1 GFTT n.F.

563 Leitlinien GFTT, Tz. 107

564 Artikel 2 Absatz 1 Nr. 4 GFTT a.F.

565 Kommission, Evaluierungsbericht, Tz. 25, 165

566 Artikel 3 Nr. 6 GFTT a.F.

567 Artikel 2 Absatz 1 Nr. 4 GFTT a.F.

4.3.6.1.2 Neue Regelung

Bei den Bestimmungen zur Rücklizenzierung hat sich die Kommission für eine Zusammenlegung der in der alten GFTT an verschiedenen Stellen aufgeführten Regelungen in Artikel 5 Absatz 1 Buchstaben a) und b) der neuen GFTT entschieden. Artikel 5 Absatz 1 Buchstaben a) und b) GFTT n.F. betreffen ausschließliche Rücklizenzen bzw. die Verpflichtung, dem Lizenzgeber abtrennbare Verbesserungen[568] der lizenzierten Technologie zu übertragen.
Auch nach der neuen GFTT ist die Verpflichtung des Lizenznehmers zur exklusiven Rücklizenzierung seiner Verbesserungsrechte nicht freigestellt, wobei das Verbot einer ausschließlichen Lizenz auch in Zukunft nur bei abtrennbaren Verbesserungen gilt[569]. Allerdings fällt auf, dass die Kommission nicht länger an dem Erfordernis der Wechselseitigkeit der Rücklizenzierung festhält. Damit ist es neuerdings innerhalb der freigestellten Marktanteilsschwellen erlaubt, von dem Lizenznehmer einseitig die Rücklizenzierung seiner Verbesserungsrechte an den Lizenzgeber zu verlangen, so lange diese Lizenzierung auf nicht exklusiver Basis erfolgt und den Lizenznehmer folglich nicht von einer eigenen Nutzung dieser Rechte abhält[570].

Nach der neuen GFTT ist die Verpflichtung, dem Lizenzgeber abtrennbare Verbesserungen der lizenzierten Technologie zu übertragen, zwar nicht freigestellt[571], jedoch betrachtet die Kommission eine solche Klausel nicht länger als Kernbeschränkung.

4.3.6.2 Nichtangriffsabreden

4.3.6.2.1 Alte Regelung

Die Verpflichtung des Lizenznehmers, die Gültigkeit der lizenzierten Patente bzw. den geheimen und wesentlichen Charakter des überlassenen Know-hows

---

[568] Vgl. die Definition des Begriffs in Artikel 1 Absatz 1 Buchstabe n) GFTT n.F.

[569] Artikel 5 Absatz 1 Buchstabe a) GFTT n.F

[570] Artikel 5 Absatz 1 Buchstabe a) GFTT n.F.; Leitlinien GFTT, Tz. 109

[571] Artikel 5 Absatz 1 Buchstabe b) GFTT n.F.

nicht anzugreifen, wurde bisher als graue Klausel eingeordnet[572]. Demgegenüber war die Vereinbarung eines Kündigungsrechtes des Lizenzgebers für den Fall, dass der Lizenznehmer den geheimen oder wesentlichen Charakter des überlassenen Know-how oder die Gültigkeit der lizenzierten Schutzrechte bestritt, zulässig[573].

4.3.6.2.2 Neue Regelung

Die neue GFTT ändert an der Beurteilung von Nichtangriffsklauseln nichts. Die Vereinbarung unmittelbarer oder mittelbarer Verpflichtungen des Lizenznehmers, die Gültigkeit der geistigen Eigentumsrechte des Lizenzgebers nicht anzugreifen, ist von der Gruppenfreistellung ausgenommen[574]. Dies gilt sowohl für Vereinbarungen zwischen Wettbewerbern als auch zwischen Nicht-Wettbewerbern. Unverändert zulässig ist die Möglichkeit des Lizenzgebers, den Lizenzvertrag im Falle einer Anfechtung der lizenzierten Technologie zu beenden[575].

---

[572] Artikel 4 Absatz 2 Buchstabe b) GFTT a.F.

[573] Artikel 2 Absatz 1 Nr. 15 GFTT a.F.

[574] Artikel 5 Absatz 1 Buchstabe c) GFTT n.F.

[575] Leitlinien GFTT, Tz. 113

5 Bewertung der neuen GFTT

5.1 Anwendungsbereich

5.1.1 Vereinbarungen zwischen zwei Parteien

Die neue GFTT gilt für Verträge zwischen zwei Unternehmen über den Transfer von Technologien[576]. Technologietransfer-Vereinbarungen zwischen mehr als zwei Unternehmen sind dagegen von der Verordnung nicht gedeckt[577]. Die Kommission ist nach der Ratsverordnung Nr. 19/65[578] nicht befugt, Technologietransfer-Vereinbarungen zwischen mehr als zwei Unternehmen in die Gruppenfreistellung einzubeziehen.

Problematisch ist, dass immer mehr wirtschaftliche Projekte im Bereich der neuen Technologien wegen ihrer Größenordnung, Komplexität und Kostenintensität mehr als zwei vertraglich verbundene Lizenzpartner verlangen. Das Bedürfnis nach einer freistellenden Regelung ist demnach groß[579].

Da Lizenzvereinbarungen zwischen mehr als zwei Unternehmen weitgehend die gleichen Fragen aufwerfen wie Lizenzvereinbarungen, an denen nur zwei Unternehmen beteiligt sind, ist es zu begrüßen, wenn die Kommission die Grundsätze der Verordnung auf Mehrparteien-Lizenzen analog anwenden will[580]. Damit hat die Kommission auf dem Gebiet der Mehrparteien-Lizenzen zumindest für mehr Rechtssicherheit gesorgt, womit dem Bedürfnis der Indu-

---

[576] Artikel 2 Satz 1 GFTT n.F.

[577] Leitlinien GFTT, Tz. 38

[578] ABl. EG vom 06.03.1965, Nr. P 36, S. 355

[579] Charles River Associates, S. 53 f.; Kommission, Evaluierungsbericht, Tz. 67; Stellungnahmen zum Evaluierungsbericht der Kommission: ZVEI, S. 4; BDI, S. 4

[580] Leitlinien GFTT, Tz. 40; so auch DV GRUR, S. 6 in der Stellungnahme zum Evaluierungsbericht der Kommission

strie einstweilen bis zu einer Änderung der Ratsverordnung Nr. 19/65 Rechnung getragen wird[581].

5.1.2 Vereinbarungen über die Produktion von Vertragsprodukten

Aus Artikel 2 GFTT n.F. folgt, dass Lizenzvereinbarungen, die unter die GFTT fallen, der „Produktion von Vertragsprodukten" dienen müssen, das heißt von Produkten, die die lizenzierte Technologie enthalten oder mit ihrer Hilfe produziert werden[582]. Die Lizenz muss insofern dem Lizenznehmer gestatten, die lizenzierte Technologie zur Produktion von Waren oder Dienstleistungen zu nutzen[583].

Die GFTT n.F. erfasst ferner Lizenzvereinbarungen über die Produktion von Vertragsprodukten, in denen dem Lizenznehmer die Vergabe von Unterlizenzen an Dritte gestattet wird, unter der Bedingung, dass die Produktion der Vertragserzeugnisse der Hauptgegenstand der Vereinbarung ist[584]. Demgegenüber sind Vereinbarungen, deren Hauptgegenstand die Vergabe von Unterlizenzen ist, vom Anwendungsbereich der GFTT ausgeschlossen. Die Kommission erklärt zwar in den Leitlinien, die Grundsätze der GFTT und der Leitlinien in der gleichen Weise auf solche „Masterlizenz-Vereinbarungen" zwischen dem Lizenzgeber und dem Lizenznehmer anzuwenden[585]. Es bleibt aber in den Leitlinien offen, wie die Kommission solche Lizenzverträge im Einzelfall behandeln wird. Insofern werden die Leitlinien der enormen Bedeutung von Masterlizenz-Vereinbarungen in der Praxis nicht gerecht[586].

5.1.3 Technologiepools

Mit der Regelung in Artikel 2 GFTT n.F. wird die Anwendbarkeit der neuen GFTT auf Vereinbarungen zur Gründung von Technologiepools ausdrücklich

---

[581] Kommission, Evaluierungsbericht, Tz. 135, 181

[582] Leitlinien GFTT, Tz. 41

[583] Vgl. Erwägungsgrund 7 der GFTT n.F.

[584] Leitlinien GFTT, Tz. 42

[585] Leitlinien GFTT, Tz. 42

[586] Vgl. Stellungnahme LESI zum Entwurf für eine neue GFTT, Tz. 10; Stoffmehl, S. 75

ausgeschlossen[587]. Unter Technologiepools sind Vereinbarungen zu verstehen, bei denen zwei oder mehr Parteien ein Technologiepaket zusammenstellen, das sowohl an die Mitglieder des Pools als auch an Dritte in Lizenz vergeben wird[588]. Nicht damit verwechselt werden sollten allerdings Vereinbarungen zwischen einem Technologiepool auf der einen und einem Unternehmen auf der anderen Seite; diese Vereinbarungen werden wie alle anderen Lizenzvereinbarungen behandelt[589].

Technologiepools sind wegen der zunehmenden Komplexität der neuen Technologien in der Wirtschaft von erheblicher Bedeutung[590]. Die Kommission hatte daher die Frage der Anwendbarkeit der neuen GFTT auf Technologiepools ausdrücklich im Evaluierungsbericht aufgeworfen[591], sich aber schließlich gegen die Einbeziehung der Poolvereinbarungen in den Verordnungstext entschieden. Diese Entscheidung ist entgegen der Kritik aus der Praxis[592] richtig, weil die Ratsverordnung Nr. 19/65 es der Kommission nicht erlaubt, zwischen mehr als zwei Parteien geschlossene Lizenzvereinbarungen und damit auch mehrseitige Technologiepools in eine Gruppenfreistellung einzubeziehen. Eine diesbezügliche Ausweitung des Anwendungsbereichs der GFTT würde eine Änderung der Ratsverordnung voraussetzen. Von daher blieb der Kommission nur die Möglichkeit, die fraglichen Vereinbarungen im Rahmen der Leitlinien zu behandeln[593].

Die Aussagen in den Leitlinien gehen einerseits auf eigene Erfahrungen der Kommission mit der Behandlung von Technologiepools zurück (siehe die Ver-

---

[587] Leitlinien GFTT, Tz. 41

[588] Leitlinien GFTT, Tz. 41, 210

[589] Leitlinien GFTT, Tz. 41, 212

[590] Dies zeigt sich auch darin, dass bei der Kommission unter der alten GFTT immer häufiger Anmeldungen eingingen, die Technologiepools zum Gegenstand hatten; vgl. Kommission, Evaluierungsbericht, Tz. 92, 132

[591] Kommission, Evaluierungsbericht, Tz. 132-135

[592] Lübbig, GRUR 2004, S. 483, 488

[593] Leitlinien GFTT, Tz. 210-235

fahren „DVD Patentlizenzprogramm“[594], „MPEG-2“[595] und „Canon/Kodak“[596]). Andererseits stehen die Ausführungen der Kommission zur kartellrechtlichen Beurteilung von Technologiepools in unmittelbarem Zusammenhang mit dem von der Kommission in Auftrag gegebenen „Report on Multiparty Licensing“ der wettbewerbsökonomischen Beratungsfirma Charles River Associates, der die bisherige Praxis der Kartellbehörden in diesem Bereich darstellt und Empfehlungen für die Zukunft gibt[597].

In Anlehnung an die Empfehlungen dieses Berichts unterscheidet die Kommission bei der Beurteilung von Technologiepools zwischen technologischen Ergänzungen und technologischen Substituten[598]. Die Kommission betrachtet die Einbeziehung von substituierbaren Technologien in einen Pool im Regelfall als einen nicht freistellungsfähigen Verstoß gegen Artikel 81 Absatz 1 EGV, sofern sich der Pool im Wesentlichen aus substituierbaren Technologien zusammensetzt[599]. Dem ist zuzustimmen, weil die Aufnahme von substituierbaren Technologien in den Pool den Technologienwettbewerb einschränkt und zu Kopplungsgeschäften führen kann.

Die Abgrenzung von „ergänzenden“ und „substituierbaren“ Technologien[600] fällt in der Praxis allerdings oft nicht leicht, weil sich Technologien teilweise ersetzen und teilweise ergänzen können[601]. Diese Schwierigkeit ist der Kommission zwar nicht verborgen geblieben, ihr in Teilziffer 218 der Leitlinien entwickeltes Unterscheidungskriterium, wonach es darauf ankommen soll, ob bei der Integration zweier lizenzierter Technologien Lizenznehmer „wahrscheinlich“ beide Technologien verlangen, bleibt jedoch selbst im Unklaren. Außerdem werden von den Unternehmen in einem Technologiepool meist al-

---

[594] ABl. EG 1999, Nr. C 242, S. 4

[595] ABl. EG 1998, Nr. C 229, S. 6

[596] ABl. EG 1997, Nr. C 330, S. 3

[597] Charles River Associates, Report on Multiparty Licensing vom 22.04.2003

[598] Leitlinien GFTT, Tz. 215

[599] Leitlinien GFTT, Tz. 219

[600] Vgl. die Definitionen in den Leitlinien GFTT, Tz. 216

[601] Vgl. Stellungnahme des BDI zum Entwurf für eine neue GFTT, S. 10

ternative Technologien offeriert, da häufig noch Unsicherheiten bestehen, welche Technologie sich besser einsetzen lässt[602]. Bei solchen Pools muss wegen der vagen Unterscheidungskriterien jedoch davon ausgegangen werden, dass sie unter Artikel 81 Absatz 1 EGV fallen

Weiterhin differenziert die Kommission bei der wettbewerbsrechtlichen Beurteilung von Technologiepools zwischen wesentlichen und nicht wesentlichen Technologien[603]. Eine Technologie ist nach der Definition in den Leitlinien wesentlich, wenn es zu ihr – im Gegensatz zu einer nicht wesentlichen Technologie – innerhalb oder außerhalb des Pools kein Substitut gibt und die betreffende Technologie notwendiger Bestandteil des Pakets an Technologien ist, die für die Herstellung der Produkte oder die Anwendung der Verfahren, auf die sich der Pool bezieht, unerlässlich sind[604]. Setzt sich ein Pool lediglich aus wesentlichen und sich somit notwendigerweise ergänzenden Technologien zusammen, nimmt die Kommission an, dass die Einrichtung eines solchen Pools im Allgemeinen nicht unter Artikel 81 Absatz 1 Absatz EGV fällt[605]. Im Gegensatz dazu befürchtet die Kommission die Gefahr des Ausschlusses fremder Technologien, wenn in den Pool nicht wesentliche, aber sich ergänzende Patente einbezogen werden[606].

Es ist offensichtlich, dass sich im Rahmen der wettbewerbsrechtlichen Beurteilung von Technologiepools über die Frage, ob eine Technologie wesentlich ist oder nicht, im Einzelfall trefflich streiten lässt. Da bisher nur wenige Präzedenzfälle bekannt sind, bleibt zu hoffen, dass die Kommission künftig insbesondere in schwierigen Abgrenzungsfragen zu Technologiepools beratend zur Seite steht. Dies kann etwa durch Beratungsschreiben oder Nichtanwendbar-

[602] Vgl. Stellungnahme des BDI zum Entwurf für eine neue GFTT, S. 10

[603] Leitlinien GFTT, Tz. 215

[604] Leitlinien GFTT, Tz. 216

[605] Leitlinien GFTT, Tz. 220

[606] Leitlinien GFTT, Tz. 221

keitsentscheidungen gemäß Artikel 10 der Verordnung (EG) Nr. 1/2003 erfolgen[607].

5.1.4 Softwarelizenzen

Die GFTT gilt für Technologietransfer-Vereinbarungen. Der Begriff der Technologietransfer-Vereinbarung ist in Artikel 1 Absatz 1 Buchstabe b) GFTT n.F. legal definiert. Danach werden neuerdings Softwarelizenz-Vereinbarungen vom Begriff der Technologietransfer-Vereinbarung umfasst. Erstmals wird damit die Freistellung dieser Verträge ausdrücklich geregelt. Auch wenn die Kommission in der Vergangenheit im Allgemeinen dazu neigte, Softwarelizenzen auf gleiche Weise zu behandeln wie Patentlizenzen[608], so wurde diese Situation fehlender Rechtssicherheit angesichts der enormen Bedeutung von Softwarelizenzen von vielen als unbefriedigend empfunden[609].

Gleichwohl ist die Neuregelung fragwürdig, da Patentlizenzen nur bedingt mit Softwarelizenzen vergleichbar sind. Während es bei Patentlizenzen etwa um die eigenverantwortliche Gestaltung einer Produktion geht, handelt es sich bei Softwarelizenzen meist um bloße Anwendungsverträge[610]. Zudem sind Computerprogramme (die sog. Software) als solche vom Patentschutz ausgenommen[611]. Auch wenn diese Ausnahme umstritten ist, so ist doch unstreitig, dass zwischen Computerprogrammen technischer und nichttechnischer Art zu unterscheiden ist[612] und dass jedenfalls die bloße Programmform weder das Programm noch die in diesem enthaltene Information technisch macht[613]. Insofern

---

[607] Vgl. Stellungnahme des BDI zum Entwurf für eine neue GFTT, S. 10; Koenigs, DB 2003, S. 755, 756; Schmidt, BB 2003, S. 1237, 1241

[608] Kommission, Evaluierungsbereicht, Tz. 114

[609] Lejeune, CR 2004, S. 467, 471; Taylor Wessing, S. 2; Stellungnahmen zum Evaluierungsbericht der Kommission: BDI, S. 3; VPP, S. 2; ZVEI, S. 3

[610] Stellungnahme der DV GRUR zum Entwurf für eine neue GFTT, S. 7; vgl. Pagenberg/Geißler, § 13, Rn. 8-15

[611] § 1 Absatz 2 Nr. 3 PatG; Busse, § 1 Rn. 41, 49; der BGH sieht jedoch keinen Hinderungsgrund für eine Patentierung, wenn über das konkrete Programm hinaus die softwaretechnische Idee geschützt werden soll (BGH, BB 2000, S. 1696 – *Sprachanalyseeinrichtung*)

[612] Vgl. auch OLG Düsseldorf, WRP 1998, S. 1202, 1208 ff.

[613] Busse, § 1 Rn. 49

ist nicht einzusehen, weshalb nach der neuen GFTT nunmehr alle Softwarelizenz-Vereinbarungen, also auch solche nichttechnischer Art, vom Begriff der Technologietransfer-Vereinbarung umfasst werden.

Andererseits spricht für die Einbeziehung von Softwarelizenzen in die GFTT, dass in der Praxis vielfach Software lizenziert wird, die ausschließlich zum Betreiben des patentierten Produktes, beispielsweise einer Maschine, eingesetzt werden kann und nicht nur einen unwesentlichen Teil der Gesamtlieferung ausmacht[614].

Ferner entsprechen Softwarelizenzen eher der geschäftlichen Praxis bei Patent- und Know-how-Lizenzvereinbarungen als die Lizenzierung von anderen urheberrechtlich geschützten Werken wie Literatur, bildende Kunst und Musik[615]. Denn bei Computerprogrammen handelt es sich um Informationstechnologien und nicht um kulturelle Schöpfungen[616].

Außerdem ist die Unterscheidung zwischen Computerprogrammen technischer und solchen nichttechnischer Art nicht immer eindeutig. Jedenfalls kann dies im konkreten Einzelfall streitig sein. Die Beschränkung des Anwendungsbereiches der neuen GFTT auf solche Softwarelizenzen, die Computerprogramme technischer Art zum Gegenstand haben, würde daher die Anwendung der GFTT auf Softwarelizenzen erheblich komplizieren.

Darüber hinaus wird durch die Neuregelung in dem wirtschaftlich bedeutenden Bereich der Softwarelizenzierung ein Mehr an Rechtssicherheit geschaffen. Insofern ist die Entscheidung zu begrüßen, aus dem Bereich des Urheberrechts Softwarelizenzen in den Anwendungsbereich der GFTT einzubeziehen[617].

Problematisch ist jedoch, dass in Bezug auf Softwarelizenzen der Anwendungsbereich der neuen GFTT gegenüber der Gruppenfreistellungsverordnung

---

[614] Europäischer Wirtschafts- und Sozialausschuss (EWS), 3.1.1

[615] Stellungnahme des ZVEI zum Evaluierungsbericht der Kommission, S. 3

[616] M. Rehbinder, Rn. 127, 129

[617] So im Ergebnis auch Lejeune, CR 2004, S. 467, 471

für vertikale Vereinbarungen[618] teilweise nicht klar abgrenzbar ist[619]. Während gemäß Artikel 1 Absatz 1 Buchstabe b) GFTT n.F. Softwarelizenz-Vereinbarungen als „Technologietransfer-Vereinbarungen“ gelten, sofern sie „unmittelbar mit der Produktion von Vertragsprodukten verbunden sind“, umfasst die Gruppenfreistellungsverordnung Nr. 2790/99 den Verkauf und den Erwerb von Software auf materiellen Trägern („hard copy“) oder von vorinstallierter Software auf Hardwarekomponenten (zum Beispiel beim Kauf von Computern, die mit urheberrechtlich geschützter Software geliefert werden)[620].

In der Praxis finden sich im wesentlichen drei verschiedene Formen der Softwareüberlassung[621], die alle drei meist als „Lizenz“ betrachtet, von der Rechtsprechung[622] aber oft als Warenkauf behandelt werden. Es bleibt unklar, in welchen Fällen die GFTT und in welchen Fällen die Gruppenfreistellungsverordnung für vertikale Vereinbarungen[623] angewendet werden soll. Weder die Verordnungstexte noch die dazugehörigen Leitlinien bieten genügend Hilfestellung.

Bei der Überlassung von Betriebssoftware (Systemsoftware) an Computerhersteller zur Ausstattung neuer Computer scheint es sich um Lizenzen im Sinne der GFTT zu handeln[624]. Dabei wird die Betriebssoftware, die in die Hardware integriert ist, vom Käufer der Hardware miterworben, so dass sich separate Lizenzverträge für den Benutzer kaum finden[625]. Für den Endnutzer bedarf es bei

---

618 Verordnung (EG) Nr. 2790/99

619 Vgl. Lejeune, CR 2004, S. 467, 471; Stellungnahme der DV GRUR zum Entwurf für eine neue GFTT, S. 7

620 Leitlinien für vertikale Beschränkungen, ABl. EG vom 13.10.2000, C 291/9 f., Tz. 40, 41; die Gruppenfreistellungsverordnung für Vertikalverträge Nr. 2790/1999 ist aber auf reine Softwarelizenzverträge nach deren Artikel 2 Absatz 3 nicht anwendbar.

621 Stellungnahme der DV GRUR zum Entwurf für eine neue GFTT, S. 7; Pagenberg/Geißler, Kap. 13, Rn. 9 f.; M. Rehbinder, Rn. 391

622 BGH BB 2000, S. 638; Putzo in Palandt § 453 Rn. 8

623 Verordnung (EG) Nr. 2790/99

624 Stellungnahme der DV GRUR zum Entwurf für eine neue GFTT, S. 7

625 Pagenberg/Geißler, Kap. 13 Rn. 9; M. Rehbinder, Rn. 391

bloßem Ablauf auch keiner urheberrechtlichen Nutzungsrechte, weil beim Ablauf keine Verwertungshandlung stattfindet[626].

Die Überlassung von Standardsoftware (Massenanwendersoftware in der Form standardisierter Benutzerprogramme) an Händler zum Zwecke der Weitergabe an Endnutzer dürfte ein Fall der Gruppenfreistellungsverordnung für vertikale Vereinbarungen sein. Denn hier erlangt der Wiederverkäufer keine Lizenz für Rechte an der Software selbst, sondern lediglich das Recht, die Software weiter zu verkaufen. Bei dieser Vertriebsform besteht das Lizenzverhältnis lediglich zwischen dem Inhaber der Urheberrechte und dem Nutzer der Software[627].

Bei der dauerhaften Überlassung von Standardsoftware gegen einmaliges Entgelt besteht die größte Unklarheit hinsichtlich der Anwendung der Gruppenfreistellungsverordnungen. Bei dieser Form der Softwareüberlassung ist nach der Rechtsprechung Kaufrecht anwendbar[628]. Gleichwohl wird diese Form der Überlassung meist als „Lizenz" bezeichnet[629], weil der Käufer hierbei keine unbeschränkte Nutzungsbefugnis erwirbt. Dies gilt nicht nur in Bezug auf die vom Verkäufer beigefügten Lizenzbedingungen, sondern Einschränkungen ergeben sich bereits aus dem Gesetz[630].

Die Abgrenzung zwischen Lizenzen, die unter die GFTT fallen, und reinen Vertriebslizenzen, die von der GFTT nicht erfasst werden, ist auch dann nicht hinreichend klar, wenn es um die Anfertigung oder den Weitervertrieb von Kopien einer bestimmten Software geht[631]. Auf den ersten Blick könnte dies ein Fall der Gruppenfreistellungsverordnung für vertikale Vereinbarungen sein[632].

---

626 BGHZ 112, 278 - *Betriebssystem*

627 Leitlinien für vertikale Beschränkungen, ABl. C 291/1 vom 13.10.2000, Tz. 40

628 BGH, BB 2000, S. 638; M. Rehbinder, Rn. 391; Putzo in Palandt § 453 Rn. 8

629 Stellungnahme der DV GRUR zum Entwurf für eine neue GFTT, S. 7

630 Nutzungsbeschränkungen ergeben sich etwa aus §§ 16, 17, 32 UrhG: Verbot der Vervielfältigung und Verbreitung sowie die räumliche, zeitliche und inhaltliche Nutzungsbeschränkung

631 Lejeune, CR 2004, S. 467, 471

632 Leitlinien für vertikale Beschränkungen, ABl. EG vom 13.10.2000, C 291/1, Tz. 40

Man könnte aber auch an die Anwendung der GFTT denken. Nach den Ausführungen in den Leitlinien zur GFTT ist „die Vergabe von Lizenzen für die Vervielfältigung und Verbreitung eines geschützten Werkes, d.h. die Herstellung von Kopien für den Weiterverkauf", eine der „Lizenzierung von Technologie ähnliche Form der Lizenzvergabe"; derartige Lizenzvereinbarungen werden „ihrer Art nach wie Technologietransfer-Vereinbarungen angesehen"[633].

5.1.5 Sonstige Urheberrechts- und Warenzeichenlizenzen

Die neue GFTT gilt nur für Vereinbarungen, deren Hauptgegenstand der Technologietransfer ist. Sie ist weder anwendbar auf Vereinbarungen über den Erwerb von Waren und Dienstleistungen noch auf die Lizenzierung anderer Arten von geistigen Eigentumsrechten wie Urheber- oder Markenrechte[634]. Letztere fallen wie bisher auch nur insoweit in den Anwendungsbereich der neuen GFTT, als sie mit der Nutzung der überlassenen Technologie unmittelbar verbunden sind und nicht den Hauptgegenstand der Vereinbarung darstellen[635]. Insoweit haben sich gegenüber der Vorgängerverordnung keine Änderungen ergeben[636].

Die Frage, ob Urheber- oder Markenrechte mit der Nutzung der überlassenen Technologie unmittelbar verbunden sind bzw. ob diese Schutzrechte den Hauptgegenstand einer Vereinbarung darstellen, kann im Einzelfall schwierig zu beantworten sein[637]. Die Beantwortung dieser Frage entscheidet darüber, ob die Vereinbarung von der GFTT gedeckt ist oder nicht. Bedauerlicherweise hat es die Kommission versäumt, zu dieser Problematik in den Leitlinien näher Stellung zu nehmen[638]. Dies wiegt umso schwerer, als die Verträge nicht länger

---

[633] Leitlinien GFTT, Tz. 51

[634] Eine generelle Ausdehnung auf alle Urheberrechtslizenzen und Markenlizenzverträge wurde trotz intensiver Diskussion abgelehnt. Vgl. Kommission, Summary on submissions on the TTBE review report, S. 2

[635] Leitlinien GFTT, Tz. 49, 50

[636] Zur Regelung unter der alten GFTT: Jestaedt in Langen/Bunte, Art. 81 Fallgruppen, Rn. 239

[637] Vgl. Stellungnahmen zum Evaluierungsbericht der Kommission: BDI, S. 2; VPP, S. 2; ZVEI, S. 2 f.

[638] Das in den Leitlinien zur GFTT, Tz. 50 genannte einzige Beispiel ist unzureichend.

bei der Kommission angemeldet werden können und sich die betroffenen Unternehmen hier neuerdings auf ihre eigene Beurteilung verlassen müssen.

Gerade wegen des Wegfalls der Anmeldemöglichkeit und der damit verbundenen Rechtsunsicherheit wurde im Vorfeld der Reformierung der GFTT von verschiedenen Seiten gefordert, die Kommission möge alle geistigen und gewerblichen Schutzrechte in der neuen GFTT umfassend regeln[639].
Dieser Forderung ist die Kommission zu Recht nicht nachgekommen. Bei der Lizenzierung von Urheberrechten geht es in der Regel nicht um „Technologietransfer"[640] (mit Ausnahme von Software-Urheberrechten), sondern um die Verwertung kreativer persönlicher geistiger Leistungen. Ferner spielen Urheberrechte eine so vielfältige und unterschiedliche Rolle, dass einheitliche Freistellungsregeln problematisch sind. Zudem ist etwa die Interessenlage zwischen dem Inhaber eines Patents und seinem Lizenznehmer anders als das Verhältnis des Urhebers zu dem Nutzer seines Werkes[641]. Urheberrechte sind in besonderem Maße durch ihre persönlichkeitsrechtlichen Aspekte gekennzeichnet und lassen sich nicht mit technischen Schutzrechten gleichsetzen[642].

Insbesondere bei der Lizenzierung von Wiedergaberechten ergeben sich ganze spezielle Fragestellungen, die mit den in den Leitlinien zur GFTT entwickelten Grundsätze nicht zu behandeln sind. So beruht die Wertschöpfung bei den Wiedergaberechten auf jeder einzelnen Wiedergabe des geschützten Werkes, etwa in Form des Aufführens und Zeigens von geschützten Film- oder Musikwerken[643]. Bei der Anwendung von Artikel 81 EGV sind die Besonderheiten des Werks sowie die Art und Weise, wie es genutzt wird, zu beachten[644].

---

[639] Vgl. Stellungnahmen zum Evaluierungsbericht der Kommission: BDI, S. 2; VPP, S. 2; sieh auch Emmerich, Kartellrecht, § 37, 10 c)

[640] Stellungnahme der VPP zum Evaluierungsbericht der Kommission, S. 2

[641] Stellungnahme des BDI zum Entwurf für eine neue GFTT, S. 3

[642] Stellungnahme der DV GRUR zum Evaluierungsbericht der Kommission, S. 4

[643] Leitlinien GFTT, Tz. 52

[644] Siehe hierzu Rs. 262/81 - *Coditel II*, Slg. 1982, 3381

Allerdings wird die Kommission bei der Beurteilung der Vergabe von Lizenzen für die Vervielfältigung und Verbreitung eines urheberrechtlich geschützten Werken, das heißt die Herstellung von Kopien für den Weiterverkauf, die neue GFTT und die in den Leitlinien enthaltenen Grundsätze anwenden, wenn sie solche Lizenzvereinbarungen nach Artikel 81 EGV bewertet[645]. Diese Entwicklung ist begrüßenswert, weil die Vergabe von Lizenzen für die Vervielfältigung und Verbreitung eines urheberrechtlich geschützten Werkes eine der Lizenzierung von Technologie ähnliche Form der Lizenzvergabe darstellt. Da sich solche Lizenzvereinbarungen auf die Herstellung und den Verkauf von Erzeugnissen auf der Grundlage eines geistigen Eigentumsrechts beziehen, werfen sie in der Regel ähnliche Fragen auf und werden richtigerweise von der Kommission wie Technologietransfer-Vereinbarungen angesehen[646].

Zu Recht wendet die Kommission die GFTT und die dazugehörigen Leitlinien auch nicht auf die Lizenzierung von Warenzeichen an. Bei Warenzeichen steht die Produktdifferenzierung im Vordergrund. Die Gewährung von Warenzeichenlizenzen erfolgt häufig im Zusammenhang mit dem Verkauf von Waren und Dienstleistungen[647], weshalb die Warenzeichenlizenz eher einer Vertriebsvereinbarung ähnelt als einer Technologietransfer-Vereinbarung[648]. Hier folgt die Kommission dem von den „Antitrust Guidelines for the Licensing of Intellectual Property" vorgezeichneten Weg, wonach Lizenzverträge über Warenzeichen vom Geltungsbereich der „Antitrust Guidelines" ausgeschlossen sind[649].

Die Behandlung von wettbewerbsbeschränkenden Abreden in Markenlizenzverträgen ist daher nach wie vor offen. Bei der Beurteilung dieser Verträge orientieren sich die Gemeinschaftsorgane, soweit erkennbar, nach Möglichkeit an

---

645 Leitlinien GFTT, Tz. 51

646 Leitlinien GFTT, Tz. 51

647 Kommission, Evaluierungsbericht, Tz. 69

648 Leitlinien GFTT, Tz. 53

649 Fn. 1 der Guidelines und dazugehöriger Text

dem Vorbild der Praxis zu Patentlizenzverträgen[650]. Als unzulässig gelten Nichtangriffsabreden gegenüber prioritätsjüngeren und deshalb unwirksamen Marken sowie Abgrenzungsvereinbarungen, sofern mit ihnen eine Wettbewerbsbeschränkung bezweckt wird[651]. Ferner darf nicht über Markenlizenzverträge der Schutz von Patenten künstlich über die Laufzeit des Schutzrechts hinaus verlängert werden[652]. Warenzeichenlizenzen können nach der Verordnung (EG) für vertikale Vereinbarungen freigestellt sein[653]. Sie sind sonst im Einzelfall direkt nach Artikel 81 EGV zu beurteilen.

5.1.6 Geschmacksmusterlizenzen

Nicht nachvollziehbar ist, warum die Kommission in der reformierten GFTT Geschmacksmusterlizenzen in den Anwendungsbereich aufgenommen hat[654]. Geschmacksmusterrechte zählen nicht zu den technischen Schutzrechten. Sie dienen dem Schutz ästhetisch wirkender gewerblicher Muster und Modelle, die neu und eigentümlich sind[655]. Geschmacksmusterrechte haben wie Markenrechte mit dem Technologietransfer grundsätzlich nichts zu tun[656].

Deshalb ist es inkonsequent, wenn die Kommission nun Geschmacksmusterlizenzen in den Anwendungsbereich der neuen GFTT einbezieht. Interessanterweise finden sich auch weder in den Begründungserwägungen noch in den Leitlinien zur GFTT Erklärungen für die Aufnahme der Geschmacksmusterlizenzen in die neue GFTT.

---

[650] EuGH Slg. 1966, 321, 393 f. – *Grundig/Consten*; Slg. 1978, 1391, 1414 ff. – *Tepea*; 1985, 363, 385 – *B.A.T./Segers*; 1994, I-2836, 2855 – *Ideal-Standard*; EuG Slg. 1994, II-441, 498 – *Dunlop*; vgl. Emmerich, Kartellrecht, § 37/10c)

[651] Grundlegend EuGH Slg. 1994, I-2836, 2855, Tz. 59 – *Ideal-Standard*; Kommission, 19. WB, Tz. 59 (S. 76)

[652] Kommission, 19. WB, S. 98 f.

[653] Artikel 2 Absatz 3 der Verordnung (EG) Nr. 2790/99; Leitlinien für vertikale Beschränkungen, ABl. C 291/1 vom 13.10.2000, Tz. 30-38; Leitlinien GFTT, Tz. 53

[654] Artikel 1 Absatz 1 Buchstaben b) und h) GFTT n.F.

[655] § 1 Geschmacksmustergesetz; Hubmann/Götting, § 1/II/1 und § 30/I

[656] Stellungnahme der DV GRUR zum Evaluierungsbericht der Kommission, S. 4

Die zukünftige Einbeziehung von Geschmacksmustern in den Anwendungsbereich der GFTT lässt sich auch nicht damit rechtfertigen, dass Geschmacksmuster in manchen Fällen eine gewisse Schutzwirkung für das mit der Formgestaltung verbundene technische Merkmal haben. Denn dieser Schutz zielt nicht auf die technische Funktion, sondern nur auf die spezielle ästhetische Ausgestaltung des betreffenden Elementes ab[657].

5.2 Einführung von Marktanteilsschwellen

Anders als nach der bisherigen GFTT sieht die neue Verordnung in Artikel 3 Absatz 1 und 2 GFTT eine Freistellung einer Technologietransfer-Vereinbarung nur unter der Voraussetzung vor, dass bestimmte Marktanteile der Parteien auf einem relevanten Technologie- oder Produktmarkt nicht überschritten werden. Die Höhe der Schwellenwerte hängt davon ab, ob die Vertragsparteien Wettbewerber sind oder nicht.

Die Einführung von Marktanteilsschwellen ist im Vorfeld der Reformierung der neuen GFTT kontrovers diskutiert worden[658]. Insbesondere die Industrievertreter[659] sehen in dem Marktanteilsmodell die entscheidende Schwäche der neuen GFTT, da die Unternehmen bei der Lizenzierung neuerdings gezwungen sind, zwei oder drei unterschiedliche relevante Märkte zu bestimmen und dort die vorhandenen Marktanteile zu ermitteln.

5.2.1 Marktanteilsmodell

Mit der Einführung des Marktanteilsmodells folgt die GFTT vor allem dem Vorbild der Vertikal-Gruppenfreistellungsverordnung von 1999, die außer den Kernbeschränkungen alle Vereinbarungen freistellt, bei denen der Marktanteil

---

[657] Geißler/Wegner, S. 17

[658] Siehe die bei der Kommission eingereichten Stellungnahmen zum Entwurf für eine neue GFTT. Siehe vor allem BDI, S. 4; DV GRUR, S. 3-6; MPI, Tz. 6 ff.; EWS, 3.2; Schultze/Pautke/Wagener, WRP 2004, S. 175, 179; aus dem wissenschaftlichen Schrifttum besonders kritisch: Lind/Muysert, ECLR 2004, 25 (5), p. 181; weniger kritisch: Dolmans/Piilola, World Competition 2003, 26 (4), p. 541, 551-553

[659] Vgl. Stellungnahmen zum Entwurf für eine neue GFTT: BDI, S. 4; EFPIA, S. 2 f.

des bindenden Unternehmens 30% nicht übersteigt[660]. Das Marktanteilsmodell findet seine Rechtfertigung darin, dass nur bei Bestehen eines gewissen Grades an Marktmacht eine Wettbewerbsbeschränkung zu befürchten ist. Den Übergang zum Marktanteilsmodell sieht die Kommission als Ausdruck eines „wirtschaftsorientierten Ansatzes", bei dem untersucht wird, wie sich eine Vereinbarung auf dem relevanten Markt auswirkt[661].

Als Kriterium der Marktmacht orientiert sich die neue GFTT an den in Artikel 3 genannten Marktanteilsschwellen. Liegen die Marktanteile der an dem Lizenzvertrag beteiligten Unternehmen unter diesen Schwellen, so gilt der Lizenzvertrag in seiner Gesamtheit als freigestellt. Damit will die neue GFTT einen „safe harbour"[662] schaffen, in dem alle Technologietransfer-Vereinbarungen generell freigestellt sind, wobei die Marktanteilsschwellen diesen „safe harbour" begrenzen. Geschlossen ist der Eingang zu dem „safe harbour" aber in den Fällen, in denen der Lizenzvertrag auch nur eine der in den Kernbeschränkungen genannten Klauseln enthält[663].

Umgekehrt kommt ein Lizenzvertrag nicht in den Genuss der Gruppenfreistellung, wenn die Marktanteile oberhalb der Schwellenwerte der Verordnung liegen, ganz gleich wie harmlos der Vertragsinhalt auch sein mag. Werden die Marktanteilsschwellen überschritten, dann wird aber nicht schon deshalb die Wettbewerbswidrigkeit der Vereinbarung unterstellt. Vielmehr muss in diesen Fällen die Vereinbarung der herkömmlichen wettbewerbsrechtlichen Prüfung im Rahmen des Artikels 81 Absatz 1 und 3 EGV unterzogen werden[664]. Maßgebend für die wettbewerbsrechtliche Beurteilung bleiben daher auch nach der

---

[660] Als Vorbild für das Marktanteilsmodell im horizontalen Bereich diente vor allem die Verordnung Nr. 2659/2000 vom 29.11.2000 über die Anwendung von Artikel 81 Absatz 3 EGV auf Gruppen von Vereinbarungen über Forschung und Entwicklung, ABl. EG vom 05.12.2000, Nr. L 304/7

[661] Vgl. Nr. 4 der Begründungserwägung zur GFTT

[662] Gemeint ist ein "sicherer Bereich"

[663] Dies folgt aus Artikel 4 Absatz 1 und 2 der GFTT n.F.; vgl. Leitlinien GFTT, Tz. 75

[664] Leitlinien GFTT, Tz. 65, 130

neuen GFTT die bekannten und unter anderem von der Rechtsprechung der Europäischen Gerichte anerkannten Grundsätze des Lizenzkartellrechts[665].

Insofern stellt der Marktanteil eben nicht das maßgebliche Kriterium bei der wettbewerbspolitischen Beurteilung von Technologietransfer-Vereinbarungen dar. Das Marktanteilsmodell steht neben Artikel 81 Absatz 3 EGV und soll den Unternehmen die wettbewerbspolitische Beurteilung ihrer Lizenzverträge erleichtern[666]. Daher geht von diesem Modell als solchem, entgegen der Auffassung verschiedener Kommentatoren[667], keine von der Lizenzierung abschrekkende Wirkung aus.

Die neue GFTT nimmt durch die Einführung des Prinzips „Was nicht verboten ist, ist erlaubt“ den Vertragsparteien unterhalb der Marktanteilsschwellen das Risiko der Fehleinschätzung bisher nicht ausdrücklich genannter Klauseln und erleichtert dadurch den Umgang mit der Verordnung. Zudem erlangen die Unternehmen mit der Abschaffung der weißen und grauen Klauseln erheblich mehr Spielraum bei der Gestaltung von Lizenzverträgen. Die Verordnung verliert damit den oft kritisierten „Zwangsjackeneffekt“[668].

Gleichwohl ist die Orientierung am Kriterium des Marktanteils als Indiz für das Vorliegen von Marktmacht problematisch. Das Marktanteilsmodell ist nur eine normative Annäherung an die Bestimmung der Marktmacht. Zu Recht wird von Kritikern[669] des Marktanteilsmodells darauf hingewiesen, dass sich Marktmacht allgemein nur bedingt an Marktanteilen festmachen lässt. Dies gilt besonders für Technologietransfer-Vereinbarungen. Bei diesen trifft die statische Ermittlung des Marktanteils zu einem bestimmten Zeitpunkt mit der häufig auf-

---

665 Stellungnahme des MPI zum Entwurf für eine neue GFTT, Tz. 6

666 Stellungnahme des MPI zum Entwurf für eine neue GFTT, Tz. 7

667 Stellungnahmen zum Entwurf für eine neue GFTT: LESI, Tz. 34; EFPIA, S. 3

668 Schultze/Pautke/Wagener, WRP 2004, S. 175; Kommission, Evaluierungsbericht, Tz. 76, 175; vgl auch Stellungnahmen zum Evaluierungsbericht der Kommission: BDI, S. 1; ZVEI, S. 2

669 Stellungnahme EFPIA zum Entwurf für eine neue GFTT, S.2; EWS, 3.2.5

tretenden Dynamik von Innovationsmärkten und der oft langen Laufzeit der Vereinbarungen zusammen[670].

Bei einer dynamischen Marktentwicklung beinhaltet das Marktanteilsmodell zudem das Risiko von falschen Beurteilungen[671]. Einerseits können Vereinbarungen das Privileg der Gruppenfreistellung nutzen, obwohl sie Marktmacht begründen. So kann schon das Patentrecht für eine noch nicht eingeführte Technologie Marktmacht verschaffen und dem Rechteinhaber vertragliche Wettbewerbsbeschränkungen ermöglichen, wenn die Parteien im Voraus die Überlegenheit der Technologien erkennen[672]. Andererseits kann bei Überschreiten der Marktanteilsschwelle auf innovationsintensiven Märkten nicht zwingend davon ausgegangen werden, dass Marktmacht vorliegt[673]. Vor allem auf innovationsintensiven Märkten bestehen oft niedrige Marktzutrittschranken, sodass aktuell hohe Marktanteile häufig nur vorübergehend Bestand haben, weshalb der Marktanteil als Indiz für Marktmacht hier nur bedingt aussagekräftig ist[674]. Dies gilt beispielsweise dann, wenn eine veraltete Technologie noch eine hohe Marktdurchdringung aufweist, die Marktmacht aber gleichwohl fehlt, weil die Parteien die künftige technologische Neuerung bereits vorhersehen[675].

Die Einführung von Marktanteilsschwellen in der reformierten GFTT ist danach insgesamt weniger überzeugend als in der Verordnung (EG) für vertikale

---

[670] Gerade die mangelnde Berücksichtigung dynamischer Marktentwicklungen wurde in mehreren Stellungnahmen zum Entwurf für eine neue GFTT kritisiert: UNICE (europäischer Unternehmerverband), S. 2f.; International Chamber of Commerce, S. 2; DV GRUR, S. 6; MPI, Tz. 8; Vieregge, GRUR 2004, S. 489; Schultze/Pautke/Wagener, WRP 2004, S. 175, 179

[671] Vgl. hierzu Wissel/Eickhoff, WuW 2004, S. 1244, 1249

[672] Stellungnahme des MPI zum Entwurf für eine neue GFTT, Tz. 8; Drexl, GRUR Int. 2004, S. 716, 723

[673] Stellungnahme LESI zum Entwurf für eine neue GFTT, Tz. 13

[674] Vgl. auch Leitlinien GFTT, Tz. 132

[675] In diesem Sinne die Stellungnahme des MPI zum Entwurf für eine neue GFTT, Tz. 8 f.

Vereinbarungen. Dennoch ist der gewählte Ansatz zu befürworten, weil vorzugswürdigere Alternativen nicht erkennbar sind[676].

5.2.2 Alternativen zum Marktanteilsmodell

Als Alternative zu dem unpräzisen Marktanteilsmodell käme das unmittelbare Abstellen auf das Kriterium der Marktbeherrschung in Betracht. Diese Alternative wurde von der Kommission selbst in ihrem Evaluierungsbericht angesprochen[677]. Als Grundlage für die Gruppenfreistellung kann dieses Konzept aber nicht überzeugen.

Gegen das Kriterium der Marktbeherrschung spricht entscheidend das Prinzip der Rechtssicherheit. Insbesondere bei Technologietransfer-Vereinbarungen beurteilt sich die Frage der Marktbeherrschung im Wesentlichen nach den subjektiven Erwartungen der Marktbeteiligten im Hinblick auf künftige Entwicklungen. So kann eine neue Technologie schon deshalb Marktmacht verschaffen, weil der Lizenznehmer glaubt, es handle sich um eine überlegene Technologie und er deshalb auf die Lizenz angewiesen sei, um nicht vom Markt verdrängt zu werden. Umgekehrt können die Parteien einer Vereinbarung natürlich auch die Innovationskraft einer Technologie unterbewerten. Solche subjektiven Vorstellungen der Parteien sind für Kartellbehörden und Gerichte kaum zu ermitteln. Das sicherlich schematische Marktanteilsmodell gewährleistet demgegenüber ein sehr viel höheres Maß an Objektivität[678]. Als Grundlage für die Gruppenfreistellung ist daher das unmittelbare Abstellen auf das Kriterium der Marktbeherrschung sehr viel weniger geeignet als das Marktanteilsmodell.

Die Kritik, wonach das Markanteilsmodell zu statisch sei und die Dynamik von Technologiemärkten nicht genügend beachte, ist sicherlich berechtigt. Im Lizenzvertragsrecht liegen aber nicht immer dynamische Märkten vor[679]. Trotz reger Innovationstätigkeit stellen sich viele Produktmärkte als ausgesprochen

---

[676] So auch die Stellungnahme des MPI zum Entwurf für eine neue GFTT, Tz. 9; Drexl, GRUR Int. 2004, S. 716, 723

[677] Kommission, Evaluierungsbericht, Tz. 184

[678] Stellungnahme des MPI zum Entwurf für eine neue GFTT, Tz. 10

[679] So auch die Reaktion von Wettbewerbskommissar Monti auf die insbesondere vonseiten der Unternehmen geäußerten Kritik; vgl. Monti, S. 6

stabil dar. So sind etwa der Kfz-Markt, der Markt für Luftfahrzeuge oder der von Microsoft beherrschte Markt für Betriebssysteme trotz beachtlicher Innovationen weit weniger dynamisch als beispielsweise der Arzneimittelmarkt[680].

Natürlich ist es bei dem Marktanteilsmodell im Einzelfall möglich, dass unterhalb der Marktanteilsschwelle Marktmacht gegeben ist und oberhalb der Marktanteilsschwelle keine Marktmacht besteht. Jedoch wird im ersten Fall die Gefahr gravierender Wettbewerbsbeschränkungen durch das Verbot der Kernbeschränkungen begrenzt. Außerdem bietet Artikel 6 GFTT n.F. die Möglichkeit, im Einzelfall die Gruppenfreistellung zu entziehen. Im zweiten Fall findet bei der Prüfung im Rahmen von Artikel 81 Absatz 3 EGV das Fehlen von Marktmacht Berücksichtigung. Wenn keine Marktbeherrschung vorliegt, ist die vierte kumulative Voraussetzung des Freistellungstatbestandes in der Regel erfüllt[681].

Eine überlegene Alternative besteht auch nicht in der teilweise geforderten Beschränkung der Feststellung des Marktanteils auf den Zeitpunkt des Vertragsschlusses[682]. Damit ließe sich zwar die Freistellungsfähigkeit einer Vereinbarung ein für allemal klären, wodurch die Lizenzvertragsparteien ihre Marktanteile nicht dauerhaft verfolgen müssten. Dennoch verdient auch insoweit die von der Kommission gewählte Lösung den Vorzug.

Das Argument, Rechteinhaber würden durch die Gefahr des späteren Verlustes der Gruppenfreistellung von der Lizenzierung abgeschreckt[683], überzeugt nicht. Ökonomisch betrachtet haben nur marktbeherrschende Unternehmen die Wahl zwischen Lizenzierung und Nichtlizenzierung. In den meisten Fällen sind die

---

[680] Drexl, GRUR Int. 2004, S. 716, 723

[681] Diese Voraussetzung, wonach die Beschränkung nicht die Möglichkeit eröffnen darf, den Wettbewerb auszuschalten, wird allgemein als Bezugnahme auf das Konzept der Marktbeherrschung verstanden. Maßgebliches Kriterium für die Frage, ob noch Wettbewerb verbleibt, ist die Höhe des Marktanteils, den die betroffenen Unternehmen bei Durchführung der Absprache erzielen würden. Vgl. Drexl, GRUR Int. 2004, S. 716, 723; Bunte, S. 381; Sauter in Immenga/Mestmäcker, EG-Wettbewerbsrecht, Artikel 85 Absatz 3, Rn. C 28

[682] Stellungnahme EFPIA zum Entwurf für eine neue GFTT, S. 3

[683] Stellungnahme EFPIA zum Entwurf für eine neue GFTT, S. 3

Unternehmen nicht marktbeherrschend, so dass der Wettbewerb die Unternehmen zur Lizenzierung zwingt. In den wenigen Fällen, in denen eine Technologie von Anfang an Marktbeherrschung verschafft und Unternehmen auch von der Marktbeherrschung überzeugt sind, werden Unternehmen sich nur dann gegen die Lizenzierung entscheiden, wenn sie selbst über genügende Produktionskapazitäten verfügen. Andernfalls erscheint es sachgerecht, wenn sie ihre Lizenzverträge gleich an den für Artikel 81 Absatz 3 EGV geltenden Grundsätzen ausrichten.

Schließlich spricht gegen eine Beschränkung der Marktanteilsprüfung auf den Zeitpunkt des Vertragsschlusses, dass es für das Kartellverbot des Artikels 81 Absatz 1 EGV nur auf das Bezwecken oder Bewirken einer Wettbewerbsbeschränkung ankommt. Auf die Absicht der Beteiligten kommt es nicht an[684]. Demnach dürfen Verträge gleichen Inhalts und gleicher Wirkung wettbewerbspolitisch nicht unterschiedlich beurteilt werden, nur weil eine Vereinbarung zum Zeitpunkt des Vertragsschlusses noch von der Gruppenfreistellung gedeckt war. Sonst würde die neue GFTT Wettbewerbsverzerrungen nicht nur tolerieren, sondern sogar fördern[685].

5.2.3 Bestimmung des relevanten Marktes

Wie die Kommission den relevanten Markt bestimmt, geht aus ihren Leitlinien zur Marktdefinition hervor[686]. Die Leitlinien zur Anwendung von Artikel 81 EGV auf Technologietransfer-Vereinbarungen behandeln lediglich Aspekte der Marktdefinition, die von besonderer Bedeutung für den Technologietransfer sind[687].

Bei der Bestimmung des relevanten Marktes schlägt die Kommission wettbewerbspolitisch zu Recht eine Unterscheidung zwischen dem relevanten Technologiemarkt und dem relevanten Produktmarkt vor. Technologie ist ein Input, der entweder in ein Produkt oder einen Produktionsprozess Eingang findet.

---

[684] Saria in Liebscher/Flohr/Petsche, § 1 Rn. 66; Bunte, S. 369; Gassner, S. 29

[685] Stellungnahme des MPI zum Entwurf für eine neue GFTT, Tz. 11

[686] Bekanntmachung der Kommission über die Definition des relevanten Marktes im Sinne des Wettbewerbsrechts der Gemeinschaft, ABl. EG vom 9.12.1997, C 372, S. 5

[687] Leitlinien GFTT, Tz. 19

Technologietransfer-Vereinbarungen können insofern den Wettbewerb sowohl auf Inputmärkten als auch auf Outputmärkten beschränken. Eine Vereinbarung zwischen zwei Unternehmen, die konkurrierende Produkte vertreiben und sich gegenseitig Technologielizenzen für die Herstellung dieser Produkte gewähren, kann den Wettbewerb auf dem betreffenden Produktmarkt beschränken. Sie kann aber auch den Wettbewerb auf dem Technologiemarkt sowie unter Umständen auch auf anderen Inputmärkten beeinträchtigen. Es kann daher erforderlich sein, die relevanten Produktmärkte sowie die Technologiemärkte zu bestimmen, um die Auswirkungen von Lizenzvereinbarungen auf den Wettbewerb einschätzen zu können[688].

Der Marktanteil einer Partei auf den relevanten Technologiemärkten bestimmt sich nach der Präsenz der Technologie auf den relevanten Produktmärkten[689]. Hierbei handelt es sich um einen Notbehelf für die Praxis, um eine handhabbare Annäherung an die unmittelbare Bestimmung der Anteile auf den Technologiemärkten zu ermöglichen[690]. Erfasst wird damit auch die Technologie, die von der Lizenzierung ausgeschlossen ist und damit überhaupt nicht auf dem relevanten Technologiemarkt verfügbar ist. Dies ist richtig, weil auch zu der auf dem relevanten Technologiemarkt nicht zur Verfügung stehenden Technologie zumindest ein potenzielles Wettbewerbsverhältnis besteht[691].

Darüber hinaus kann es für die Kommission „in manchen Fällen nützlich und notwendig sein", auch noch Innovationsmärkte zu untersuchen, da sich Lizenzvereinbarungen auf die Innovationstätigkeit auswirken können[692]. Dieses Modell ist dem europäischen Recht fremd und besitzt seinen Ursprung im U.S.-

---

688 Vgl. hierzu auch die Leitlinien der Kommission zur Anwendbarkeit von Artikel 81 EGV auf Vereinbarungen über horizontale Zusammenarbeit, ABl. EG vom 06.01.2001, C 3, S. 2, Tz. 44 bis 52.

689 Artikel 3 Absatz 3 Satz 1 GFTT n.F.

690 Vgl. Leitlinien GFTT, Tz. 23: Bei einer unmittelbaren Bestimmung der Marktanteile auf den Technologiemärkten wäre die Höhe der Lizenzgebühren heranzuziehen. Die Lizenzgebühren lassen sich aber kaum ermitteln, wie Drexl zutreffend bemerkt, vgl. Drexl, GRUR Int. 2004, S. 716, 723, Fn. 71

691 Stellungnahme des MPI zum Entwurf für eine neue GFTT, Tz. 15; vgl. Leitlinien GFTT, Tz. 23

692 Leitlinien GFTT, Tz. 25

Kartellrecht[693]. In den USA bezieht sich der Innovationsmarkt auf die Entwicklung neuer, noch nicht existierender oder verbesserter Produkte bzw. Prozesse mit dem Wettbewerbsparameter Forschung und Entwicklung als Produkt des Innovationsmarktes[694]. Misslich für die praktische Handhabung ist, dass es in den Leitlinien sowohl an einer Definition des Innovationsmarktes als auch an einer Anleitung zur Marktabgrenzung fehlt.

Darüber hinaus ist der Innovationsmarktansatz mit weiteren Unsicherheiten behaftet, da Ergebnisse von Forschungsprojekten von vielen Zufallsfaktoren abhängig sind[695]. Welche Ergebnisse ein bestimmter Forschungsprozess hervorbringt kann ebenso wenig vorhergesagt werden wie die Frage, wann dies geschehen wird[696]. Dies macht eine sichere Marktbeurteilung ex ante nahezu unmöglich. Hinzu kommt, dass Erfindungen auch spontan und nicht beabsichtigt entstehen können. Potenzielle Wettbewerber dürften in diesem Zusammenhang kaum zu bestimmen sein, da die Unternehmen ihre Forschungs- und Entwicklungsaktivitäten grundsätzlich streng geheim halten[697].

Insofern stellt sich die Frage, ob die ohnehin schon schwierige Bestimmung des relevanten Marktes neben der erforderlichen Betrachtung des relevanten Produkt- und Technologiemarktes auch noch der Untersuchung des Innovationsmarktes bedarf. Selbst wenn der Innovationsmarkt nicht in jedem Fall bestimmt werden muss, sondern nur in Ausnahmefällen[698], wird den Lizenzvertragsparteien mit dieser Regelung eine zusätzliche Belastung auferlegt, deren zwingende Notwendigkeit zweifelhaft erscheint. Im Interesse der auf möglichst einfache Maßstäbe angewiesenen Praxis hätte daher die Kommission besser auf die Betrachtung des Innovationsmarktes vollständig verzichtet, zumal mit Arti-

---

693 US-Guidelines, Abschnitte 3.2.3

694 US-Guidelines, Abschnitte 3.2.3; vgl auch Bodewig, GRUR Int. 1997, S. 958, 964; Mummenthey, CR 1998, S. 113, 116 f.

695 Stellungnahme des BDI zum Entwurf für eine neue GFTT, S. 7

696 EWS, 3.2.4

697 EWS, 3.2.4

698 Leitlinien GFTT, Tz. 25

kel 6 GFTT n.F. ein Instrument zur Verfügung steht, das den Entzug des Rechtsvorteils der Freistellung gestattet.

5.2.4 Bestimmung von Marktanteilen

Auch wenn das von der Kommission gewählte Marktanteilsmodell mit seiner Unterscheidung zwischen Produkt- und Technologiemärkten vom Grundsatz her zu begrüßen ist, darf hierbei nicht übersehen werden, dass die Bestimmung des relevanten Marktes und der Marktanteile mit erheblichen Problemen verbunden sein kann.

Man kann vielleicht annehmen, dass, wenn Marktanteile im Rahmen einer Fusionskontrolle bestimmt werden können, dies auch bei einer Gruppenfreistellung möglich ist. Jedoch ist bekannt, dass in den Fusionskontrollverfahren die Bestimmung des Marktanteils der Unternehmen schon bei bekannten Produkten problematisch sein kann. Noch größere Schwierigkeiten ergeben sich bei neuen Produkten[699]. Deshalb versucht die Kommission in Fusionsfällen nicht selten, diese Frage dahingestellt zu lassen. Wenn sich solche Schwierigkeiten schon bei gut vorbereiteten Zusammenschlüssen ergeben, so muss dies um so mehr für alltägliche Verträge des Technologietransfers gelten.

Die in vielen Fällen gegebene Schwierigkeit, den eigenen Marktanteil auch nur annähernd genau festzustellen, ist weniger auf die Problematik der geographischen und sachlichen Marktabgrenzung zurückzuführen. Sie gründet sich vielmehr auf die Unkenntnis der Beteiligten über die betreffenden Zahlen[700]. Nicht jedes Unternehmen kennt für seine Produkte seinen eigenen Marktanteil oder kann diesen für den Fall des Nichtwissens ermitteln. Marktstatistiken mit zuverlässigen Angaben sind nicht immer vorhanden. Aufklärungsbefugnisse stehen ausschließlich den Kartellbehörden zu.

Mit ähnlichen Problemen sind die Lizenzvertragsparteien bei der Bestimmung ihrer Marktanteile auf den Technologiemärkten konfrontiert. Technologiemärkte betreffen die lizenzierte Technologie und ihre Substitute, d.h. andere Tech-

---

[699] Vgl. dazu Stoffmehl, S. 130 m.w.N.

[700] Stoffmehl, S. 131

nologien, die die Kunden alternativ verwenden könnten[701]. Ausgehend von der Technologie, die von den Parteien vermarktet wird, müssen die anderen Technologien ermittelt werden, zu denen die Kunden als Reaktion auf eine geringfügige, aber dauerhafte Erhöhung der relativen Preise, d.h. der Lizenzgebühren, überwechseln könnten (SSNIP-Test)[702].

Die Lizenzvertragsparteien wissen häufig nicht, welche anderen Inhaber von technischen Schutzrechten zur Lizenzvergabe bereit sind[703]. Auf dem Technologiemarkt besteht typischerweise keine Transparenz. Oft sind verlässliche Marktinformationen nicht verfügbar. Nicht selten bestehen Zweifel, ob ein „Markt" im Sinne von Angebot und Nachfrage existiert. Einen Sonderfall bilden hier sicherlich Know-how-Tatbestände bei anderen Unternehmen, von deren Existenz die Lizenzvertragsparteien schon rein begrifflich keine Kenntnis haben dürfen, weil sie sonst nicht mehr geheim sind[704]. Insofern verwundert es nicht, dass die Selbsteinschätzungen der Unternehmen bezüglich ihrer Marktanteile oft sehr stark von denen der Kartellbehörde abweichen[705].
Die gutgläubige Fehleinschätzung des eigenen Marktanteils durch Unternehmen sollte aufgrund der beschriebenen Schwierigkeiten bei der Bestimmung von Marktanteilen folgenlos bleiben[706]. Schon bei noch geltender Anmeldepflicht verzichtete die Kommission auf Geldbußen, soweit Unternehmen gutgläubig davon ausgegangen sind, dass ihre Vereinbarung von der Gruppenfreistellung gedeckt sei[707]. In gleicher Weise sollte in der Zukunft auch im Bereich von Technologietransfer-Vereinbarungen verfahren werden.

Dies könnte ebenso für den Fall gelten, in dem die Unternehmen gutgläubig davon ausgegangen sind, der Marktanteil werde auch zukünftig nicht aus dem

---

[701] Leitlinien GFTT, Tz. 22

[702] Bekanntmachung der Kommission zur Definition des relevanten Marktes im Wettbewerbsrecht, ABl. EG vom 09.12.1997, C 372/3, Rn. 36

[703] Stellungnahme der DV GRUR zum Entwurf für eine neue GFTT, S. 5

[704] Stellungnahme der DV GRUR zum Entwurf für eine neue GFTT, S. 5

[705] Europäischer Wirtschafts- und Sozialausschuss (EWS), 3.2.2

[706] So auch die Stellungnahme des MPI zum Entwurf für eine neue GFTT, Tz. 12

[707] Leitlinien für vertikale Beschränkungen, ABl. EG vom 13.10.2000, C 291/15, Tz. 65

Bereich der Gruppenfreistellung fallen[708]. Praktische Bedeutung hätte eine solche Regelung ohnehin nur dann, wenn auch die Voraussetzungen der Einzelfreistellung nach Artikel 81 Absatz 3 EGV nicht vorliegen. Dann hätten die Unternehmen zwar die Unwirksamkeit ihrer Vereinbarung hinzunehmen. Es stünde ihnen aber frei, eine Vereinbarung zu treffen, die den Anforderungen des Artikels 81 Absatz 3 EGV entspricht, um auf diese Weise den Vertrag und damit verbundene Investitionen zu retten.

5.2.5 Höhe der Marktanteilsschwellen

Die Festsetzung der Marktanteilsschwellen bei 20% bzw. 30 % in Artikel 3 Absatz 1 und 2 GFTT n.F. ist von mehreren Kommentatoren scharf angegriffen worden[709]

Die 20%-Schwelle für Vereinbarungen unter Wettbewerbern wird als zu niedrig empfunden, da dadurch eine Vielzahl unbedenklicher Vereinbarungen vom Anwendungsbereich der neuen GFTT ausgeschlossen wird[710]. So kann etwa bei neuartigen Erzeugnissen, die häufig Gegenstand einer Lizenzvereinbarung sind, sehr schnell ein hoher Marktanteil, wenn nicht sogar ein Monopol erreicht werden. Dabei ist zu bedenken, dass ein hoher Marktanteil oder die Existenz von Marktmacht nicht notwendigerweise von vorn herein als negativ anzusehen ist, da sie oft das Ergebnis erfolgreicher Innovation sind und es gerade dieser Faktor ist, den es zu schützen gilt. Nicht selten bilden auch Produkte, deren Herstellung durch entsprechende Patente geschützt sind, einen eigenen Markt. Erfinder streben sogar häufig ausdrücklich danach, ein einzigartiges Produkt zu erfinden, um sodann für die Dauer des Patentschutzes von der Erfindung zu profitieren. Anders ausgedrückt: Je einzigartiger die Erfindung ist, desto höher ist im Zweifelsfalle der Produktmarktanteil. Mit dem Produktmarktanteil korrespondiert also nicht selten eine besondere Schutzbedürftigkeit für das Recht des Patentinhabers und ein wettbewerbspolitisch zu begrüßendes Bedürfnis des Marktes zur Lizenzierung.

---

[708] Vgl. Stellungnahme des MPI zum Entwurf für eine neue GFTT, Tz. 12

[709] Vgl. die Stellungnahmen zum Entwurf für eine neue GFTT: DV GRUR, S. 5; BDI, S. 2-4; LESI, Tz. 11-15; EFPIA, S. 2 f.; EWS, 3.2.1-3.2.8

[710] Stellungnahmen zum Entwurf für eine neue GFTT: BDI, S. 3 f.; DV GRUR, S. 5; LESI, Tz. 13, 15, EFPIA, S. 2 f.; EWS, 3.2.8

Entsprechende Marktverhältnisse sind beim Abschluss eines Lizenzvertrages typisch und müssen nicht notwendigerweise zu einer kartellrechtlich relevanten Marktmacht führen. Dies gilt insbesondere dann, wenn durch neue Produkte oder Prozesse zunächst Nischenmärkte geschaffen werden, die sich kartellrechtlich nicht auswirken[711]. Damit wird deutlich, dass auch kleine und mittelständische Unternehmen, die häufig mit innovativen Produkten in kleinen Märkten vertreten sind, den Vorteil der Gruppenfreistellung nicht nutzen können, wenn sie den Marktanteil überschreiten. Es ist also keineswegs so, dass von der 20%-Marktanteilsschwelle nur die Großindustrie betroffen ist.

Bei der Diskussion der Höhe der Marktanteilsschwellen ist jedoch auch zu berücksichtigen, dass die Anwendbarkeit der neuen, weit gefassten GFTT durch den Wegfall des engen Korsetts mit Klauselkatalogen einer Einschränkung bedurfte, um einen wirksamen Schutz des Wettbewerbs sicherzustellen.

Die oben angesprochenen wettbewerbspolitischen Nachteile des Marktanteilsmodells[712] sprechen dafür, gerade bei den Technologietransfer-Vereinbarungen die Marktanteilsschwellen nicht zu hoch festzulegen[713]. Eine Gruppenfreistellungsverordnung sollte nur solche Vereinbarungen pauschal freistellen, bei denen mit hinreichender Sicherheit die Voraussetzungen des Artikels 81 Absatz 3 EGV vorliegen[714]. Zudem sind vergleichsweise niedrige Marktanteilsschwellen für die Unternehmen auch hinnehmbar, weil die Freistellung nach Artikel 81 Absatz 3 EGV unmittelbar wirkt, jedenfalls soweit Rechtsklarheit bei der Anwendung von Artikel 81 Absatz 3 EGV gewährleistet ist[715].

Die 20%-Marktanteilsschwelle erscheint nicht zu niedrig, denn negative Auswirkungen auf den Wettbewerb resultieren meist aus Situationen, in denen eine

---

[711] Europäischer Wirtschafts- und Sozialausschuss (EWS), 3.2.5

[712] Siehe 5.2.1

[713] Ganz anders die Stellungnahme der DV GRUR zum Entwurf für eine neue GFTT, S. 5

[714] Erwägungsgrund 9 zur neuen GFTT

[715] Drexl, GRUR Int. 2004, S. 716, 723

der Parteien ein gewisses Maß an Marktmacht besitzt und in denen somit eine generelle Gruppenfreistellung weniger angemessen erscheint[716].

Für die Festsetzung der 20%-Marktanteilsschwelle spricht ferner, dass dadurch die notwendige Kohärenz mit der 20%-Marktanteilsschwelle in den US „Antitrust Guidelines for the Licensing of Intellectual Property"[717] und der Gruppenfreistellungs-Verordnung (EG) Nr. 2658/2000[718] geschaffen wird. Gerade die Übereinstimmung mit den US-amerikanischen Lizenzvertragsregeln bringt für die Unternehmen erhebliche Vorteile mit sich, da das Lizenzvertragsrecht aufgrund der fortschreitenden Globalisierung der Märkte auf einheitliche Regelungen angewiesen sind.

In diesem Sinne ist auch die 30%-Marktanteilsschwelle für Nicht-Wettbewerber von der Kommission nicht zu niedrig angesetzt. Zudem wird durch die Marktanteilsschwelle von 30% die Kohärenz mit der Verordnung (EG) für vertikale Vereinbarungen[719] hergestellt, wodurch die Anwendbarkeit des Systems der Gruppenfreistellungsverordnungen insgesamt übersichtlicher wird.

5.3 Unmittelbare Anwendung von Artikel 81 Absatz 3 EGV

Das neue System der Legalausnahme gestattet den Lizenzvertragsparteien bei Überschreiten der Marktanteilsschwellen die wettbewerbsrechtliche Selbsteinschätzung. Damit tragen sie das Risiko der falschen Einschätzung und der Nichtigkeit des Vertrages gemäß Artikel 81 Absatz 2 EGV. Da Rechtssicherheit gerade im System der wettbewerbsrechtlichen Selbsteinschätzung ein vor-

---

716 Kommission, Evaluierungsbericht, Tz. 179; vgl. auch World Licensing Law Report 2004, 6 (5), p. 10, 11 und Peeperkorn, World Competition 2003, 26 (4), p. 527, 535 f.

717 US-Guidelines, Abschnitt 4.3

718 Artikel 4 der Verordnung (EG) Nr. 2658/2000 für Spezialisierungsvereinbarungen, ABl. EG vom 05.12.2000, L 304/3; demgegenüber sieht Artikel 4 der Verordnung (EG) Nr. 2659/2000 für FuE-Vereinbarungen eine Marktanteilsschwelle von 25% für konkurrierende Unternehmen vor.

719 Artikel 3 der Verordnung (EG) Nr. 2790/1999; eine Marktanteilsschwelle für Unternehmen, die nicht miteinander im Wettbewerb stehen, ist in den US-Guidelines nicht vorgesehen.

rangiges Bedürfnis der Unternehmen ist, muss insbesondere im Hinblick auf die Anwendung oberhalb der Marktanteilsschwellen hinreichend deutlich Erlaubtes von Verbotenem abgegrenzt werden. Wenn dies gewährleistet ist, kommt es auch für die Lizenzvertragsparteien nicht mehr entscheidend darauf an, ob die Marktanteilsschwellen überschritten werden[720].

Auf dieses Bedürfnis wird in der GFTT und in den Leitlinien leider nur ansatzweise eingegangen. In dem Verordnungsentwurf vom Oktober 2003 hatte die Kommission nur dargelegt, bei Überschreiten der Marktanteilsschwellen könne nicht angenommen werden, dass die objektiven Vorteile einer Vereinbarung die Nachteile für den Wettbewerb überwiegen würden[721]. In der Endfassung der neuen GFTT führt die Kommission nun aus, oberhalb der Marktanteilsschwellen könne nicht davon ausgegangen werden, dass die Freistellungsvoraussetzungen nicht erfüllt sind[722]. Bei Überschreiten der Marktanteilsschwellen müsse eine Einzelfallprüfung im Rahmen des Artikels 81 Absatz 3 EGV und der dazu in den Leitlinien niedergelegten Grundsätze vorgenommen werden[723].

In den Leitlinien werden die Voraussetzungen des Artikels 81 Absatz 3 EGV zwar zu Beginn genannt[724]. Bei der Frage der Freistellbarkeit im Falle des Überschreitens der Marktanteilsschwellen werden diese Voraussetzungen jedoch nicht betrachtet[725]. Wieder wählt Kommission einen wirtschaftsorientierten Ansatz, bei dem die Voraussetzungen des Artikels 81 Absatz 3 EGV im Kontext mit Artikel 81 Absatz 1 EGV im Stil einer amerikanischen „rule of reason" verschmelzen[726]. Hiernach erfolgt eine Abwägung zwischen den positiven und negativen Auswirkungen der Vereinbarung, wobei die Kommission zunächst die allgemeinen ökonomisch geprägten Faktoren der Beurteilung er-

[720] Drexl, GRUR Int. 2004, S. 716, 725

[721] Nr. 12 der Erwägungsgründe zum Entwurf GFTT,

[722] Nr. 12 der Erwägungsgründe zur neuen GFTT

[723] Leitlinien GFTT, Tz. 130 f.

[724] Leitlinien GFTT, Tz. 5

[725] Leitlinien GFTT, Tz. 130 ff.

[726] Drexl, GRUR Int. 2004, S. 716, 725. siehe dazu die Ausführungen in Kapitel 3.1.2.3.2

wähnt[727], anschließend ganz allgemein die negativen und positiven Wirkungen[728] restriktiver Lizenzvereinbarungen betrachtet und schließlich diesen analytischen Rahmen auf verschiedene Arten von Lizenzbeschränkungen anwendet[729].

Die Ausführungen der Kommission in den Leitlinien erinnern hier an ein „Lehrbuch der Ökonomie“[730]. Das mag für die Anwendung durch Wettbewerbsbehörden noch praktikabel sein. Für die juristische Praxis, insbesondere Anwälte und Richter, ist diese ökonomische Zugangsweise aber unbefriedigend. Insbesondere für den Richter, der im Rahmen der unmittelbaren Anwendbarkeit des Artikels 81 Absatz 3 EGV seine Entscheidungen begründen muss, bietet der wirtschaftsorientierte Regelungsansatz wenig Hilfestellung. Dabei nutzt es auch nicht, dass in den Leitlinien „im Interesse der besseren Berechenbarkeit“ nun zusätzlich der Hinweis erfolgt, „dass eine Verletzung des Artikels 81 EGV unwahrscheinlich ist, wenn „es neben den von den Vertragsparteien kontrollierten Technologien noch mindestens vier konkurrierende Technologien gibt, die zu für den Nutzer vergleichbaren Kosten anstelle der lizenzierten Technologie eingesetzt werden können“[731]. Auch damit wird nur wieder ein wirtschaftsorientierter Ansatz verfolgt, der eine problematische Marktabgrenzung bezüglich der Substituierbarkeit von Technologien verlangt[732].

Auch die zeitgleich mit der GFTT veröffentlichten Leitlinien zur Anwendung von Artikel 81 Absatz 3 EGV[733] bieten wenig Hilfestellung, da diesen nichts

---

[727] Leitlinien GFTT, Tz. 132-140

[728] Leitlinien GFTT, Tz. 141-152

[729] Leitlinien GFTT, Tz. 153 ff.

[730] Drexl, GRUR Int. 2004, S. 716, 725

[731] Leitlinien GFTT, Tz. 131

[732] Drexl, GRUR Int. 2004, S. 716, 726

[733] Leitlinien zur Anwendung von Artikel 81 Absatz 3 EGV, ABl. EG vom 27.04.2004, Nr. C 101/97-118

Konkretes zur Anwendung der allgemeinen Grundsätze auf Technologietransfer-Vereinbarungen entnommen werden kann[734].

5.4 Unterscheidung zwischen Wettbewerbern und Nicht-Wettbewerbern

Neben der Einführung von Marktanteilsschwellen ist die reformierte GFTT konzeptionell vor allem durch die Unterscheidung zwischen Vereinbarungen unter Wettbewerbern und Vereinbarungen unter Nicht-Wettbewerbern geprägt. Das zwischen den Parteien ermittelte Wettbewerbsverhältnis hat damit neuerdings zentrale Auswirkungen auf die inhaltlichen Gestaltungsmöglichkeiten eines Lizenzvertrages. Technologietransfer-Vereinbarungen zwischen Wettbewerbern werden nach US-amerikanischem Vorbild[735] einer strengeren Inhaltskontrolle unterzogen als Vereinbarungen zwischen Nicht-Wettbewerbern. So sieht die neue GFTT einerseits für Vereinbarungen zwischen Wettbewerbern einen strikteren Katalog von Kernbeschränkungen vor, andererseits sind in Vereinbarungen zwischen Nicht-Wettbewerbern weit reichendere Beschränkungen zulässig[736]. Zudem gilt bei Lizenzverträgen zwischen konkurrierenden Unternehmen eine niedrigere Marktanteilsschwelle als bei entsprechenden Verträgen zwischen nicht konkurrierenden Unternehmen[737].

Von den betroffenen Wirtschaftskreisen ist die unterschiedliche Behandlung von Lizenzen zwischen Wettbewerbern und Nicht-Wettbewerbern überwiegend mit Zustimmung aufgenommen worden[738]. Dem ist vom Grundsatz her zuzustimmen, weil im Allgemeinen Vereinbarungen zwischen Wettbewerbern eine

---

[734] Drexl, GRUR Int. 2004, S. 716, 726

[735] Vgl. Mummenthey, CR 1998, S. 113, 117

[736] Artikel 4 GFTT n.F.

[737] Lizenzvereinbarungen zwischen Wettbewerbern genießen die Gruppenfreistellung nur bis zu einem Marktanteil von 20%, Vereinbarungen zwischen Nichtwettbewerbern dagegen bis zu einem Marktanteil von 30%, Artikel 3 Absatz 1 und 2 GFTT n.F.

[738] Stellungnahmen zum Evaluierungsbericht der Kommission: VPP, S.2; BDI, S. 4 f.; ZVEI, S. 5; a. A. EFPIA in der Stellungnahme zum Entwurf für eine neue GFTT, Nr. 2. EFPIA ist der Ansicht, Marktanteilsschwellen, kombiniert mit einem Wettbewerber/Nichtwettbewerber Status der Parteien, könnten eine abschreckende Wirkung auf den Abschluss von Lizenzverträgen haben.

größere Gefahr für den Wettbewerb darstellen als Vereinbarungen zwischen Nicht-Wettbewerbern[739].

Die unterschiedliche Behandlung folgt auch aus dem allgemeinen wettbewerbspolitischen Bedürfnis, insbesondere den Wettbewerb im Verhältnis der Marke eines Herstellers zu anderen Konkurrenzprodukten (Interbrand-Wettbewerb[740]) zu schützen. Die Beschränkung von Wettbewerb in diesem Verhältnis hat unmittelbare Auswirkungen auf die Preise und Mengen der angebotenen Produkte, wodurch der Verbraucher direkt benachteiligt wird. Im Gegensatz dazu sind die Wirkungen vertikaler Beschränkungen ambivalent. Die Beschränkung des Wettbewerbs beim Absatz von Produkten desselben Herstellers durch seine Absatzmittler (Intrabrand-Wettbewerb[741]) ist grundsätzlich geeignet, den Wettbewerb mit anderen Herstellern – also den Interbrand-Wettbewerb – zu fördern. Anlass zur Besorgnis besteht erst, wenn der bindende Hersteller Marktmacht erlangt. In diesem Fall kann sich die vertikale Beschränkung zum Nachteil des Interbrand-Wettbewerbs auswirken, indem Konkurrenten vom Markt ferngehalten oder verdrängt werden[742].

Die Frage nach dem Wettbewerbsverhältnis ist für die Vertragsparteien jedoch nicht immer einfach zu beantworten. Schwierigkeiten bereitet dabei vor allem die Einbeziehung potenzieller Wettbewerber. Ob zwei Unternehmen als konkurrierende Unternehmen gelten, richtet sich nach der Legaldefinition in Artikel 1 Absatz 1 Buchstabe j) GFTT n.F., dessen Nr. ii) nicht nur die Gruppe der tatsächlichen, sondern auch der potenziellen Wettbewerber definiert[743]. Als potenzielle Wettbewerber auf dem Produktmarkt sind danach zwei Unternehmen anzusehen, wenn eines von ihnen „unter realistischen Annahmen die zusätzlichen Investitionen oder sonstigen Umstellungskosten auf sich nehmen würde,

---

[739] Leitlinien GFTT, Tz. 26; Monti, S. 4

[740] Gassner, S. 71

[741] Gassner, S. 71

[742] Drexl, GRUR Int. 2004, S. 716, 722

[743] Ein potenzielles Wettbewerbsverhältnis zur Bestimmung der zwischen den Parteien bestehenden Wettbewerbssituation ist nur auf dem betreffenden Produktmarkt relevant. Dies folgt aus der Definition des Begriffs der „konkurrierenden Unternehmen“, Artikel 1 Absatz 1 Buchstabe j) GFTT n.F.

die nötig sind, um auf eine geringfügige dauerhafte Erhöhung der relativen Preise hin [...] in die sachlich und räumlich relevanten Märkte [des anderen Unternehmens] eintreten zu können".

Unklar ist, unter welchen Voraussetzungen das gesetzliche Tatbestand der „geringfügigen dauerhaften Erhöhung der relativen Preise" im Einzelfall erfüllt ist. Die Kommission macht hierzu weder im Verordnungstext noch in den Leitlinien nähere Ausführungen. Auch das Beispiel in den Leitlinien[744] hilft bei dieser Frage nicht weiter. Außerdem machen weder die in der GFTT vorgesehene Definition[745] noch die Leitlinien[746] hinreichend deutlich, wann Unternehmen „unter realistischen Annahmen" zusätzliche Investitions- oder Umstellungskosten für einen Markteintritt auf sich nehmen würden[747]. Es bleibt offen, was „unter realistischen Annahmen" zu verstehen ist. Insofern bleibt die Definition des potenziellen Wettbewerbers unpräzise und demzufolge in der Anwendung schwierig.

Hinzu kommt die Problematik, dass Lizenzverträge oft zwischen Unternehmen geschlossen werden, die die gleiche Technologie besitzen und verwerten. Auch wenn Lizenzgeber diese Technologie gegenwärtig noch nicht nutzen, ist nicht auszuschließen, dass sie auf dem Markt des Lizenznehmers tätig werden und somit als potenzielle Wettbewerber in Betracht kommen[748]. Insofern verlangt die Einbeziehung potenzieller Wettbewerber in die Gruppe der konkurrierenden Unternehmen von den Unternehmen eine Prognose, die im Tagesgeschäft oft nur schwer zu stellen ist[749].

Vor diesem Hintergrund stellt sich die Frage, ob die Kommission bei der Beurteilung eines Wettbewerbsverhältnisses nicht besser auf die Einbeziehung po-

---

[744] Leitlinien GFTT, Tz. 29

[745] Artikel 1 Absatz 1 Buchstabe j) ii) GFTT n.F.

[746] Leitlinien GFTT, Tz. 29

[747] So auch der BDI in seiner Stellungnahme zum Entwurf für eine neue GFTT, S. 7

[748] Stellungnahme der DV GRUR zum Evaluierungsbericht der Kommission, S. 12, Tz. 20; Leitlinien GFTT, Tz. 31

[749] Stellungnahmen des BDI zum Entwurf für eine neue GFTT, S. 3

tenzieller Wettbewerber verzichtet hätte und stattdessen nur auf das Bestehen von tatsächlichem Wettbewerb abstellen würde[750]. Hierfür spricht, dass dadurch die Anwendbarkeit der GFTT einfacher wäre. Dagegen spricht, dass im Rahmen einer Gruppenfreistellung die Vernachlässigung potenziellen Wettbewerbs nur dann vertretbar erscheint, wenn die Freistellung auf einen angemessenen Zeitraum begrenzt wird, nicht aber wie in der neuen GFTT vorgesehen solange gilt, wie die Rechte an der überlassenen Technologie nicht abgelaufen oder für ungültig erklärt worden sind[751].

Die Differenzierung des Wettbewerbsverhältnisses wird dadurch erschwert, dass sich die Frage des Wettbewerbsverhältnisses nicht nur beim Vertragsabschluss stellt, sondern während der gesamten Laufzeit des Vertrages immer wieder neu geprüft werden muss. Dabei kann es sein, dass der Status als Wettbewerber während der Laufzeit einer Vereinbarung in den eines Nicht-Wettbewerbers übergehen kann und umgekehrt. Falls der Lizenznehmer zum Beispiel ein Produkt in seiner frühen Entwicklungsphase hat, das eventuell zu dem Produkt in Wettbewerb treten könnte, das unter der Lizenz hergestellt wird, wird die Vereinbarung zwischen Nicht-Wettbewerbern bestehen. Bringt der Lizenznehmer hingegen sein Produkt auf den Markt, wird die Vereinbarung zwischen Wettbewerbern bestehen[752].

Ein solcher Wechsel kann besonders dann nachteilig sein, wenn ein Übergang von dem Verhältnis als Nicht-Wettbewerber zu dem als Wettbewerber stattfindet. In diesem Fall besteht durch den Wechsel die Gefahr, dass die Vereinbarung nicht mehr von der GFTT gedeckt ist, etwa weil die Marktanteilsschwellen überschritten werden oder eine Klausel plötzlich unter die strengeren Kernbeschränkungen von Artikel 4 Absatz 1 GFTT n.F. fällt. Gerade die pharmazeutische Industrie ist hiervon in erheblichem Maße betroffen, weil dieser Industriebereich in den zurückliegenden Jahren durch Fusionen und Firmenkäufe stark geprägt gewesen ist und insoweit ein erhebliches Wechselpotential bie-

---

[750] DV GRUR, S. 12; LESI 1.12.2003, Punkt 2

[751] Artikel 2 GFTT n.F.; vgl. auch Stellungnahme der DV GRUR zum Evaluierungsbericht der Kommission, Tz. 20

[752] Leitlinien GFTT, Tz. 31

tet[753]. Die Liste der Kernbeschränkungen, die für Vereinbarungen zwischen Wettbewerbern gilt, wird auf solche Vereinbarungen zwar nicht angewandt, sofern die Vereinbarungen nicht später inhaltlich geändert werden, nachdem die Parteien zu Wettbewerbern geworden sind[754]. Eine entsprechende Vorschrift gibt es aber nicht für Marktanteilsschwellen, sodass durch den Wechsel des Wettbewerbsverhältnisses in jedem Fall geänderte Schwellenwerte zu beachten sind.

Die Vielzahl der Probleme offenbart, wie schwierig die Abgrenzung zwischen Vereinbarungen unter Wettbewerben und solchen unter Nicht-Wettbewerbern im Einzelfall sein kann. Berücksichtigt man aber, dass bei der weit überwiegenden Anzahl von Vereinbarungen die Einordnung des Wettbewerbsverhältnisses unproblematisch erfolgen kann und sich das Wettbewerbsverhältnis während der Laufzeit des Vertrages nicht verändert, erscheint der von der Kommission vorgeschlagene Weg sach- und interessengerecht.

5.5 Verzicht auf Listen unbedenklicher und freigestellter Klauseln

Im Gegensatz zu Artikel 2 GFTT a.F. verzichtet die Kommission in der neuen GFTT zu Recht darauf, Klauseln in einer Unbedenklichkeitsliste aufzuführen, die schon keine Wettbewerbsbeschränkung im Sinne von Artikel 81 Absatz 1 EGV darstellen. Der Wegfall des Kataloges von Artikel 2 GFTT a.F. in der neuen GFTT bedingt keinen Unterschied zur früheren Rechtslage. Eine Freistellung ist nicht notwendig, weil solche Klauseln zulässig sind. Es ist im Hinblick auf die erforderliche Rechtssicherheit ausreichend, dass in den Leitlinien[755] eine nicht abschließende Liste unbedenklicher Klauseln aufgeführt wird[756]. Die Aufnahme einer beispielhaften Unbedenklichkeitsliste in die Leitlinien bietet den Vorteil, dass die Anpassung der Liste an geänderte Meinungen

---

[753] Vgl. Stellungnahmen zu dem Entwurf für eine neue GFTT: EFPIA, Nr. 2; LESI, Rn. 2

[754] Artikel 4 Absatz 3 GFTT n.F.; Leitlinien GFTT, Tz. 31

[755] Leitlinien GFTT, Tz. 155

[756] So auch das MPI in seiner Stellungnahme zum Entwurf für eine neue GFTT, Tz. 17; nach a. A. sollte die „weiße Liste" in Tz. 155 der Leitlinien zur GFTT aus Gründen der Rechtssicherheit um weitere Punkte ergänzt werden, die in Artikel 2 der GFTT a.F. enthalten sind, vgl. hierzu die Stellungnahmen zu dem Entwurf für eine neue GFTT: EWS, Ziffer 3.5.3; BDI, S. 8; DV GRUR, S. 7

flexibel und unproblematisch möglich ist. Zudem erkennt die Kommission damit ausdrücklich den Anwendungsvorrang des Artikels 81 Absatz 1 EGV durch die Rechtsprechung an[757].

Der in der neuen GFTT gewählte Verzicht auf einen Katalog wettbewerbsbeschränkender, aber freigestellter Klauseln stellt im Vergleich zum früheren Rechtszustand eine grundlegende Änderung des Lizenzvertragsrechts dar[758]. Statt dieses Kataloges findet sich in der reformierten GFTT das Marktanteilsmodell, das, wie oben dargelegt, in der Anwendung problematisch sein kann. Andererseits bedeutet das neue Modell aber auch ein Mehr an Flexibilität und Freiheit bei der Vertragsgestaltung. Der Zwangsjackeneffekt der Vorgängerverordnung ist entfallen. Für Vereinbarungen, bei denen die Parteien die Marktanteile unterschreiten, muss nur noch eine Negativkontrolle auf der Grundlage der Kataloge der Kernbeschränkungen nach Artikel 4 und der nicht freigestellten Beschränkungen des Artikels 5 GFTT vorgenommen werden.

Anders verhält es sich dann, wenn die Marktanteilsschwellen nicht eingehalten werden. Hier muss untersucht werden, wie die bisher in Artikel 1 der alten GFTT gelisteten Klauseln wettbewerbsrechtlich zu beurteilen sind. Es ist nahe liegend, diese Klauseln weiterhin als Indiz für die Freistellungsfähigkeit auch oberhalb der Marktanteilsschwellen der neuen Verordnung heranzuziehen. Schließlich ist die Kommission nicht zu einem wirtschaftsorientierten Ansatz übergegangen, weil sie neuerdings alle bisher als unbedenklich eingestuften Klauseln oberhalb der Marktanteilsschwellen als genauso gefährlich betrachtet wie bisher nicht gelistete Klauseln[759].

Gleichwohl ist bei der Übertragung bisher geltender Grundsätze auf die neue GFTT Vorsicht geboten. Bei der Anwendung von Artikel 81 EGV auf einzelne Vereinbarungen muss genau untersucht werden, wie sich die Funktion des Wettbewerbs auf dem relevanten Markt darstellt. Denn die wettbewerbsrechtliche Zulässigkeit bestimmt sich im konkreten Einzelfall insbesondere nach den Marktanteilen und etwaiger Marktmacht. Die Kommission sieht in der Art der

---

[757] Leitlinien GFTT, Tz. 4

[758] Vgl. Abschnitt 4.3.1

[759] Drexl, GRUR Int. 2004, S. 716, 725

Vereinbarung lediglich ein Kriterium der Beurteilung nach Artikel 81 Absatz 3 EGV[760]. Die anderen Kriterien, wie etwa die Marktstellung der Parteien, der Wettbewerber sowie der Abnehmer, Marktzutrittsschranken und der Reifegrad des Marktes[761] orientieren sich an dem Markt.

Damit bringt der Verzicht auf Listen wettbewerbsbeschränkender, aber freigestellter Klauseln Vorteile für die Unternehmen, die unproblematisch erkennen können, dass die relevanten Marktanteilsschwellen unterschritten werden. Im Gegensatz dazu bewirkt die Neuregelung für alle übrigen Unternehmen einen Verlust an Rechtssicherheit[762].

Der mit dem Verzicht auf eine Liste ausdrücklich freigestellter Klauseln einhergehende Verlust an Rechtssicherheit ist aber nur gerechtfertigt, soweit von dem Gebrauch solcher Klauseln insbesondere bei gleichzeitigem Bestehen von Marktmacht die Gefahr einer Wettbewerbsbeschränkung ausgeht. Leider hat die Kommission hier nicht näher untersucht, ob diese Wertung für alle bisher in Artikel 1 GFTT a.F. enthaltenen Klauseln gilt. Unter Umständen hätte eine Liste freigestellter Klauseln als ein zweiter „safe harbor" neben der „Marktanteils"-Freistellung beibehalten werden können, wobei hier insbesondere Vereinbarungen unter Nicht-Wettbewerbern in Betracht gekommen wären[763].

Zwar werden in den Leitlinien für einige der bislang freigestellten Klauseln Gründe genannt, weshalb von ihnen im Einzelfall überwiegend wettbewerbsbeschränkende Wirkungen ausgehen können. Beispielsweise kann durch ein Verbot für den Lizenzgeber, weitere Lizenzen im Lizenzgebiet zu gewähren[764] oder die Technologie in diesem Gebiet selbst zu nutzen[765], unter besonderen Umständen die marktbeherrschende Stellung des Lizenznehmers abgesichert

---

[760] Leitlinien GFTT, Tz. 132

[761] Leitlinien GFTT, Tz. 132

[762] Drexl, GRUR Int. 2004, S. 716, 725

[763] Vgl. Drexl, GRUR Int. 2004, S. 716, 726; Stellungnahme des MPI zum Entwurf für eine neue GFTT, Tz. 21. Dagegen spricht das Argument der Beibehaltung des unerwünschten Zwangsjackeneffektes.

[764] Artikel 1 Absatz 1 Nr. 1 GFTT a. F.

[765] Artikel 1 Absatz 1 Nr. 2 GFTT a. F.

werden[766]. Ob vergleichbare Situationen aber in allen Fällen des Artikels 1 GFTT a.F. in Betracht kommen, erscheint zweifelhaft. Ferner stellt sich die Frage, ob solche Situationen nicht so unwahrscheinlich sind, dass unabhängig vom Marktanteil eine generelle Freistellung solcher Klauseln vorzuziehen ist. Hierfür sprechen einerseits Gründe der Rechtsklarheit, andererseits ließe sich der Wettbewerb immer noch durch den Entzug des Vorteils der Gruppenfreistellung gemäß Artikel 6 GFTT n.F. schützen[767].

5.6 Territoriale Beschränkungen und Kundenkreisbeschränkungen

Die Streichung der weißen Liste in der GFTT führt auch zu einer Änderung der bisher in Artikel 1 Absatz 1 Nummern 1 bis 6 GFTT a.F. geregelten territorialen Beschränkungsmöglichkeiten. Neuerdings sind territoriale und Kundenkreisbeschränkungen der beiden Vertragsparteien immer dann zulässig, wenn sie nicht unter die in Artikel 4 Absatz 1 und 2 GFTT n.F. genannten Kernbeschränkungen fallen.

Grundsätzlich ist die Zuweisung von Märkten oder Kunden zwischen Wettbewerbern nicht freigestellt[768]. Von diesem Grundsatz werden in der reformierten GFTT aber eine Reihe von Ausnahmen gemacht, so etwa für die Vereinbarung einer Exklusivlizenz, in der sich der Lizenzgeber verpflichtet, in einem bestimmten Gebiet keinem Dritten eine Lizenz zu erteilen[769]. Freigestellt ist es auch, wenn sich die konkurrierenden Lizenzvertragsparteien in einer nicht wechselseitigen Vereinbarung[770] verpflichten, aktive und/oder passive Verkäufe in das Exklusivgebiet oder an die Exklusivkundengruppe, das bzw. die der anderen Partei vorbehalten ist, zu unterlassen[771]. Zulässig ist zudem in einer

---

[766] Leitlinien GFTT, Tz. 166

[767] So auch die Stellungnahme des MPI zum Entwurf für eine neue GFTT, Tz. 21

[768] Artikel 4 Absatz 1 Buchstabe c) GFTT n.F.

[769] Artikel 4 Absatz 1 Buchstabe c) iii) GFTT n.F.

[770] Unter „wechselseitigen Vereinbarungen" versteht die Verordnung Kreuzlizenzen („cross licenses"), mit denen sich Wettbewerber wechselseitig konkurrierende Technologien lizenzieren oder sich gegenseitig die Lizenzen zur Herstellung konkurrierender Produkte erteilen, vgl. die Definitionen in Artikel 1 Absatz 1 Buchstaben c) und d) GFTT n.F.

[771] Artikel 4 Absatz 1 Buchstabe c) iv) GFTT n.F.

nicht wechselseitigen Vereinbarung die dem Lizenznehmer auferlegte Beschränkung des aktiven Verkaufs in das Gebiet anderer Lizenznehmer oder an die einem anderen Lizenznehmer zugewiesene Kundengruppe, wenn der Lizenznehmer im Zeitpunkt der Lizenzerteilung nicht in Konkurrenz zu dem Lizenzgeber stand[772].

Demnach ist gegenüber dem im Oktober 2003 vorgestellten Entwurf für eine neue GFTT ein beachtlicher Richtungswechsel erfolgt. Der Entwurf sah vor, die Exklusivlizenz unter Wettbewerbern einschließlich des Verbots aktiver und passiver Verkäufe nicht freizustellen[773].

Die von der Kommission vollzogene Kehrtwende ist zu begrüßen, weil die Freistellung von Exklusivlizenzen einschließlich des Verbots aktiver und passiver Verkäufe zwischen Wettbewerbern angemessen ist, um den Schutzrechtsinhaber zur Lizenzvergabe zu bewegen[774]. Außerdem ist die Gefahr der Marktaufteilung in nicht wechselseitigen Vereinbarungen nicht so virulent wie in wechselseitigen Lizenzen[775]. Exklusivlizenzen können daher weniger streng gehandhabt werden als in dem Entwurf vom Oktober 2003 zunächst vorgesehen.

Auch hinsichtlich der freistellungsfähigen Beschränkungen in Lizenzverträgen zwischen Nichtwettbewerbern hat sich der Verordnungstext gegenüber der Entwurfsfassung wesentlich verändert. Freigestellt ist nun die Beschränkung des passiven Verkaufs in ein Exklusivgebiet oder an eine Exklusivkundengruppe, das bzw. die dem Lizenzgeber vorbehalten ist[776]. Während im Entwurf das Verbot passiver Verkäufe noch als nicht freistellungsfähig galt[777], ist jetzt die Untersagung passiver Verkäufe in ein Exklusivgebiet oder an eine Exklusivkundengruppe eines anderen Lizenznehmers für die Dauer von zwei Jahren er-

---

[772] Artikel 4 Absatz 1 Buchstabe c) v) GFTT n.F.

[773] Entwurf Leitlinien GFTT, Tz. 81, 82, 152, 155

[774] Vgl. Stellungnahme der EFPIA zum Entwurf für eine neue GFTT, S. 3 f.

[775] Monti, S. 5, letzter Absatz

[776] Artikel 4 Absatz 2 Buchstabe b) i) GFTT n.F.

[777] Entwurf Leitlinien GFTT, Tz. 88, 93

laubt[778]. In den Leitlinien beschreibt die Kommission die Erwägungen zur Zulässigkeit von Exklusivlizenzen zwischen Nicht-Wettbewerbern näher[779].

Die Kommission folgt in der verabschiedeten Fassung damit den Vorgaben des EuGH in der Rechtssache „Nungesser"[780]. Dies ist vor allem deshalb richtig, weil das vom Gerichtshof ausgelegte Primärrecht dem Sekundärrecht, also der GFTT, bei der Auslegung vorgeht. Bei Exklusivlizenzen zwischen Nicht-Wettbewerbern ist anzunehmen, dass sie – soweit sie unter Artikel 81 Absatz 1 EGV fallen – die Voraussetzungen des Artikels 81 Absatz 3 EGV erfüllen[781]. Insoweit kommt der GFTT lediglich deklaratorische Wirkung zu. Nur wenn die mit der Exklusivlizenz verbundenen Beschränkungen im Einzelfall von Artikel 81 Absatz 1 EGV erfasst werden, sind sie freistellungsbedürftig.

Darüber hinaus schafft die neue GFTT mit der Regelung zu Exklusivlizenzen die notwendige Kohärenz mit dem gegenwärtigen Vorschlag für eine Gemeinschaftspatentverordnung[782], der in Artikel 19.1 statuiert: „Das Gemeinschaftspatent kann ganz oder teilweise Gegenstand von Lizenzen für die gesamte oder einen Teil der Gemeinschaft sein. Eine Lizenz kann ausschließlich oder nicht-ausschließlich sein."

---

778 Artikel 4 Absatz 2 Buchstabe b) ii) GFTT n.F.

779 Leitlinien GFTT, Tz. 101, 165. In dem Entwurf der Leitlinien fehlte noch die explizite Anerkennung der grundsätzlich positiven Wirkung von Exklusivlizenzen zwischen Nicht-Wettbewerbern, wie sie nun in Tz. 165 der Leitlinien enthalten ist. In den Tz. 153 ff. des Entwurfs der Leitlinien waren stattdessen die möglichen wettbewerbsbeschränkenden Wirkungen von Exklusivlizenzen betont worden.

780 EuGH, Slg. 1982, S. 2015, Rn. 77 – *Nungesser* (so genanntes „Maissaatgut"-Urteil). Gegenstand der Maissaatgutentscheidung des EuGH war die Vergabe einer ausschließlichen Lizenz. Das Urteil ist von besonderer Bedeutung, weil der Gerichtshof in dieser Entscheidung eigene Kriterien entwickelt hat, bei deren Vorliegen eine Exklusivlizenz nicht von Artikel 81 Absatz 1 EGV erfasst wird.

781 Leitlinien GFTT, Tz. 165

782 Vorschlag für eine Verordnung des Rates über das Gemeinschaftspatent vom 21.11.2003, Dokument Nr. 15086/03

5.7 Nicht freigestellte Beschränkungen

5.7.1 Rücklizenz-Bestimmungen

Erfreulicherweise sind die vertraglichen Verpflichtungen zur Rücklizenzierung von abtrennbaren Verbesserungen[783] und neuen Anwendungen (so genannte „grantback clauses"), die in der bisherigen GFTT[784] an verschiedenen Stellen geregelt waren, in der reformierten GFTT in Artikel 5 Absatz 1 Buchstaben a) und b) zusammengeführt worden[785].

Allerdings fällt auf, dass die Kommission nicht länger an dem Erfordernis der Wechselseitigkeit der Rücklizenzierung festhält. Damit ist es neuerdings innerhalb der freigestellten Marktanteilsschwellen erlaubt, von dem Lizenznehmer einseitig die Rücklizenzierung seiner Verbesserungsrechte an den Lizenzgeber zu verlangen, so lange diese Lizenzierung auf nicht exklusiver Basis erfolgt und den Lizenznehmer folglich nicht von einer eigenen Nutzung dieser Rechte abhält[786]. Ausschlaggebend für diesen Richtungswechsel war die Auffassung der Kommission[787], „cross licensing" berge ein hohes Risiko negativer Auswirkungen auf die Innovationstätigkeit.

Aus Gleichbehandlungsgründen wäre es aber wohl gerechter gewesen, das bisherige Prinzip der Wechselseitigkeit beizubehalten, um so auch dem Lizenz-

---

783 Vgl. die Definition in Artikel 1 Absatz 1 Buchstabe n) GFTT n.F.

784 Artikel 3 Nr. 6 GFTT a.F. setzte eine dem Lizenznehmer auferlegte Verpflichtung, dem Lizenzgeber seine Rechte an Verbesserungen oder neuen Anwendungsformen der lizenzierten Technologie zu übertragen, grundsätzlich auf die schwarze Liste. War jedoch im Fall einer von der lizenzierten Technologie abtrennbaren Verbesserung oder neuen Anwendung dem Lizenzgeber lediglich eine nicht ausschließliche Lizenz zu gewähren und verpflichtete sich der Lizenzgeber im Gegenzug, seine eigenen Verbesserungen an den Lizenzgeber zu lizenzieren, war eine solche Vereinbarung nach Artikel 2 Absatz 1 Nr. 4 GFTT a.F. von der Gruppenfreistellung gedeckt. Ausschließliche und nicht auf Gegenseitigkeit beruhende Rücklizenzklauseln, die sich auf abtrennbare Verbesserungen bezogen, wurden von der alten GFTT weder freigestellt noch ausdrücklich abgewiesen und fielen somit in den grauen Bereich der Bestimmungen, die eine Einzelfreistellung erforderten.

785 Zustimmend Lejeune, CR 2004, S. 467, 473

786 Artikel 5 Absatz 1 Buchstabe a) GFTT n.F.; Leitlinien GFTT, Tz. 109

787 Leitlinien GFTT, Tz. 109, 111

nehmer die Möglichkeit zu geben, die Verbesserungen des Lizenzgebers zu nutzen. Dies ist vor allem dann relevant, wenn der Lizenzgeber über entsprechende Marktmacht verfügt und für ihn vorteilhafte Klauseln erzwingen will[788].

Andererseits ist der Kommission insoweit beizupflichten, als sie das Verbot einer ausschließlichen Lizenz auch in Zukunft nur bei „abtrennbaren“ Verbesserungen bestehen lässt. Die Kommission vertritt zu Recht die Ansicht, dass die Verpflichtung zur Übertragung nicht abtrennbarer Verbesserungen nicht von Artikel 81 Absatz 1 EGV erfasst wird[789]. Dem ist zuzustimmen, weil derartige Verbesserungen nicht unabhängig von der lizenzierten Technologie genutzt werden können und der Lizenznehmer nicht abtrennbare Verbesserungen nicht ohne Erlaubnis des Lizenzgebers verwerten darf[790].

Problematisch ist die Entscheidung der Kommission, in der neuen GFTT das Verbot einer Pflicht zur Übertragung von Rechten aus den Kernbeschränkungen herauszunehmen[791]. Damit ist jedenfalls die von Kernbeschränkungsklauseln ausgehende abschreckende Wirkung verloren gegangen[792]. Andererseits besteht nun neuerdings die Möglichkeit, im Rahmen einer Einzelprüfung die wettbewerbsbeschränkenden und wettbewerbsfördernden Wirkungen zu untersuchen. Dies ist erfreulich, weil die wettbewerbsrechtliche Beurteilung von Rücklizenzklauseln eine differenzierte Betrachtung des Einzelfalls verlangt.

Wirtschaftlich betrachtet verhelfen Rücklizenzen den Parteien dazu, die Risiken und Kosten einer fortdauernden Erfindungstätigkeit auf der Grundlage der lizenzierten Technologie untereinander aufzuteilen. Dies kann sich positiv auf die Innovation und deren nachfolgende Lizenzierung auswirken. Hingegen können negative Effekte auftreten, wenn die Rücklizenzklausel dazu führt, dass das Interesse des Lizenznehmers sinkt, in die Fortentwicklung der lizenzierten Technologie zu investieren. Erfahrungsgemäß treten wettbewerbswidrige Aus-

---

[788] Lejeune, CR 2004, S. 467, 473

[789] Leitlinien GFTT, Tz. 109

[790] So auch Lejeune, CR 2004, S. 467, 473

[791] Vgl. Artikel 3 Nr. 6 GFTT a.F.

[792] Lejeune, CR 2004, S. 467, 473

wirkungen bei nicht ausschließlichen Rücklizenzen im Allgemeinen weniger häufig auf[793]. Ausschließliche Rücklizenzen können dagegen den Anreiz des Lizenznehmers zur Verbesserung der lizenzierten Technologie ernsthaft untergraben[794].

Insofern ist die Entscheidung der Kommission, Rücklizenzierungsklauseln nicht länger in den Kernbeschränkungen aufzulisten, vertretbar.

5.7.2 Nichtangriffsabreden

Nichtangriffsabreden können erhebliche wettbewerbswidrige Auswirkungen haben, ohne irgendeinen Vorteil zu bringen. Dies gilt insbesondere in Fällen, in denen das Patent tatsächlich ungültig ist oder das Know-how nicht wesentlich und nicht geheim ist. So können Nichtangriffsabreden beispielsweise die Ursache sein für höhere Preise des lizenzierten Produkts, da der Lizenznehmer weiterhin zur Zahlung von Lizenzgebühren verpflichtet ist. Sie können auch den Lizenznehmer davon abhalten, zu dem Lizenzgeber in Wettbewerb zu treten. Dies gilt vor allem dann, wenn der Lizenznehmer keine Möglichkeit sieht, die Gültigkeit von Schutzrechten anzugreifen, die mit der Lizenz nicht in Verbindung stehen. Auch der EuGH stellte fest, dass „eine in einem Patentlizenzvertrag enthaltene Nichtangriffsabrede aufgrund des rechtlichen und wirtschaftlichen Zusammenhangs, in dem sie steht, den Wettbewerb (im Sinne von Artikel 81 Absatz 1 EGV) beschränken kann“[795].

---

[793] Kommission, Evaluierungsbericht, Tz. 166

[794] Vgl. Jestaedt in Langen/Bunte, Artikel 81 Fallgruppen, Rn. 258, 277

[795] Rs. 65/86 - *Bayer / Süllhöfer*, Urteil vom 27.09.1988, Slg. 1988, S. 5249, Rdnr. 16. Dabei scheint die Rechtsprechung des EuGH zur wettbewerbsrechtlichen Beurteilung von Nichtangriffsabreden noch nicht voll entwickelt. In dem zitierten Urteil fügte der Gerichtshof hinzu, dass es insbesondere notwendig sei „zu prüfen, ob diese Abrede unter Berücksichtigung der Stellung der betroffenen Unternehmen auf dem Markt für die fraglichen Erzeugnisse den Wettbewerb spürbar beeinträchtigt“ (a. a. O., Rn. 19). Andererseits hatte der EuGH in seinem früheren Urteil im Fall *Windsurfing* festgestellt, dass „eine solche Klausel offenkundig nicht zum spezifischen Gegenstand des Patents [gehört] und gegen Artikel 81 Absatz 1 EG-Vertrag verstößt (Rs. 193/83, Urteil vom 25.02.1986, 611, Rn. 92 f.) Ferner ist zu berücksichtigen, dass die in der Verordnung (EG) Nr. 2659/2000 vorgesehene Freistellung keine Gültigkeit für FuE-Vereinbarungen hat, bei denen die Parteien daran gehindert werden, die Gültigkeit relevanter Rechte an geistigem Eigentum anzufechten, dies jedoch „unbeschadet der Möglichkeit, die Beendigung der Forschungs- und

Insofern ist es zu begrüßen, dass Nichtangriffsabreden in der reformierten GFTT nicht freigestellt sind[796].

Andererseits können Nichtangriffsklauseln für den Technologietransfer förderlich sein. So kann etwa bei einer geplanten Lizenzvergabe die berechtigte Befürchtung bestehen, der Lizenznehmer könnte das Know-how für sich nutzen und dann die Gültigkeit des Patents angreifen[797]. Insofern ist es sach- und interessengerecht, Nichtangriffsklauseln von der Gruppenfreistellung auszunehmen und sie einer Einzelprüfung hinsichtlich ihrer wettbewerbsbeschränkenden und wettbewerbsfördernden Wirkungen zu unterziehen.

Allerdings wird das Recht des Lizenzgebers, einen Lizenzvertrag kündigen zu können, sofern der Lizenznehmer seine Schutzrechte angreift, in der Praxis zumindest in den Fällen, in denen der Lizenznehmer vom Lizenzgeber abhängig ist[798], dazu führen, dass diese Klausel den Lizenznehmer davon abhalten wird, die Rechte des Lizenzgebers anzugreifen[799]. Dieses Kündigungsrecht findet nach Ansicht der Kommission seine Rechtfertigung darin, dass es für den Lizenzgeber nicht zumutbar erscheint, weiterhin mit einem Lizenznehmer zusammen zu arbeiten, der einerseits seine eigene Leistung in Anspruch nehmen und ihn andererseits angreifen will[800].

Es ist jedoch fraglich, ob diese Sichtweise der Kommission wirklich überzeugen kann. Wäre ein entsprechendes Kündigungsrecht nämlich nicht gegeben, wären die Parteien gezwungen, sich über die schutzrechtliche Situation vertrag-

---

Entwicklungsvereinbarung für den Fall vorzusehen, dass eine Vertragspartei die Gültigkeit solcher Eigentumsrechte anficht" (Verordnung (EG) Nr. 2659/2000, Artikel 5).

[796] Artikel 5 Absatz 1 Buchstabe c) GFTT n.F.; dies gilt allerdings nicht für das Know-how. Insofern sind Nichtangriffsklauseln freigestellt, weil die Kommission der Ansicht ist, dass es nur schwer möglich sei, einmal preisgegebenes Know-how wieder zurück zu erlangen (vgl. Leitlinien GFTT, Tz. 112). In der alten GFTT waren Nichtangriffsabreden als graue Klauseln eingestuft, Artikel 4 Absatz 2 Buchstabe b) GFTT a.F.

[797] Kommission, Evaluierungsbericht, Tz. 170

[798] Etwa weil der Lizenzgeber ein marktbeherrschendes Produkt vertreibt

[799] Lejeune, CR 2004, S. 467, 473

[800] Leitlinien GFTT, Tz. 113

lich zu einigen. Dies würde möglicherweise Innovationen und Wettbewerb sehr viel stärker fördern als die jetzige Regelung[801].

5.8 Übergangsfrist für Altverträge

Artikel 10 der neuen GFTT verpflichtet die Unternehmen bis zum 31.03.2006[802] zur Anpassung von Altverträgen, die am 30.04.2004 bereits in Kraft waren und die Voraussetzungen für eine Freistellung zwar nach der bisherigen GFTT, nicht aber nach der neuen GFTT erfüllen. Im Gegensatz dazu sah die bisherige GFTT im Hinblick auf ihre Vorgänger-Verordnungen keine derartige Anpassungspflicht vor[803].

Die Übergangsfrist ist von besonderer praktischer Brisanz, weil dadurch alle Altverträge, die über den 31.03.2006 hinaus in Kraft bleiben, ab diesem Datum an den Bestimmungen der neuen GFTT gemessen werden. Dies dürfte insbesondere in den Bereichen Probleme bereiten, in denen die neue GFTT Verschärfungen mit sich bringt sowie überall dort, wo die neue GFTT aufgrund zu hoher Marktanteile der Vertragsparteien nicht anwendbar ist[804].

Die Neuverhandlung von Altverträgen dürfte wegen der 20-jährigen Patentlaufzeit und der meist langfristigen Ausrichtung von Technologietransfer-Verträgen kein leichtes Unterfangen sein[805]. Gleichwohl ist die Entscheidung der Kommission richtig, den Bestandsschutz für Altverträge nicht über den 31.03.2006 hinaus auszudehnen[806], weil dadurch schon bald einheitliche Regelungen für die Gruppenfreistellung von Technologietransfer-Vereinbarungen gelten können. Die betroffenen Unternehmen konnten außerdem nicht davon

---

[801] So Lejeune, CR 2004, S. 467, 473

[802] Die bisherige GFTT sollte bis zum 31.03.2006 gelten, Artikel 13 GFTT a.F.

[803] Vgl. Artikel 11 GFTT a.F. Allerdings entspricht die neue Regelung einer entsprechenden Bestimmung in der Gruppenfreistellungsverordnung für vertikale Vereinbarungen; Artikel 12 Absatz 2 der Verordnung (EG) Nr. 2790/1999 für vertikale Vereinbarungen

[804] Hufnagel, MittDPatAnw 2004, S. 297, 303

[805] Vieregge, GRUR 2004, S. 489; siehe auch die Stellungnahme des BDI zum Entwurf für eine neue GFTT, S. 6; Europäischer Wirtschafts- und Sozialausschuss (EWS), 3.4.1

[806] Im Entwurf für eine neue GFTT war zunächst nur ein Bestandsschutz für Altverträge bis zum 31.10.2005 vorgesehen, vgl. Artikel 9 Entwurf GFTT

ausgehen, dass ihre Vereinbarungen über den 31.03.2006 hinaus freigestellt sein würden, weil die alte GFTT nur bis zu diesem Zeitpunkt Gültigkeit haben sollte[807].

5.9 Die neue GFTT im System des reformierten europäischen Kartellrechts

5.9.1 Funktion der GFTT

Mit Inkrafttreten der Verordnung (EG) Nr. 1/2003[808] haben die Gruppenfreistellungsverordnungen erheblich an Bedeutung verloren. Was nicht von der Gruppenfreistellung gedeckt ist, kann neuerdings gleichwohl unmittelbar aufgrund der Legalausnahme nach Artikel 81 Absatz 3 EGV freigestellt sein. Die Notwendigkeit für einen besonderen Rechtsakt wie eine Gruppenfreistellungsverordnung ist insofern fraglich[809].

Dennoch hat das Institut der Gruppenfreistellung nach wie vor seine Berechtigung. Die Umstellung auf das so genannte System der „Legalausnahme“[810] hat nämlich nicht zur Folge, dass die Gruppenfreistellungsverordnungen nur noch „deklaratorische Wirkung“[811] haben, wie manche Kommentatoren meinen[812]. Vielmehr stellen sie wie bisher normative Konkretisierungen des allgemeinen Freistellungstatbestandes dar[813]. Insbesondere der Gegenbeweis nach Artikel 81 Absatz 3 EGV ist nicht zulässig[814].

---

[807] Artikel 13 GFTT a.F.

[808] ABl. EG vom 04.01.2003, L 1/1-25

[809] Vgl. dazu Schmidt, BB 2003, S. 1237, 1241

[810] Nach dem System der Legalausnahme sind Vereinbarungen automatisch freigestellt, sofern sie die Voraussetzungen der Artikels 81 Absatz 3 EGV erfüllen. Einer vorherigen Entscheidung bedarf es nicht mehr (Artikel 1 Absatz 2 der Verordnung (EG) Nr. 1/2003).

[811] Deklaratorische Wirkung in dem Sinne, dass die Gruppenfreistellungsverordnungen nur noch klarstellen, dass die Voraussetzungen des Artikel 81 Absatz 3 EGV vorliegen.

[812] Siehe dazu die Beiträge von Koenigs, DB 2003, S. 755, 759 und Lejeune, CR 2004, S. 467, 470

[813] So Schmidt, BB 2003, S. 1237, 1241 f. und Drexl, GRUR Int. 2004, S. 716, 719

[814] Drexl, GRUR Int. 2004, S. 716, 719

Sofern eine Vereinbarung die Voraussetzungen einer Gruppenfreistellung erfüllt, gilt diese Vereinbarung mit Bindungswirkung für nationale Behörden und Gerichte[815] als kartellrechtskonform[816]. In einem entsprechenden Zivilverfahren, das die kartellrechtliche Zulässigkeit von Vereinbarungen zum Gegenstand hat, dürfte der Beweis der kartellrechtlichen Zulässigkeit einer Technologietransfer-Vereinbarung nach Artikel 81 Absatz 3 EGV von dem gemäß Artikel 2 der Verordnung (EG) Nr. 1/2003 beweispflichtigen Unternehmen erbracht sein, wenn die Voraussetzungen einer Gruppenfreistellungsverordnung vorliegen[817]. Der Vorteil der Freistellung kann nur nach den Bestimmungen der einschlägigen Gruppenfreistellungsverordnung entzogen werden[818]. Dabei setzt der Entzug eine Einzelentscheidung der Kommission bzw. der nationalen Wettbewerbsbehörde voraus[819].

Wie schon in der Vergangenheit ist zu berücksichtigen, dass die Rechtswirkungen der Gruppenfreistellungsverordnung auf die Freistellung begrenzt sind. Vereinbarungen, die nicht die Voraussetzungen der reformierten GFTT erfüllen, sind aber nicht untersagt, sondern können gleichwohl nach der Legalausnahme des Artikels 81 Absatz 3 EGV freigestellt sein.

Hiervon ausgenommen sind die Kernbeschränkungen des Artikels 4 GFTT n.F., bei denen eine Freistellung nach Artikel 81 Absatz 3 EGV regelmäßig ausscheidet[820]. Allerdings weisen die Begründungserwägungen zur GFTT sowie die Leitlinien explizit darauf hin, dass ein Überschreiten der Marktanteilsschwellen weder den Schluss zulässt, dass eine bestimmte Vereinbarung unter

---

815 Diese Bindungswirkung war bislang unstreitig. Für die neue GFTT wird sie jedoch von Röhling, GRUR 2003, S. 1019, 1023 f. in Frage gestellt.

816 Hufnagel, MittDPatAnw 2004, S. 297

817 Lejeune, CR 2004, S. 467, 470

818 Für die GFTT ist der Entzug des Rechtsvorteils der Verordnung in Artikel 6 i.V.m. Artikel 29 der Verordnung (EG) Nr. 1/2003 geregelt.

819 In der neuen GFTT ist der Entzug des Rechtsvorteils der Verordnung in Artikel 6 geregelt.

820 Leitlinien GFTT, Tz. 75

das Verbot des Artikels 81 Absatz 1 EGV fällt, noch dass die Vereinbarung nicht unmittelbar nach Artikel 81 Absatz 3 EGV freigestellt werden kann[821].

5.9.2 Funktion der Leitlinien

Die Funktion der Leitlinien liegt darin, Orientierungshilfen sowohl für die Anwendung der GFTT als auch für die Anwendung des Artikels 81 auf Technologietransfer-Vereinbarungen zu geben, die nicht in den Anwendungsbereich der GFTT fallen[822].

Die Leitlinien der Kommission stellen kein sekundäres Gemeinschaftsrecht dar, da sie nicht auf eine ausdrückliche Ermächtigungsgrundlage gestützt werden können. Es handelt sich auch nicht um verbindliche Rechtsnormen, sondern um veröffentlichte Verwaltungsgrundsätze, die in ihrer Rechtsqualität den im nationalen Recht bekannten Verwaltungsvorschriften entsprechen dürften[823].

Die Leitlinien geben nur die generelle Rechtsauffassung der Kommission wieder[824]. Eine im Einzelfall berechtigte andere Wertung bleibt der Kommission stets vorbehalten; allerdings soll dies bei der Verhängung von Geldbußen angemessen berücksichtigt werden[825]. Für die Vereinbarkeit von Vereinbarungen mit dem EG-Kartellrecht ist allein die Rechsprechung des Gerichtshofes und des Gerichtes erster Instanz maßgebend[826].

---

821 Nr. 12 der Begründungserwägungen sowie Nr. 37 und 130 der Leitlinien GFTT; siehe auch Drexl, GRUR Int. 2004, S. 716, 719 f.

822 So die Funktionsbeschreibung in den Leitlinien GFTT, Tz. 2

823 Hufnagel, MittDPatAnw 2004, S. 297, 299; einer Verwaltungsvorschrift kommt annerkanterweise eine indirekte Wirkung dergestalt zu, dass sich die Verwaltung hierdurch insoweit selbst bindet, als sie von einer derartigen Vorschrift nicht ohne rechtfertigenden Grund im Einzelfall abweichen darf. Eine rechtliche Außenwirkung ergibt sich dabei über das Gleichbehandlungsgebot des Artikels 3 Absatz 1 GG.

824 Pukall, NJW 2000, S. 1375, 1377; Rittner, DB 2000, S. 1211

825 Geiger, EuZW 2000, S. 325

826 Leitlinien GFTT, Tz. 4

Insoweit sind auch die nationalen Gerichte nicht an die Leitlinien gebunden. Gleichwohl geht von den Leitlinien eine faktische Bindungswirkung aus[827]. Gerade bei unerfahren Gerichten und Behörden ist zu erwarten, dass sie ihre Entscheidungen eng an den ausführlichen Leitlinien ausrichten werden. Insofern ist ihre Bedeutung für die Beurteilung von Technologietransfer-Vereinbarungen trotz ihrer mangelnden Rechtsverbindlichkeit hoch einzuschätzen. Im Einzelfall kann sie sogar über die Bedeutung der GFTT hinausgehen[828].

5.9.3 Dezentralisierung der Kartellrechtsanwendung

Das neue Kartellverfahrensrecht bringt eine weitgehende Verlagerung der Aufgaben und Zuständigkeiten für die Anwendung der Artikel 81, 82 EGV von der Kommission auf die Wettbewerbsbehörden und Gerichte der Mitgliedstaaten mit sich. Mit dem Systemwechsel verbunden ist die volle Anwendbarkeit der Artikel 81, 82 EGV durch die nationalen Wettbewerbsbehörden und Gerichte[829]. Sie sind daher in Zukunft neben der Kommission befugt, nicht nur – wie bisher – Artikel 81 Absatz 1 und Artikel 82 EGV, sondern auch die Voraussetzungen des Artikels 81 Absatz 3 EGV vollständig zu überprüfen. Durch die Abschaffung des Freistellungsmonopols der Kommission können die nationalen Behörden und Gerichte jetzt eine bedeutendere Rolle einnehmen als bisher. Damit wurden die Voraussetzungen für eine umfassende dezentrale Anwendung des europäischen Wettbewerbsrechts geschaffen. Dahinter steckt das Ziel der Kommission, sich zukünftig auf die Formulierung der Wettbewerbspolitik, die Koordinierung der Kartellbehörden und die Entscheidung von Einzelfällen mit besonderer Bedeutung zu konzentrieren[830].

5.9.4 Feststellung der Nichtanwendbarkeit

Aber auch im System der Legalausnahme behält sich die Kommission das Recht vor, aus Gründen des öffentlichen Interesses – d.h. grundsätzlich, ohne dass Unternehmen dies beanspruchen könnten – so genannte Positiventschei-

---

[827] Lange, § 2 Rn. 8

[828] Hufnagel, MittDPatAnw 2004, S. 297, 299

[829] Artikel 5 und 6 der Verordnung (EG) Nr. 1/2003

[830] Hossenfelder/Lutz, WuW 2003, S. 118, 123; Lejeune, CR 2004, S. 467, 470 f.

dungen zu treffen. Derartige Entscheidungen stellen fest[831], dass eine bestimmte Vereinbarung oder Verhaltensweise mit dem gesamten Artikel 81 EGV vereinbar ist, entweder weil die Voraussetzungen des Artikels 81 Absatz 1 EGV nicht vorliegen, oder weil die Freistellungsvoraussetzungen des Artikels 81 Absatz 3 EGV erfüllt sind[832]. Eine solche Feststellung kann auch in Bezug auf Artikel 82 EGV erfolgen.

Die Kommission wird derartige Positiventscheidungen nur in Ausnahmefällen erlassen, etwa wenn zu bestimmten neuen Formen von Vereinbarungen oder Verhaltensweisen noch keine Rechtsprechung oder Verwaltungspraxis vorliegt[833]. Im Weißbuch der Kommission war noch vorgesehen, dass Positiventscheidungen die gleichen Rechtswirkungen haben sollten wie bisher Negativatteste[834] und somit für nationale Behörden und Gerichte keine rechtliche Bindungswirkung entfaltet hätten[835]. Demgegenüber ist nunmehr hervorzuheben, dass derartige Feststellungen Entscheidungen im Sinne des Artikels 16 der Verordnung (EG) Nr. 1/2003 sind und daher im Rahmen dieser Vorschrift von den nationalen Wettbewerbsbehörden und Gerichten beachtet werden müssen[836].

---

[831] Nach deutschem Rechtsverständnis können sog. Positiventscheidungen mit feststellenden Verwaltungsakten verglichen werden; vgl. hierzu Kopp/Ramsauer, § 35 Rn. 51 ff.; Hossenfelder/Lutz, WuW 2003, S. 118, 122

[832] Artikel 10 der Verordnung (EG) Nr. 1/2003

[833] Verordnung (EG) Nr. 1/2003, Erwägungsgrund 14

[834] Kommission, Weißbuch, Tz. 89

[835] Ritter in Immenga/Mestmäcker, EG-Wettbewerbsrecht, Bd. II, Art. 2 VO 17, Rn. 25 ff.

[836] Davon zu unterscheiden sind rechtlich unverbindliche Auskünfte über die wettbewerbsrechtliche Zulässigkeit bestimmter Vereinbarungen oder Verhaltensweisen, die die Europäische Kommission einzelnen Unternehmen auch zukünftig erteilen wird (sog. „written opinions"). Vgl. Hossenferlder/Lutz, WuW 2003, 118, 122 f.; a. A. Schmidt, BB 2003, S. 1237, 1241 f., der unter Berufung auf Erwägungsgrund 14 der Verordnung (EG) Nr. 1/2003 in der Feststellung der Nichtanwendbarkeit eine „Entscheidung deklaratorischer Art" sieht, von der keine Bindungswirkung für die Gerichte ausgehe.

5.9.5 Nichteinschreitenserklärung

An die Stelle der konstitutiven Einzelfreistellung tritt nur noch die Entscheidung der nationalen Behörde[837] bzw. der Kommission[838], dass kein Anlass zum Tätigwerden besteht. Mit einer bindenden Freistellungsentscheidung sind solche Entscheidungen aber nicht vergleichbar. Die Gerichte werden eine solche Entscheidung zwar in ihre Beurteilung einbeziehen. Gebunden sind sie dadurch aber nicht, auch nicht nach Artikel 16 der Verordnung Nr. 1/2003. Denn es liegt zwar eine Entscheidung, nicht aber eine bindende Sachenscheidung vor, der eine Gerichtsentscheidung zuwiderlaufen könnte[839].

5.9.6 Fehlende Harmonisierung des Verfahrensrechts

In einer Reihe von Mitgliedstaaten ist das materielle Kartellrecht identisch mit dem EG-Wettbewerbsrecht. Wo es noch abweicht, wie derzeit in Deutschland, kommt diesen Abweichungen nur noch im Bereich des Artikels 82 EGV eine wesentliche Bedeutung zu[840]. Im Gegensatz zum materiellen Recht ist die Harmonisierung des Verfahrensrechts noch nicht so weit fortgeschritten. So zeigen sich zum Beispiel bei der gerichtlichen Anfechtung von Behördenentscheidungen in den Mitgliedstaaten gravierende Unterschiede. Die gewachsene Kultur einer in der Regel vollen gerichtlichen Überprüfung von Behördenentscheidungen, wie sie in Deutschland heute existiert, kann keineswegs in allen anderen Mitgliedstaaten vorausgesetzt werden. Ferner sind auch die Rechtsfolgen nicht harmonisiert, die von den nationalen Wettbewerbsbehörden angeordnet werden können. Dies gilt insbesondere für die Bußgeldvorschriften.

---

[837] Artikel 5 Satz 3 der Verordnung (EG) Nr. 1/2003

[838] Artikel 9 Absatz 1 Satz 2 der Verordnung (EG) Nr. 1/2003. Artikel 9 der Verordnung (EG) Nr. 1/2003 lässt die Möglichkeit so genannter Verpflichtungszusagen zu, in denen sich beteiligte Unternehmen verpflichten können, bestimmte Zuwiderhandlungen abzustellen. Allerdings sieht die Verordnung Nr. 1/2003 hierzu kein Initiativrecht der Unternehmen vor. Verpflichtungszusagen kommen nur dann in Betracht, wenn die Kommission auf Grund einer Beschwerde oder von Amts wegen, das heißt von sich aus eine Zuwiderhandlung nach Artikel 81 oder 82 EGV feststellt.

[839] Schmidt, BB 2003, S. 1237, 1242

[840] Weitbrecht, EuZW 2003, S. 69, 72

Da jeder Mitgliedstaat das EG-Wettbewerbsrecht unter Nutzung seines eigenen nationalen Verfahrensrechts anwendet, können sich in der Rechtsanwendung erhebliche Unterschiede ergeben. Insofern beinhaltet das Nebeneinander der verschiedenen Verfahrensrechte eine ernste Gefahr für die Gleichmäßigkeit der Rechtsanwendung. Diese Gefahr wiegt umso schwerer, als durch die unmittelbare Anwendung von Artikel 81 Absatz 3 EGV davon ausgegangen werden kann, dass insbesondere Zivilprozesse mehr als früher zur Austragung kartellrechtlicher Streitigkeiten benutzt werden[841].

Es wird sich zeigen, ob die Dezentralisierung der Kartellrechtsanwendung sowie die Unterschiede im Verfahrensrecht zu einem Forum-Shopping in Europa führen werden[842].

5.10 Der Einfluss der neuen GFTT auf die 7. GWB-Novelle

Die Gruppenfreistellungsverordnungen werden zukünftig auch für das deutsche Recht von Bedeutung sein. Dies gilt sogar dann, wenn nur deutsches Recht Anwendung findet, so etwa unterhalb der Anwendungsschwelle des europäischen Rechts. Nach dem Entwurf zur 7. GWB-Novelle sollen die europäischen Gruppenfreistellungsverordnungen „entsprechend“ auch für das reine deutsche Recht gelten[843].

Dafür sprechen nachvollziehbare Überlegungen: Das deutsche Recht soll im Bereich der wettbewerbsbeschränkenden Vereinbarungen mit dem europäischen Recht harmonisiert werden. Im Sinne der Gleichbehandlung wird dadurch gewährleistet, dass Vereinbarungen von lokaler oder regionaler Bedeutung keinem anderen wettbewerbsrechtlichen Standard unterworfen werden als

---

[841] Weitbrecht, EuZW 2003, S. 69, 72. In einem zivilgerichtlichen Verfahren kommen zudem die nationalen Regeln des Beweisrechts zur Anwendung, was zu beachtlichen Unterschieden der wettbewerbsrechtlichen Durchsetzung in den verschiedenen Mitgliedstaaten führen kann; siehe Montag/Rosenfeld, ZWeR 2003, S. 117, 122

[842] Vieregge, GRUR 2004, S. 489

[843] § 2 Absatz 2 Entwurf GWB, Fassung des Regierungsentwurfs vom 12.08.2004, BT-Drucks. 15/3640. Damit würde das deutsche Recht den europäischen Gesetzgeber über den EG-Vertrag hinaus zum deutschen Gesetzgeber erklären. Auf die dagegen gerichteten verfassungsrechtlichen Bedenken wird hier nicht eingegangen. Siehe Bahr, WuW 2004, S. 259 und Meessen, WuW 2004, S. 733, 735 f.

die überwiegende Mehrzahl der Vereinbarungen, die Auswirkungen auf den zwischenstaatlichen Handel haben[844].

Diese Harmonisierung bringt zumindest zwei Vorteile mit sich: Die unergiebige Streitfrage, ob eine Vereinbarung geeignet ist, den zwischenstaatlichen Handel zu beeinträchtigen, kann dahinstehen, denn die anzuwendenden Rechtsvorschriften sind identisch[845]. Zweitens wird es nicht mehr erforderlich sein, für die wenigen Fälle, in denen das EG-Recht nicht anwendbar ist, eigene materielle Rechtsnormen aufrecht zu erhalten[846]. Die Konsequenz ist, dass von den §§ 1 bis 18 GWB nur noch vier Paragraphen bestehen bleiben. Davon wiederholen einerseits die §§ 1 und 2 GWB-E die in Artikel 81 Absatz 1 und 3 EGV enthaltenen Regelungen ohne die Beschränkung nach der Zwischenstaatlichkeitsklausel. Andererseits werden in den § 3 GWB-E[847] und § 4 GWB-E[848] vom Europarecht zumindest teilweise abweichende Regelungen hinzugefügt.

Damit kommt es auch zum Wegfall der §§ 17, 18 GWB, die durch die neue GFTT als „inkorporiertes deutsches Recht"[849] ersetzt werden. Zugleich werden die „ökonomisierten Gruppenfreistellungsverordnungen" als auch deutsches Recht übernommen[850].

---

[844] Drexl, GRUR Int. 2004, S. 716, 720

[845] Aus diesen Gründen hat auch die Monopolkommission der Reform zugestimmt; siehe Monopolkommission, Das allgemeine Wettbewerbsrecht und die 7. GWB-Novelle, Sondergutachten gemäß § 44 Absatz 1 Satz 4 GWB, März 2004, S. 8 f. (Nr. 12), abrufbar unter http://www.monopolkommission.de/sg_41/text_s41.pdf

[846] Weitbrecht, EuZW 2003, S. 69, 73

[847] Mittelstandskartelle (bisher § 4 Absatz 1 GWB)

[848] Preisbindungsverbot

[849] Drexl, GRUR Int. 2004, S. 716, 720

[850] Drexl, GRUR Int. 2004, S. 716, 719, 720; Bundeskartellamt, S. 14-18; Böge, WuW 2004, S. 726

6 Zusammenfassung

Die Kommission hat die Modernisierung des Europäischen Kartellrechts und das Inkrafttreten der Verordnung (EG) Nr. 1/2003 zum Anlass genommen, zum 01.05.2004 auch die letzte verbleibende Gruppenfreistellungsverordnung der alten Regelungstechnik mit „Zwangsjackeneffekt" („was nicht erlaubt ist, ist verboten") durch eine grundlegend reformierte Verordnung im Stile der neuen „Schirm-Technik" („was nicht verboten ist, ist erlaubt") zu ersetzen. Der mit der neuen Gruppenfreistellungsverordnung einhergehende Paradigmenwechsel zeigt sich vor allem darin, dass der traditionell legalistische Regelungsansatz, wie er in der alten GFTT zum Ausdruck kam, einem flexibleren ökonomischen und wirkungsbezogenen Ansatz gewichen ist. Dieser ist insbesondere durch die Einführung von Marktanteilsschwellen, die Unterscheidung zwischen Vereinbarungen unter Wettbewerbern und unter Nichtwettbewerbern sowie durch die Abschaffung der weißen und grauen Klauselkataloge gekennzeichnet. Neben der veränderten Struktur der Neuregelung zeigen sich auch in materiellrechtlicher Hinsicht tief greifende Veränderungen gegenüber der Vorgängerverordnung.

Zunächst ist der erweiterte Anwendungsbereich zu nennen. Neuerdings können auch Software- und Geschmacksmusterlizenzen in den Genuss der Gruppenfreistellung kommen. Mit der neuen GFTT wird aber kein allumfassendes Lizenzkartellrecht geschaffen, da beispielsweise Markenlizenzen und sonstige Urheberrechtslizenzen nach wie vor von der Gruppenfreistellung ausgeschlossen bleiben, es sei denn, sie bilden nicht den eigentlichen Gegenstand der Vereinbarung.

Eine Vielzahl von Technologietransfer-Vereinbarungen werden nach der neuen GFTT weniger streng gehandhabt. Dies gilt vor allem dann, wenn die Marktanteile der Vertragsparteien unter den in Artikel 3 GFTT n.F. genannten Schwellenwerten liegen. So sind etwa Wettbewerbsverbote, Kopplungsvereinbarungen oder auch mengenmäßige Beschränkungen neuerdings in weit größerem Umfang zulässig als dies bisher der Fall war. Auch die Vereinbarung von Gebietsbeschränkungen ist durch die weitgehende Streichung der zeitlichen Begrenzung vereinfacht worden.

Anderseits finden sich in der neuen GFTT aber auch an vielen Stellen deutliche Verschärfungen gegenüber der Vorgängerverordnung. So werden etwa Technologietransfer-Verträge zwischen Wettbewerbern nach der neuen GFTT generell strenger gehandhabt. Auch die Möglichkeit, passive Verkäufe eines Lizenznehmers in das Gebiet eines anderen Lizenznehmers zu unterbinden, ist im Vergleich zur alten GFTT erschwert worden.

Durch die Abschaffung der umfangreichen weißen und grauen Klauselkataloge sowie die Beschränkung auf einen knappen Katalog von Kernbeschränkungen ist die Verordnung überschaubarer und verständlicher geworden. Zudem hat diese Neukonzeption zu einer Öffnung der oft kritisierten „Zwangsjacke" geführt. Die Formulierung von Lizenzverträgen muss nicht länger an komplexen Klauselkatalogen ausgerichtet sein, was zu einer größeren Freiheit und Flexibilität bei der Vertragsgestaltung führt[851].

Demgegenüber wirft die Einführung ökonomischer Parameter[852] in die kartellrechtliche Bewertung von Lizenzverträgen bisher nicht bekannte Schwierigkeiten auf. Vor allem in den Fällen, in denen innovative Produkte bzw. Technologien lizenziert werden, kann die Bestimmung des relevanten Marktes sowie die Ermittlung der Marktanteile problematisch sein. Teilweise werden die Vertragsparteien hierzu umfangreiche Marktanalysen durchführen müssen. Liegen nicht genügend Marktinformationen vor, kann in Einzelfällen die Bestimmung des relevanten Marktes und/oder die Ermittlung der Marktanteile ausgeschlossen sein. Außerdem wird die Bestimmung des relevanten Marktes und der Marktanteile dadurch erschwert, dass nicht nur der Produktmarkt, sondern auch der Technologiemarkt und gegebenenfalls der Innovationsmarkt in die Marktanalyse einzubeziehen sind.

Schwieriger als bisher gestaltet sich auch die Abfassung von Lizenzverträgen zwischen Parteien, deren Marktanteile die in Artikel 3 GFTT n.F. genannten Schwellenwerte überschreiten und damit nicht in den „safe harbour" der Grup-

---

851 Lejeune merkt hierzu kritisch an, der Vorteil der größeren Flexibilität könne nur dann gelten, wenn keine der Vertragsparteien eine Monopolstellung einnehme. In den Fällen, in denen eine Partei über eine Monopolstellung verfüge und die andere Partei auf die Lizenz angewiesen sei, nehme die neue GFTT der abhängigen Partei ein wirksames Mittel, um annehmbare vertragliche Bedingungen zu erreichen; vgl. Lejeune, CR 2004, S. 467, 475

852 In diesem Zusammenhang wird das neue europäische Lizenzkartellrecht als ein Beispiel für die Ökonomisierung des europäischen Wettbewerbsrechts genannt. Vgl. Drexl, GRUR Int. 2004, S. 716, 717

penfreistellung gelangen. Diese bedürfen nach der Neuregelung einer Einzelfallbewertung im Rahmen von Artikel 81 EGV. Wegen der vergleichsweise niedrigen Schwellenwerte ist davon auszugehen, dass eine großer Anteil von Lizenzverträgen die Schwellenwerte überschreiten wird und damit aus dem Anwendungsbereich der GFTT herausfällt[853]. In diesen Fällen müssen die wettbewerbsfördernden und wettbewerbsbeschränkenden Auswirkungen der Lizenzvereinbarung auf dem Markt gegeneinander abgewogen werden. Bei der Anwendung von Artikel 81 EGV auf einzelne Vereinbarungen muss genau untersucht werden, wie der Wettbewerb auf dem fraglichen Markt funktioniert[854]. Die neuen Regelungen verlangen demnach eine gute Kenntnis der betroffenen Märkte und der Auswirkungen einzelner Klauseln auf den Wettbewerb.

Dies ist eine „genuin kartellrechtliche Sichtweise“[855], die für den Patentrechtler bei der Abfassung von Technologietransfer-Verträgen eine neue Herausforderung bedeutet. Da gleichzeitig mit Inkrafttreten der Verordnung (EG) Nr. 1/2003 die Möglichkeit der individuellen Freistellung entfallen ist, kann dies in Einzelfällen zu einer nicht überwindbaren Unsicherheit mit dem Risiko der Unwirksamkeit des Vertrages führen. Es ist wohl übertrieben hieraus zu schließen, dass mit der neuen GFTT kein Lizenzvertrag mehr ohne Kartellrecht auskommt. Bei der Abfassung von Lizenzverträgen werden jedoch kartellrechtliche Fragestellungen öfters als bisher eine zentrale Bedeutung haben[856].

Infolge der Abschaffung des Anmeldesystems ist es zukünftig in erster Linie Aufgabe der Unternehmen und ihrer Berater, die wettbewerbsrechtliche Vereinbarkeit ihrer Verträge zu beurteilen. Damit geht eine Verlagerung staatlicher Aufgaben auf Private einher. Zugleich nimmt die Eigenverantwortung der Unternehmen zu und das Maß an Rechtssicherheit ab[857].

---

[853] Lübbig, GRUR 2004, S. 483, 489; Taylor Wessing, S. 4; Europäischer Wirtschafts- und Sozialausschuss, S. 2

[854] Leitlinien GFTT, Tz. 132

[855] Hufnagel, MittDPatAnw 2004, S. 297, 303

[856] Hufnagel, MittDPatAnw 2004, S. 297, 303; ähnlich Drexl, GRUR Int. 2004, S. 716, 726, der der Auffassung ist, dass der Kartellrechtler in der Rechtsanwendung heute nicht mehr daran vorbeikommt, auch ökonomisch argumentieren zu können.

[857] So auch Lejeune, CR 2004, S. 467, 475

Die betroffenen Unternehmen können die individuelle Beurteilung der Freistellungsfähigkeit eines Lizenzvertrages nicht mehr mit der in dieser Frage kompetenten Kommission klären. Stattdessen sind sie weitgehend der Beurteilung durch in diesem Bereich teilweise unerfahrene nationale Gerichte oder Wettbewerbsbehörden ausgeliefert.

Diese Entwicklung ist bedauerlich. Die Kommission entzieht sich hier einerseits ihrer Verantwortung, indem sie das Anmeldesystem abschafft und den betroffenen Unternehmen bei Bedarf die nötige Rechtsicherheit verweigert. Andererseits aber hält sie sich die Möglichkeit offen, wettbewerbswidrige Vereinbarungen zu sanktionieren, sei es durch den Entzug der Gruppenfreistellung[858] oder die Verhängung von Geldbußen und Zwangsgeldern[859].

Ob die Kommission den betroffenen Unternehmen mit der neuen Verordnung „angemessene Rechtssicherheit“[860] bietet, erscheint zweifelhaft. Jedenfalls bietet sie im Vergleich zur Vorgängerverordnung weniger Rechtssicherheit. Dies ist der Preis für die Abschaffung der umfangreichen Kataloge mit weißen und grauen Klauseln sowie die Aufgabe des Anmeldesystems. Die Leitlinien bieten hier keinen gleichwertigen Ersatz. Sie weisen einerseits teilweise Lücken auf, was insbesondere für die unzureichenden Ausführungen bei der Beurteilung von Lizenzverträgen im Rahmen der unmittelbaren Anwendung von Artikel 81 Absatz 3 EGV gilt. Zudem verkörpern sie lediglich „veröffentlichte Verwaltungsgrundsätze“[861], die im Gegensatz zu Gruppenfreistellungsverordnungen keine Bindungswirkung für die Behörden und Gerichte der Mitgliedstaaten entfalten[862].

---

[858] Artikel 6 Absatz 1 GFTT n.F., Artikel 29 Absatz 1 Verordnung (EG) Nr. 1/2003

[859] Artikel 23 und 24 Verordnung (EG) Nr. 1/2003

[860] Erwägungsgrund Nr. 4, GFTT n.F.

[861] Lange, S. 255; Hufnagel, MittDPatAnw 2004, S. 297, 299

[862] Hufnagel, MittDPatAnw 2004, S. 297; Emmerich, Kartellrecht, § 36/8b; Bunte, S. 398

Es ist jetzt an der Rechtsprechung, das nunmehr „ökonomisierte Recht der Technologietransfer-Vereinbarungen“[863] zu konkretisieren. Ob dies schon in naher Zukunft gelingen kann, ist in der heutigen EU mit 25 Mitgliedstaaten zweifelhaft. Zu Recht wird daher in der Beratungspraxis die mit der neuen GFTT einhergehende Rechtsunsicherheit beklagt und die Unwirksamkeit abgeschlossener Lizenzverträge befürchtet.

Die Anwendung der GFTT durch nationale Gerichte und Behörden kann aber auch eine ganz andere Entwicklung nehmen. Es ist denkbar, dass Gerichte das Problem der Rechtsunsicherheit berücksichtigen und im Zweifel dazu neigen werden, die Wirksamkeit von Verträgen anzunehmen[864]. Die in Artikel 2 der Verordnung (EG) Nr. 1/2003 geregelte Beweislast des beschränkenden Unternehmens, das sich auf die Wirksamkeit der Vereinbarung beruft, steht hier nicht zwingend entgegen. Denn die Frage nach den zukünftigen ökonomischen Folgen einer Technologietransfer-Vereinbarung muss nicht notwendig als Tatsachenfrage qualifiziert werden[865]. Für die Einordnung der wettbewerbspolitischen Beurteilung einzelner Vertragsklauseln als Rechtsfrage lässt sich anführen, dass nur in diesem Fall das nationale Gericht die Möglichkeit hat, Fragen der Auslegung nach Artikel 234 EGV dem EuGH vorzulegen[866].

Weicht man aber die Nachweispflichten bei Artikel 81 Absatz 3 EGV auf und grenzt die Beweislastunterschiede der beiden Absätze von Artikel 81 Absatz 1 und Absatz 3 EGV nicht klar voneinander ab[867], ist es nicht mehr weit zur Anwendung von Artikel 81 Absatz 1 und 3 EGV im Sinne eines einheitlichen Verbotstatbestandes. In der Tat entspricht dies der „rule of reason“-Analyse oberhalb der Marktanteilsschwellen, wie sie bereits in den Leitlinien zur GFTT von der Kommission betrieben wird. Mit der „Ökonomisierung des Lizenzkar-

[863] Drexl, GRUR Int. 2004, S. 716, 726

[864] Drexl, GRUR Int. 2004, S. 716, 726

[865] Hirsch, ZWeR 2003, S. 233, 240

[866] Drexl, GRUR Int. 2004, S. 716, 727

[867] Siehe Verouden, S. 525, 573 f.

tellrechts" geht insofern die Gefahr einer Beeinträchtigung des Wettbewerbsschutzes einher[868].

868 Drexl, GRUR Int. 2004, S. 716, 727

Frankfurter wirtschaftsrechtliche Studien

Herausgegeben von
Theodor Baums, Andreas Cahn, Friedrich Kübler, Hans-Joachim Mertens,
Eckard Rehbinder, Gunther Teubner

Band 1 Tomas Brinkmann: Unternehmensinteresse und Unternehmensrechtsstruktur. Aufgaben und Grenzen eines normativen Regulativs unternehmenspolitischer Prozesse. 1983.

Band 2 Rüdiger Hahn: Behinderungsmißbräuche marktbeherrschender Unternehmen. Eine Untersuchung der Beeinträchtigung von Wettbewerb und Marktstruktur durch horizontalen Nichtleistungswettbewerb als Gegenstand der Mißbrauchaufsicht nach § 22 Abs. 4 S. 2 Nr. 1 GWB. 1984.

Band 3 Peter Buchmann: Registerpublizität und Gläubigerschutz bei der Einmann-Gesellschaft. 1984.

Band 4 Christian Joerges/Eugen Hiller/Knut Holzscheck/Hans-W. Micklitz: Vertriebspraktiken im Automobilersatzteilsektor. Ihre Auswirkungen auf die Interessen der Verbraucher. 1985.

Band 5 Annette Boerner: Die Haftung des herrschenden Kommanditisten. 1985.

Band 6 Dirk H. Mahler: Rechtsmißbrauch und einstweiliger Rechtsschutz bei Dokumentenakkreditiven und "Akkreditiven auf erstes Anfordern": Eine rechtsvergleichende Untersuchung. 1986.

Band 7 Brigitte Kratz: Ausländische Eingriffsnorm und inländischer Privatrechtsvertrag. 1986.

Band 8 Dimitris Tsibanoulis: Die genossenschaftliche Gründungsprüfung. 1987.

Band 9 Jürgen Braun: Rechtsfragen des Transport-Unfall-Informations- und Hilfeleistungs-Systems der deutschen chemischen Industrie. 1987.

Band 10 Thomas Pfeiffer: Die Bedeutung des privatrechtlichen Immissionsschutzes. Eine Untersuchung zu §§ 1004, 906 BGB. 1987.

Band 11 Michael Bothe/Josef Brink/Christian Kirchner/Albrecht Stockmayer: Rechtsfragen der internationalen Verschuldungskrise. Voraussetzungen, Formen und Verfahren internationaler Umschuldungsmaßnahmen und Umschuldungsvereinbarungen. 1988.

Band 12 Felix Dörr: Die fehlerhafte GmbH. 1989.

Band 13 Rolf Trittmann: Anwendungsprobleme des Haager Beweisübereinkommens im Rechtshilfeverkehr zwischen der Bundesrepublik und den Vereinigten Staaten von Amerika. Exklusive Regelung zur Überbrückung der Unterschiede zwischen dem kontinental-europäischen und anglo-amerikanischen Zivilprozeßrechtssystem? 1989.

Band 14 Margaretha Sudhof: Dreieckige Rechtsverhältnisse im Wirtschaftsverwaltungsrecht - Am Beispiel von Konkurrentenklagen. 1989.

Band 15 Michael Weigel: Schriftformklauseln in Allgemeinen Geschäftsbedingungen. 1989.

Band 16 Hans-Peter Schröder: Der sichere Weg bei der Vertragsgestaltung. 1990.

Band 17 Matthias Haas: Haftungsfreizeichnungsklauseln in Allgemeinen Geschäftsbedingungen. Eine rechtsdogmatische und ökonomische Analyse. 1991.

Band 18 Andreas Hahn: Instandhaltungsverträge. Begriffe, Einordnung, Rechtsfolgenbestimmung, Auswirkung auf die Kautelarpraxis. 1991.

Band 19 Jürgen Götz: Der Entherrschungsvertrag im Aktienrecht. 1991.

Band 20 Friedrich Wächtershäuser: Das Gesellschaftsrecht des internationalen Joint Ventures. 1992.

Band 21 Christina Escher-Weingart: Nutzungsausfall als Schaden und sein Ersatz. 1993.

Band 22 Jean-Claude Zerey: Rechtliche Probleme der Finanzierung von *Leveraged Buyouts* und *Tender Offers* durch Banken in den USA und in der Bundesrepublik Deutschland. Eine rechtsvergleichende Studie über die Rolle der Banken bei Unternehmenskontrolltransaktionen in den USA und in der Bundesrepublik Deutschland. 1994.

Band 23 Markus Bauer: Gläubigerschutz durch eine formelle Nennkapitalziffer - Kapitalgesellschaftsrechtliche Notwendigkeit oder überholtes Konzept? Eine rechtsvergleichende Untersuchung der Gläubigerschutzkonzepte des amerikanischen und deutschen Kapitalgesellschaftsrechts. 1995.

Band 24 Marion Vollmann: Minderheitenschutz im aktienrechtlichen Beschlußmängelrecht. Eine Bestandsaufnahme und Vorschläge zu einer rechtspolitischen Reform. 1997.

Band 25 Lydia Klose-Mokroß: Gläubigerschutz im Kapitalgesellschaftsrecht am Beispiel der Lehre von der verdeckten Sacheinlage. 1997.

Band 26 Stephan Aubel: Der vereinfachte Bezugsrechtsausschluß. Aktionärs- und Gesellschaftsinteressen beim vereinfachten Bezugsrechtsausschluß nach Maßgabe des § 186 Absatz 3 Satz 4 AktG. 1998.

Band 27 Kurt Peter Dittrich: Die Privatplazierung im deutschen Kapitalmarktrecht. Eine Untersuchung der Vorschriften des Auslandinvestmentgesetzes, des Wertpapier-Verkaufsprospektgesetzes und des Gesetzes über Kapitalanlage-Gesellschaften unter Berücksichtigung des Rechts der Vereinigten Staaten von Amerika und des Vereinigten Königreichs. 1998.

Band 28 Viola Sailer: Aktienrechtliche Minderheitskompetenzen zwischen Mißbrauch und unternehmerischer Entscheidungsfreiheit. 1999.

Band 29 Marc Zimmerling: Kapitalerhaltung und Konzernfinanzierung. Eine Untersuchung der kapitalerhaltungsrechtlichen Problematik aufsteigender Sicherheiten im Konzern. 1998.

Band 30 Joachim Wichert: Die Finanzen der Kommanditgesellschaft auf Aktien. 1999.

Band 31 Kerstin Andrea Müller: Produktverantwortung und ihre Durchsetzung. Eine kartellrechtliche Beurteilung von Selbstverpflichtungen im Umweltrecht aus deutscher und europäischer Sicht unter besonderer Berücksichtigung der Altautoentsorgung. 1999.

Band 32 Bettina Friedrich: Konvergenzen im Gesellschaftsrecht. Recht-Fertigung durch Status- und Befundsicherung. 2000.

Band 33 Rudolf Lemke: Haftungsrechtliche Fragen des Ratingwesens – ein Regelungsproblem? 2000.

Band 34 Klaus R. Roller: Die Vergütung des Aufsichtsrats in Abhängigkeit vom Aktienkurs. 2000.

Band 35 Bettina Bokelmann: Personelle Verflechtungen über Aufsichtsräte. Aufsichtsratsmitglieder mit hauptberuflicher Vorstandsfunktion. 2000.

Band 36 Kai-Uwe Steck: Regulierung von US-amerikanischen Investmentgesellschaften (Investment Companies). Unter besonderer Berücksichtigung des National Securities Markets Improvement Act of 1996 (NSMIA) und anderer aktueller Rechtsanpassungen. 2000.

Band 37 Kristofer Bott: Wissenszurechnung bei Organisationen. 2000.

Band 38 Ursula Lenzen: Unerlaubte Eingriffe in die Börsenkursbildung. 2000.

Band 39 Martin Schulz: Verfassungsrechtliche Vorgaben für das Kollisionsrecht in einem Gemeinsamen Markt. Eine rechtsvergleichende Untersuchung zu den Grenzen einzelstaatlicher Anknüpfungsmethoden im internationalen Vertrags-, Delikts- und Gesellschaftsrecht am Beispiel der Vereinigten Staaten von Amerika. 2000.

Band 40 Maximilian Koch: Diversifizierung und Vorstandskompetenzen. 2001.

Band 41 Corrado Wohlwend: Die Hauptversammlung im Wandel der Kommunikationsformen. 2001.

Band 42 Michael Rozijn: Der Unternehmensmaklervertrag. Zur Anwendung des allgemeinen Maklervertragsrechts auf Mergers & Acquisitions-Dienstleistungen. 2001.

Band 43 Konstantinos N. Kyriakakis: Die Überwachung einer US-amerikanischen Aktiengesellschaft durch institutionelle Anleger. 2002.

Band 44 Uta Fredebeil: Aktienemissionen. Das underwriting agreement (der Übernahmevertrag) und seine spezifischen Klauseln. 2002.

Band 45 Michaela G. Döbler: Die Einführung des WTO-weiten Erschöpfungsgrundsatzes in das Markenrecht der EU und der USA. 2002.

Band 46 Jan Liersch: Regulierung des Blockhandels an den organisierten Aktienmärkten der Vereinigten Staaten, Großbritanniens und Deutschlands. 2002.

Band 47 Sascha Lotze: US-amerikanisches Kapitalmarktrecht und Internet. Aufsichts- und haftungsrechtliche Fragen des Internet-Einsatzes bei Wertpapieremissionen und im Wertpapierhandel. 2002.

Band 48 Boris Trautmann: Die Konkurrenz von Haftpflicht- und Versicherungsanspruch. Ein Beitrag zur ökonomischen Analyse des Rechts unter Berücksichtigung von Unsicherheit und Verhaltensanomalien. 2002.

Band 49 Matthias Möller: Rechtsformen der Wagnisfinanzierung. Eine rechtsvergleichende Studie zu den USA und zu Deutschland. 2003.

Band 50 Heiner Feldhaus: Die Eignung zur erheblichen Kursbeeinflussung bei der Ad-hoc-Publizität. Eine rechtsvergleichende und interdisziplinäre Untersuchung unter Berücksichtigung der europarechtlichen Vorgaben. 2003.

Band 51 Matthias Janke: Gesellschaftsrechtliche Treuepflicht. Neubewertung der richterrechtlichen Generalklausel im Rahmen einer rechtsvergleichenden und ökonomischen Analyse. 2003.

Band 52 Katrin Thoma: Eigengeschäfte des Vorstands mit der Aktiengesellschaft. Eine vergleichende Untersuchung zum englischen, U.S.-amerikanischen und deutschen Recht. 2003.

Band 53 Mathias Stöcker: Rechtsfragen grenzüberschreitender Unternehmenszusammenschlüsse - unter besonderer Berücksichtigung des Falles Daimler/Chrysler - 2003.

Band 54 Otto Korte: Zur mißbräuchlichen Wahrnehmung der aktienrechtlichen Anfechtungsbefugnis. 2003.

Band 55 Wilhelm Wilderink: Die Auflösung, die Übertragung und die Verschmelzung von In vestmentfonds. 2003.

Band 56 Anja Birkenkämper: Rechtsfragen feindlicher Übernahmen. Jurisitische Nachlese zum Fall Krupp/Thyssen. 2003.

Band 57 Manuel Lorenzo Alonso: Die Neuausrichtung der Zwischenstaatlichkeitsklausel der Art. 81, 82 EG. Folgen der neuesten Entwicklungen des Gemeinschaftsrechts für die Zwischenstaatlichkeitsklausel - unter besonderer Berücksichtigung des Bankenbereichs. 2003.

Band 58 Dirk Kocher: Kapitalgesellschaft & Co. KG in Finnland. Eine Untersuchung zur Frage der Übertragbarkeit der deutschen Grundtypenvermischung auf das finnische Recht. 2003.

Band 59 Ruiting Qin: Parteiautonomie: Eine rechtsvergleichende Untersuchung. Versuch zur Entwicklung einer Gerechtigkeitsjurisprudenz im IPR. 2003.

Band 60 René Runte: Walter Julius Derenberg – Leben und Werk. 2004.

Band 61 Udo Prinz: Umstrukturierung durch *Schemes of Arrangement* mit Gesellschaftern im englischen Recht. – Ein Vorbild? 2004.

Band 62 Rainer Schmitz: Die Haftung des Vorstands gegenüber den Aktionären. Eine rechtsvergleichende Untersuchung nach deutschem und US-amerikanischem Recht. 2004.

Band 63 York Oehlschläger: Die typische und atypische stille Beteiligung an einer Aktiengesellschaft. Möglichkeiten und Grenzen der Gestaltung für die stille Gesellschaft zwischen Personengesellschaftsrecht, Aktienrecht, Konzernrecht und Umwandlungsrecht. 2004.

Band 64 Stefan Klein: Die Rechtsstellung auswärtiger Gesellschaften im deutschen und US-amerikanischen Recht. Ein Beitrag zur Neuausrichtung des deutschen internationalen Gesellschaftsrechts unter besonderer Berücksichtigung des Europäischen Gemeinschaftsrechts. 2004.

Band 65 Knut Sauer: Haftung für Falschinformation des Sekundärmarktes. 2004.

Band 66 Michael Senger: Bankenaufsicht, Unternehmensverbindungen und Bankengruppen. 2004.

Band 67 Maximilian Rittmeister: Gewährleistung beim Unternehmenskauf. Die Gewährleistungshaftung des Verkäufers bei einem Unternehmenskauf seit In-Kraft-Treten des Schuldrechtsmodernisierungsgesetzes. 2005.

Band 68 Ole Ziegler: Der Anteilserwerb am Kapitalmarkt nach der Schuldrechtsreform. 2005.

Band 69 Maia Tacheva: Rechtsbehelfe des Käufers im Warenkaufrecht. Eine rechtsvergleichende Untersuchung des Übereinkommens der Vereinten Nationen über Verträge über den internationalen Warenkauf (CISG), des englischen Sale of Goods Act, des bulgarischen Kaufrechts und des deutschen Kaufrechts vor und nach dem Schuldrechtsmodernisierungsgesetz. 2005.

Band 70 Michael Lange: Rechtsfragen der Finanzierung eines feindlichen Übernahmeangebotes. Am Beispiel der großen Publikumsgesellschaft nach US-amerikanischem und deutschem Recht. 2005.

Band 71 Niklas Dieterich: Outsourcing bei Kapitalanlagegesellschaften. 2005.

Band 72 Julia Sernetz: Derivate und Corporate Governance. Kompetenzen und Pflichten des Vorstands von Aktiengesellschaften beim Einsatz von Derivaten. 2006.

Band 73 Marcel Polte: Aktiengattungen. Eine rechtsvergleichende Untersuchung zum deutschen, US-amerikanischen und englischen Recht. 2005.

Band 74 Jens Bornscheid: Stapled Stock (Verbundaktien). 2006.

Band 75 Robert F. Thoma: Der Wettbewerb um Stimmen im US-amerikanischen und deutschen Aktienrecht. 2006.

Band 76 Markus Lauer: Gemeinsam geführte Unternehmen im Bilanz- und Gesellschaftsrecht. 2006.

Band 77 Arne Christian Lawall: Die virtuelle Holding nach deutschem Aktienrecht. 2006.

Band 78 Marcel Barth: Schadensberechnung bei fehlerhafter Kapitalmarktinformation. 2006.

Band 79 Dirk Reidenbach: Aktienanalysten und Ratingagenturen – Wer überwacht die Überwacher? 2006.

Band 80 Jochen Herr: Neue EU-Wettbewerbsregeln für Technologietransfer-Vereinbarungen. 2006.

www.peterlang.de

Peter Lang · Europäischer Verlag der Wissenschaften

Tobias Krumstroh

Das Weißbuch und der Verordnungsvorschlag der Europäischen Kommission zur Modernisierung der Anwendung der Vorschriften der Art. 81 und 82 EG und deren Einfluss auf nationale Wettbewerbsregeln, Kartellbehörden und Gerichte

Frankfurt am Main, Berlin, Bern, Bruxelles, New York, Oxford, Wien, 2004. 170 S.
Europäische Hochschulschriften: Reihe 2, Rechtswissenschaft. Bd. 3899
ISBN 3-631-52458-7 · br. € 39.–*

Mit dem Weißbuch aus dem Jahre 1999 und dem Verordnungsvorschlag aus dem Jahre 2000 hat die Europäische Kommission das europäische Kartellverfahrensrecht grundlegend verändert. Im Mai 2004 wird zudem die bislang über 40 Jahre geltende Kartellverfahrensverordnung 17/62 durch die Verordnung 1/2003 abgelöst. In dieser Arbeit werden die im Weißbuch, im Verordnungsvorschlag und in der Verordnung 1/2003 enthaltenen Reformansätze der Kommission dargestellt, Schwächen des Modernisierungsprojekts aufgezeigt und der Einfluss dieser Reformen des europäischen Wettbewerbsrechts auf das deutsche Kartellrecht analysiert. Schließlich wird ein Alternativvorschlag dargestellt, der nach Auffassung des Verfassers geeigneter wäre, das europäische Wettbewerbsrecht dergestalt zu modifizieren, dass dieses sinnvoll den veränderten Gegebenheiten in der europäischen Gemeinschaft angepasst wird.